결단은 칼처럼
행동은 화살처럼

전면 개정판

정주영의 기업가정신

결단은 칼처럼
행동은 화살처럼

권영욱 지음

아라크네

'경제 19단'의 신화적인 이야기

정주영 회장이 작고한 지 어느덧 20년이 넘게 흘렀다. 그는 거인의 발걸음으로 한국 경제에 크나큰 족적을 남겼기에, 지금도 85세에 일생을 마친 것이 너무 아깝다는 생각이 든다. 필자가 그의 기업가정신을 돌아볼 수 있는 책을 집필하기로 한 이유는 바로 그 때문이었다.

생전에 그는 '경제 19단' '경제 대통령'으로 불렸으며, 그가 기업을 운영하면서 남긴 수많은 이야기는 지금도 여전히 사람들 사이에서 신화처럼 회자된다. 두메산골에서 농사지으며 살았던 시절, 가난한 농촌 생활이 싫어 맨손으로 서울에 입성한 동기, 그리고 불굴의 신념으로 한국 경제의 역사를 창조했던 이야기들은 다시 들어도 언제나 가슴을 뛰게 한다.

그가 남긴 감동의 신화는 정주영이라는 한 개인의 역사인 동시에, 가난 속에서도 한국 경제를 일으켜 세운 1세대 경영자들의 이야기다. 또한 한국을 넘어 세계를 깜짝 놀라게 한 경이로운 이야기이기도 하다.

정주영은 늘 사람들에게 '자신감'과 '신념'과 '불굴의 노력'을 강조했다. 100퍼센트 노력을 다하면 무슨 일이든 반드시 성공할 수 있다고 생각한 것이다. 물론 단순히 마음가짐만을 뜻하는 것이 아니라, 실천이 함께해야 한다.

이 책은 정주영의 기업가정신에 관한 이야기다. 그렇다고 기업과 관련된 일만 담지는 않았다. 생활철학 속에서도 그 정신을 찾고자 했다. 그는 기업뿐만 아니라 인생에서도 훌륭한 경영자였다.

필자는 책을 집필하면서 그의 인간적인 모습을 흠모하게 되었다. 기업가로서의 성취와 고난 뒤에 숨은 인간으로서의 애환을 자주 마주쳤기 때문이다. 독자들이 이 책을 읽으면서 정주영의 삶과 기업가정신을 함께 엿볼 수 있다면 더할 나위 없이 기쁠 것이다.

이 책은 그의 자서전, 논문, 연설문, 한국 경제와 관련된 갖가지 기사, 지인들과의 인터뷰 등 수많은 자료와 사례를 바탕으로 써 내려갔다. 그 과정은 고통과 인내의 시간이었다. 필자는 그때마다 정주영이라는 거인과 대화한다는 심정으로 이겨 냈다. 돌아보니, 그 순간들은 지금껏 살아온 인생에서 가장 희망차고 보람된 시간이었다고 감히 말씀드린다.

지난 2013년 작은 부분에서 한 차례 개정이 이루어졌으나, 이번에는 큰 틀에서 부제인 '정주영의 기업가정신'에 적합한 내용으로 새롭게 꾸리는 데 초점을 맞췄다. 특히, 정치적인 부분은 지양하고 다음의 내용을 추가했다.

- 오늘날 경제와 문화 면에서 세계를 선도하는 한국인의 우수성

- 기업가로서 그가 생전에 보여 주었던 참다운 교육자의 모습
- 그가 경영 철학으로 줄곧 주장해 왔던 노사 화합 정신

그리고 책 전체의 내용을 재검토하면서 전반적인 수정이 함께 이루어졌다. 또한, 지엽적이고 이론적인 설명에서 벗어나 일화와 사례 중심으로 구성해 독자들이 그의 기업가정신을 더욱 쉽고 흥미 있게 접할 수 있도록 했다.

초판이 나온 지 한참 지난 시점에서 개정판을 내는 것이 부담스럽기도 하지만, 이번이 마지막이라는 각오로 내용의 완벽함을 갖추기 위해 심혈을 기울였다고 나름대로 자부한다.

이 책의 출간에 도움을 주신 많은 분과 추천사를 써 주신 한국경제연구원의 노성태 전 원장님, 그리고 아라크네 출판사의 김연홍 대표님을 비롯한 직원분들께 진심으로 감사를 드린다.

2023년 8월
권영욱

한국 경제를 이끈 거인 분석 뛰어나

노성태, 하버드대학교 경제학 박사

고 정주영 회장은 현대그룹을 창업해 한국 경제 발전의 견인차 역할을 한 인물이다. 현대를 세계 속에서도 손꼽히는 기업으로 키워 낸 불세출의 경영자라는 평가를 받는다.

그는 어떻게 현대를 세계적인 기업으로 만들어 냈을까. 정주영이라는 인물의 기업가정신을 살펴봄으로써 그 답을 알 수 있을 것이다.

정 회장은 건강과 생활철학, 사업에의 열정, 리더십, 신용 등 모든 면에서 뛰어난 능력을 보였다. 항상 앞에서 진두지휘하면서도 조직원들이 자발적으로 움직이게 하는 데 뛰어난 리더십을 발휘했다.

그중에서도 특히 그의 모험 정신은 현대와 한국 경제의 고속 성장을 가능케 한 핵심 요소였다. 그는 현재의 성공에 안주하지 않고 늘 변화의 중심에 서 있었다. 남보다 먼저 생각하고, 결정은 단호히 내렸으며, 그 후에는 신속하게 움직였다. 그야말로 결단은 칼처럼, 행동은 화살처럼 실천한 것이다.

그의 사업 확장은 매번 주변의 반대에 부딪혔다. 해외 건설 시장에 진출할 때도, 국내 최초의 자동차를 개발할 때도, 조선소를 세울 때도, 금강산 관광사업을 시작할 때도 항상 우려의 눈길을 받았다. 그러나 세월이 흐른 뒤에 그 사업들은 모두 탁월한 선택이었던 것으로 판명이 났다.

이 모든 일의 밑바탕은 신용이었다. 알다시피 그는 쌀가게 점원으로 일하다가 신용 하나로 주인이 되었으며, 현대자동차를 설립할 때도 신용을 담보로 돈을 빌렸다. 여기까지야 마음먹으면 누구나 가능하다고 치부할 수도 있을 것이다. 그러나 고령교 복구공사를 보면 그가 신용을 얼마나 중요시했는지 알 수 있다.

당시 공사는 적자투성이였다. 공사를 끝내면 당장 빚더미에 올라앉을 판이었다. 웬만한 기업인이라도 그 정도의 적자를 감수하기는 쉽지 않은 상황이었다. 그러나 정 회장은 엄청난 손해를 감수하고 공사를 완료해 주위의 신망을 얻었다. 현대건설이 탄탄대로에 올라선 것은 역설적이게도 그 공사 이후였다.

정주영은 자신을 가리켜 '자본가가 아니라 부유한 노동자'라고 표현했다. 그것은 아주 정확한 말이다. 그는 책상 앞에서 지시만 하는 사장이 아니라, 직접 뛰어다니며 땀 흘려 일하는 일꾼이었다. 사막이든 혹한이든 가리지 않고 현장을 누볐다. 그런 사람이 성공하지 못한다면 오히려 이상한 일일 것이다.

'정주영의 기업가정신'이라는 부제가 달린 『결단은 칼처럼, 행동은 화살처럼』을 읽으니 다시금 그의 기업가정신에 고개가 숙여진다. 한국 경제가 어렵고 기업의 투자가 위축되다 보니 더더욱 그의 인품과 업적이 그리워진다.

이 책에는 정 회장이 한 인간으로서, 그리고 성공한 기업가로서 일궈낸 모든 성과가 고스란히 담겼다. 한국 경제를 이끈 뛰어난 기업인 정주영을 분석하는 데 있어 탁월한 책이다.

2장 나는 자본가가 아니라 부유한 노동자

3장 결단은 칼처럼 행동은 화살처럼

1장

성공은
소망하는 자에게
다가온다

성공은 소망하는 자에게 다가온다

한 인물의 위대한 업적이란 그의 어릴 적 '꿈과 소망'과 그것을 이루어 내려는 '삶의 여정과 노력'에 달려 있다. 여기서 '꿈과 소망'은 내면에 잠재된 목표 의식으로, 현실과 끊임없는 의사소통을 하면서 목적을 향해 나아가는 강력한 촉매제가 된다. 그리고 하나의 목표를 달성했을 때 더 높은 곳을 향해 도전하고 싶은 새로운 소망을 자극한다. 이것을 플러스-자극 효과plus-stimulate effect라고 하자.

모든 일은 필요에 의해 일어나듯, 성공은 소망하는 자에게 다가온다.

정주영의 성공 신화 이면에는 어렸을 때부터 간직한 '성공에 대한 강렬한 열망'이 있었다. 남들은 부모의 그늘에서 편하게 보호받던 나이인 10대 중반에 그는 네 번의 가출을 시도했다. '고향을 떠나 서울에서 성공하겠다'는 의지가 워낙 강했기 때문이다.

그러나 소년에게 세상은 그리 만만한 곳이 아니었다. 아무리 꿈과 열정이 있다고 해도 세상은 그에게 길을 가르쳐 줄 만큼 인정이 많지 않았다. 돈도 권력도 친구도 없었던 소년에게 세상이란 그저 계산적이고 약삭빠른 곳이기만 했다. 그때마다 그는 '반드시 성공하겠다'는 의지만으로 버텼다. 고난과 시련이 닥칠 때마다 오뚝이처럼 자신을 일으켜 세우며, 성공에 대한 집념을 불태웠다.

소년 정주영은 고향을 떠나 도시로 나가고 싶었다. 그렇지만 소년을 일등 농사꾼으로 키우고 싶었던 아버지는 그를 결코 가만히 내버려 두지 않았다. 아버지는 소년이 도시로 뛰쳐나갈 때마다 다시 붙잡아 집으로 데려오곤 했다.

소년은 아버지에게 애원하다시피 말했다.

"아버지, 이제 그만 저를 내버려 두세요. 저는 서울서 성공할 테니까요."

"애비는 촌놈이 서울에 가서 잘된 꼴을 오십 평생 한 번도 못 봤다. 서울에 대학 나온 실업자가 들끓는 판에, 소학교밖에 못 나온 무식한 촌놈인 네가 성공해도 얼마나 하겠느냐."

아버지는 소년의 꿈을 한사코 허락하지 않았다. 그렇지만 고향을 떠나 도시에서 성공하겠다는 그의 열망은 확고했다. 그것이 바로 청운의 꿈 아니겠는가. 네 번의 가출 끝에 집을 나오게 된 소년 정주영은 강한 자립심을 기반으로 사업을 일으켜 세운다.

훗날 그는 "나는 자력으로 크고 싶었다. 그리고 그렇게 커 왔다"고 말했다.

네 번의 가출

과거에는 농촌에서 가난하게 성장한 사람이 대부분이었듯이, 아산 정주영도 강원도 통천군 송전면 아산리의 가난한 농촌 마을에서 태어났다.

정주영은 소학교(초등학교를 뜻하는 옛 용어)에 들어가기 전 3년 동안 서당에서 천자문을 비롯해 『소학』 『대학』 『맹자』 『논어』 『한시』 등을 배웠다. 이때 배운 지식은 그의 인생에서 더없이 소중한 자산이었다. 그는 생전에 그 내용들을 족자로 만들어 의미를 되새기곤 했다.

정주영은 서당에서 수학한 후 송전에 있는 보통학교(일제강점기에 우리나라 사람들에게 초등 교육을 하던 학교)에 입학했다. 성적이 우수했던 터라, 2학년을 거치지 않고 3학년에 월반하여 5년 만에 소학교 과정을 마쳤다. 이때까지만 해도 소학교 선생님이 되는 것이 최대의 꿈이었다. 그러나 선생님이 되려면 사범학교(과거 초등학교 교원 양성을 목적으로 세워졌던 학교)를 나와야 했기 때문에 형편상 꿈으로 끝날 수밖에 없었다.

소년 정주영은 열 살 때부터 농사일을 시작했다. 아버지는 맏아들인 그에게 동생들을 분가시키려면 열심히 일해야 한다고 했다. 그를 일등 농사꾼으로 만들기 위한 훈련이 시작된 것이다.

어린 소년에게 농사일은 힘들기만 했다. 새벽 4시 무렵이면 아버지는 소년을 깨워서 시오 리(15리를 뜻하는 말로, 약 6킬로가량) 떨어진 농토로 데려갔다. 거기서 그는 온종일 허리도 못 펴고 농사일을 거들었다.

'내 일생도 아버지처럼 평생 고생만 하다가 끝나는 건가?'

이런 생각을 할 때면 소년은 가슴이 답답하고 앞날이 막막하기만 했다. 농사는 힘든 노동에 비해 소득이 적었다. 그것이 늘 불만이었다. 무슨 일을 하든 농사에 들이는 노력만큼이면 성공할 수 있을 것 같았다.

궁핍한 생활을 견디지 못한 소년은 언젠가 고향을 떠나기로 마음먹었다.

당시 구장(시골 동네의 우두머리를 이르는 말로 지금의 이장을 뜻함) 댁에서 구독하던 『동아일보』는 그가 세상을 바라볼 수 있는 유일한 창이었다. 소년은 그때 연재됐던 춘원 이광수의 「흙」을 읽고 많은 감명을 받았다. 소설의 내용을 실제로 있었던 일이라고 생각했다. 그래서 소설의 주인공 허숭과 같은 변호사가 되겠다는 꿈을 품었다. 실제로 정주영은 서울에서 막노동을 하면서도 『법제통신』 『육법전서』 등의 책을 사서 보고 보통고시(과거의 공무원 임용 자격시험)에 응시하기도 했다. 결과는 물론 낙방이었지만, 이때 배운 법률 지식은 기업을 경영하는 데 도움이 됐다. 법률고문 없이도 웬만한 건 혼자서 처리할 수 있을 정도였다.

첫 번째 가출: 철도 공사판에서 막노동 두 달

당시는 경제공황의 여파로 일본 자본이 본격적으로 한반도에 진출하던 때였다. 어느 날 정주영은 『동아일보』에서 "청진에서 대규모 항만·제철 공사가 시작되어 노동자가 필요하다"라는 기사를 보고는 가슴이 울렁거렸다. 고향을 떠날 기회만 엿보던 그에게는 가뭄 끝의 반가운 비 소식과 다를 바가 없었다.

'청진에 가자. 몸 튼튼하것다, 힘 좋것다, 해 본 노동이것다. 까짓것 한번 해보는 거다.'

그는 소학교 3년 동안 친구이자 선배로 지낸 지주원을 슬쩍 꼬드겨 함께 가자고 했다. 처음 나서는 객지 생활이 왠지 불안했기 때문이었다.

둘은 그 길로 보따리 짐 하나 없이 무명 바지저고리 차림으로 고향을 떠났다. 가진 돈이라곤 합쳐서 47전錢(전은 우리나라의 옛 화폐 단위로, 일제강점기에 '1원=100전'으로 거래됨. 당시 "장작 한 묶음 10전, 전차비 5전, 쌀 한 가마 12원, 월급 20원"이었던 것으로 보아, 47전은 현재 가치로 몇만 원 정도였으리라 추산됨)이 고작이었다.

이것이 그의 첫 번째 가출이었다.

붙잡히지 않기 위해서는 쥐도 새도 모르게 튀는 수밖에 없었다. 둘은 한숨도 쉬지 않고 하루를 꼬박 내달렸다. 그러나 청진은 배로 나흘 거리인 천릿길이었다. 가도 가도 청진은 보이지 않았다.

둘은 매우 지치고 배가 고팠다. 어디서든 밥을 구걸할 수밖에 없는 처지였다. 헐렁한 옷차림에 배고프고 지친 모습은 영락없는 거지나 다름없었다. 둘은 제법 부자로 보이는 집 마당 앞에서 어슬렁거렸다. 마침 그 집은 아침을 먹는 중이었다.

"가서 밥 좀 달라고 해 봐라."

선배 지주원이 정주영을 막무가내로 떠밀었다.

"빌어먹어도 같이 빌어먹어야지. 나 혼자 거지 행각이 웬 말이냐?"

덩치가 작은 정주영도 지지 않았다.

"거지 행각은 쬐끄만 게 하는 거다."

"큰 거지가 작은 거지를 먹여 살려야 하는 거 아니냐?"

둘은 누가 구걸에 나설 것인가를 두고 길바닥에서 티격태격했다. 결국 덩치 큰 지주원이 우기는 바람에 하는 수 없이 정주영이 나서야 했다. 인생 최초의 거지 행각이었다.

"어르신, 노자가 떨어졌습니다. 밥 한 끼만 주세요."

정주영은 오십 줄 정도 되어 보이는 중년 사내에게 애원했다. 그 품이 하도 우스웠던지 사내가 크게 소리 내어 웃으며 말했다.

"야, 이 녀석아. 노자가 떨어지지 않도록 꽉 붙들어 맬 일이지."

물론 사내는 농담으로 한 말이었지만, 정주영은 거지 행각이 부끄러워 도망치듯 그 집을 뛰쳐나왔다. 거지에게도 용기와 배짱이 필요해 보였다.

결국 둘은 빌어먹기를 포기하고 계속 걸었다. 뱃가죽이 거의 등에 붙을 지경이었다. 하는 수 없이 비상금을 꺼내 떡 세 조각과 시래깃국을 사서 나눠 먹으며 허기진 배를 달랬다.

둘은 기진맥진하여 원산에 이르러서는 한 허름한 창고에 그만 쭉 뻗어 누워 버렸다.

당시 고원에서는 '평원선(평안남도 서포와 함경남도 고원 사이를 연결하는 철도로, 1941년에 개통됨)'이라는 철도 공사를 하고 있었다. 둘은 "우선 철도 공사판에서 막노동해서 노자를 마련한 다음 청진엘 가자"고 뜻을 모았다. 그 길로 고원으로 가서 노동자 합숙소에서 먹고 자면서 하루 12시간을 일했다.

철도 공사는 장정들이 하는 일이었던 터라 어린 둘에게는 매우 힘겨웠다. 두 달을 힘들게 일했지만 돈도 모이지 않았다. 품삯이 45전이었는데, 숙식에만 32전이 들었다. 게다가 비라도 오면 막노동을 좀 쳐야 했기 때문에 오히려 빚을 질 처지였다.

그런데 추석이 가까울 무렵, 정주영이 거기서 막노동하고 있다는 소문을 들은 아버지가 찾아왔다. 결국 둘은 청진까지 가 보지도 못하고 고향으로 붙들려 와 다시 농사일을 해야 했다.

두 번째 가출: 금강산에서의 십여 일

비록 첫 번째 가출은 실패했지만, 정주영은 농촌에서 썩을 생각이 추호도 없었다. 그는 철도 공사판에서 노동의 가치와 일의 대가를 배웠다. 내버려 두기만 하면 스스로 삶을 개척할 자신이 있었다. 그래서 또다시 또래 친구들인 조언구, 정창령과 함께 이듬해 봄 서울에 가기로 모의했다.

서울로 가기 위해선 무엇보다 노자가 필요했다. 정주영은 장터에 나무를 내다 팔고 받은 돈에서 2~3전씩 떼어 두었다. 그랬더니 어느새 30전이 마련됐다.

봄이 되자마자 셋은 노자 몇 푼을 챙겨 서울로 떠났다.

4월인데도 해발 1,000미터가 넘는 추지령 마루턱은 눈이 녹지 않은 풍경 그대로였다. 추지령 너머 회양 땅의 설경은 참으로 아름다웠다. 이것만으로도 집을 나오길 잘했다는 생각을 했다. 그때의 아름다움은 평생토록 지워지지 않는 것이었다.

정주영은 두 번째 가출에서 장안사, 구룡바위 등을 비롯한 금강산 구석구석을 체험했다. 이는 훗날 필생의 사업이었던 금강산 개발을 위한 소중한 경험이 됐다.

셋은 화양에 있는 정창령의 친척 집에서 하룻밤을 묵기로 했다. 그런데 이튿날 뒤를 쫓아온 정창령의 형이 정창령을 끌고 집으로 가 버렸다. 하는 수 없이 둘이서 서울로 가는 길을 재촉했다.

금화의 양지쪽 언덕에서 둘은 웬 양복 입은 신사를 만났다.

"너희들, 어딜 가느냐?"

"돈도 벌고 공부도 하러 서울로 가는 길입니다."

"서울에 아는 사람이라도 있느냐?"

"아니요, 아무도 없는데요."

"아무 연고도 없이 서울에 간들 너희 같은 촌 무지렁이들을 누가 알아주기라도 하겠느냐. 나를 따라오너라."

양복쟁이는 금강산에서 제일 큰 요릿집에 취직하러 가는 길이라고 했다. '취직'이라는 말에 귀가 솔깃해진 두 소년은 그 말을 곧이듣고 따라나섰다. 그러나 양복쟁이는 빈털터리 사기꾼이었다.

금강산은 단발령을 넘으면 하룻길이었다. 셋은 금강산으로 가는 도중, 장안사 계곡의 한 여인숙에 묵었다. 그런데 숙박비는 전부 둘의 몫이었다. 양복쟁이는 잠깐 요릿집에 갔다 오겠다고 나가더니 3일이 지나도 나타나지 않았다. 둘은 그제야 양복쟁이에게 속은 것을 알았지만, 이미 엎질러진 물이었다. 여관 아주머니는 두 소년을 밤거리로 사정없이 내쳐 버렸다. 서울 가는 길에 사기꾼을 만나 돈을 몽땅 빼앗기고, 여관 아주머니한테 헌신짝처럼 쫓겨나기도 하면서 세상살이 공부를 한 셈이었다.

정주영은 이왕에 여기까지 왔으니 금강산 구경이라도 하고 가자는 생각으로 장안사에 올라갔다. 그런데 굶어 죽으라는 법은 없었는지 노스님은 소년들을 따스하게 맞이해 주었다. 비로소 둘은 실컷 먹고 실컷 잘 수 있었다.

다음 날 두 소년은 새벽에 일어나 노스님에게 인사하고 다시 서울을 향해 뛰다시피 걸었다. 그날은 기운이 넘쳤는지 200리(약 79킬로)는 걷지 않았나 싶었다. 그런데 강에 이르러 배를 타고 건너야 했다.

조언구가 말했다.

"돈이 없다고 뱃사공에게 사정해 보자."

"그건 안 돼. 나만 믿고 따라와."

정주영은 막무가내로 친구의 손을 잡고 끌었다. 뱃삯 없는 놈이 배에 먼저 오른다는 말처럼, 둘은 당당하고 기세 좋게 배 위에 올랐다. 정주영은 뱃전에서 의젓하게 강물을 바라보면서도 마음은 조마조마했다.

이윽고 배가 기슭에 닿자 뱃사공은 투박한 손을 내밀었다. 정주영은 쑥스러운 얼굴로 고개를 꾸벅이며 말했다.

"아저씨 미안해요, 돈이 한 푼도 없어요."

"뭐야, 이 자식들! 돈도 없이 배는 왜 타."

뱃사공의 호통과 동시에 손바닥이 날아왔다. 눈앞에 불이 번쩍였다. 두 소년은 따귀 한 대씩 얻어맞고 육지로 뛰어내릴 수 있었다.

"따귀 한 대로 뱃삯 치렀으니 싸게 쳤다. 하하하"

정주영은 따귀를 얻어맞고도 강을 건넌 것에 몹시 신이 났다. 돈 없는 거지라도 배짱만 있으면 빌어먹을 수 있겠다 싶었다.

서울에서 170여 리(약 67킬로) 되는 금화라는 곳엔 그의 작은할아버지가 살고 있었다. 둘은 거기서 하룻밤 신세를 질 작정이었다.

그러나 작은할아버지 집에 다다르자마자 다시 붙잡혀서 집으로 돌아오고 말았다. 정창령이 친척 집에서 붙잡혀 가자, 아버지는 정주영이 작은할아버지 집을 거치겠다고 생각하고 이미 수배해 놓았던 것이다. 하루 이틀만 더 가면 서울에 도착할 수 있었던 판에 두 번째 가출도 아쉽게 무위로 끝나고 말았다.

세 번째 가출: 소 판 돈을 훔치다

또다시 붙잡혀 집으로 끌려왔지만, 농촌을 떠나 서울에서 성공하겠다는 정주영의 마음은 변함이 없었다.

옛말에 돼지 팔아 시집·장가보내고, 소 팔아 논밭을 산다고 했다. 정주영은 집에서 키우던 황소가 40원圓(전과 마찬가지로 옛 화폐 단위인 원은 전의 100배에 달하는 만큼, 1930년대 당시 40원은 아주 큰 금액이었을 것으로 추산됨)이라는 큰돈에 팔려 나가자, 그 돈을 노릴 기회를 엿봤다. 그것으로 서울의 부기학원(회계 장부 기록법을 가르치는 학원)에 들어갈 셈이었다. 신문광고를 보고 부기학원 6개월을 마치면 취직이 된다는 것을 알았다.

'아버지 돈은 나중에 취직해서 원금, 이자까지 몽땅 갚아 드리면 되는 거 아닌가. 기회는 두 번 다시 있는 것이 아니다. 무슨 일이 있어도 서울서 성공할 테다.'

가출을 거듭하다 보니 담대해진 정주영은 집의 전 재산이라고 할 만한 70원을 챙겨 들고 서울로 줄달음질했다. 3~4전 떼어 내어 노자나 챙기던 바늘 도둑이 소도둑이 된 것이다. 물론 나중에 성공해서 부모님에게 빚진 원금과 이자까지 모두 갚았지만, 서울서 성공하기 위해 소 판 돈을 훔쳐 마련한 '황소의 노자'는 그의 인생 일화의 한 토막으로 기록되었다.

정주영은 그 돈으로 서울에 가서 부기학원에 등록하고 분개(부기에서 거래 내용을 나누어 적는 일)하는 것부터 배우기 시작했다. 그런데 20일쯤 지나자 아버지가 또 불쑥 나타났다. 정주영은 기절초풍할 수밖에 없었다.

"아니, 이번에는 또 어떻게 알고 찾아오셨어요?"

아버지는 정주영이 집에 아무렇게나 구겨 던진 부기학원 안내서를 보고 평양으로 찾아갔다가 다시 서울까지 오게 되었다는 것이다.

배짱과 집념이 그 아버지에 그 아들이었다.

"이번에는 죽어도 안 내려갈랍니다."

아버지가 강압적으로 나온다면 그 역시 절대로 황소고집을 꺾지 않으려고 했다. 만약 둘 다 고집을 부렸다면, 부자의 대립은 극한으로 치달았을 것이다. 그러나 아버지가 꾸중하기는커녕 오히려 눈물로 호소하는 것이 아닌가.

"이 세상 부모치고 제 자식 잘되길 바라지 않는 이가 어디 있겠니. 네가 맏아들만 아니면 애비도 너 하고 싶은 대로 내버려 두겠다. 너는 종손이다. 위로는 조상들 제사 받들어야 하고, 아래로는 동생들 거느려 나가야 하지 않겠니. 얘야, 되지 못한 고집으로 애비와 네 동생들 가슴 아프게 하지 말고 집에 가자. 평양에서 너를 못 찾고 서울까지 왔을 때 내가 얼마나 울었는지 모른단다."

아버지의 눈물 어린 호소는 어린 정주영의 가슴을 적셨다. 다른 한편으로는 자신이 '불효막심한 자식'이라는 죄책감을 느끼게 했다. 결국 그의 세 번째 가출은 두 달 만에 실패로 끝나 다시 집으로 돌아와야 했다. 면목 없는 귀향이었다.

정주영은 잦은 가출로 동네에서 부모님 속을 무던히도 썩이는 '망나니 자식'이라는 말을 들었다. 실제로 어머니는 그가 벗어 놓고 간 옷을 찢으면서 소리 내어 울기도 했다고 한다.

세 번째 가출에서 붙잡혀 귀향한 다음에는 딴마음 먹지 않고 죽어라 농사를 지었다. 아버지처럼 부지런히 농사지어 농토를 넓히고, 열심히 소 키워서 동생들 혼인시켜 세간도 내주고 나름대로 열심히 살아 보자고 마음먹었다.

마음을 다잡고 전심을 다해 농사를 지었는데도 그해 가을 또 흉년이 들어 버렸다.

흉년이 들면 집집이 부부 싸움이 잦아진다. 금실 좋기로 소문난 아버지와 어머니도 흉년이 들면 싸움이 잦았다.

"아휴, 또 양식이 떨어졌네. 이제 또 굶어야 하우?"

"쌀 판 게 언젠데 벌써 다 먹었나?"

"그걸 나 혼자 다 먹었수?"

"양식 떨어졌다는 소리를 왜 꼭 애들 앞에서 해?"

"누구는 하고 싶어서 합니까?"

가부장적인 아버지에 맞서 성격 강한 어머니 역시 지지 않았다. 그러다 보면 점점 감정이 격해지고 결국 밥상이 날아갔다. 그때마다 자식들은 싸움을 말릴 엄두도 내지 못하고 숨죽인 채 지켜보기만 했다.

정주영은 이래서는 안 되겠다 싶었다. 농사만 짓고 살다가는 평생 가난과 불화에서 벗어날 수 없을 것 같았다.

'농부의 아들이라고 해서 반드시 농부가 되어야 한다는 법이 어디 있나. 가문이고 조상이고 뭐고 다 벗어던지고, 나는 내 방식대로 성공해서 살아갈 테다.'

정주영은 자기 삶을 스스로 개척할 자신이 있었다.

그의 잠자던 의식이 슬그머니 다시 고개를 들었다.

네 번째 가출: 청운의 꿈을 안고 서울로

"청개구리도 열 번, 스무 번 뛰어올라 성공하는데, 나는 사람의 자식 아닌가? 이대로 주저앉아 있을 수는 없다. 나도 열 번 스무 번 뛰어올라 반드시 성공하고 말 테다."

정주영은 이번에는 아예 서울로 직접 갈 작정이었다. 그것이 고향에서 벗어날 최선의 방법이었다. 그리고 성공하기 전까지는 결코 고향으로 돌아가지 않겠다고 굳게 마음먹었다.

고향을 떠날 기회만을 엿보던 정주영은 친구 오인보를 찾아가 함께 서울로 가는 게 어떠냐고 물었다. 오인보는 당장 그러자고 했다. 일찍 장가를 들었지만 아내에게 정이 없었던 오인보 역시 집 나갈 궁리만 하고 있었다.

이듬해 봄, 의기투합한 둘은 서울행 밤차를 탔다. 차비는 나중에 이자까지 얹어 갚기로 하고 오인보에게 빌렸다.

이로써 '네 번'이라는 화려한 가출 이력에 마침표를 찍었다.

드디어 서울에 도착한 정주영은 친구 오인보에게 말했다.

"막일이라도 해야 할 판에 붙어 있어 봤자 도움이 안 되니 너는 네 길로 가라. 나는 내 길로 갈게. 성공해서 다시 보는 거다."

오인보는 서울에 남기로 했지만, 정주영은 친구에게 신세 질 생각이 추호도 없었다. 그래서 인천에 가기로 했다. 그는 걸어서 인천으로 향했다. 거기서 부두의 하역 일부터 이삿짐 나르기까지 할 수 있는 일이라면 굳은일, 마른일 가리지 않고 닥치는 대로 달라붙었다. 그러나 돈이 잘 모이지 않았다. 같은 노동을 해도 서울이 더 낫지 않을까 하는 생각에 얼마 후 다시 서울로 돌아왔다.

서울에서 그는 약 2개월간 고려대학교의 전신인 보성전문학교 신축 공사장에서 돌을 져 나르기도 했고, 용산역 근처의 풍전 엿 공장(현재 오리온제과)에서 수리 견습공으로 일하기도 했다.

그 후 더 좋은 직장을 찾아 틈틈이 쏘다니다가 운 좋게도 '복흥상회'라는 쌀가게에 취직하게 되었다. 지식도 권력도 돈도 친구도 없이 무작정 고향을 뛰쳐나온 정주영이 비로소 안정된 직장을 잡은 것이다.

언젠가 차를 타고 고려대학교 앞을 지날 때 그가 자랑스레 했던 이야기가 있다.

"고려대학요? 바로 내가 지었지요."

그러면 듣는 사람이 깜짝 놀라 우문을 한다.

"그럼, 회장님이 설립자이신가요?"

"아니지요. 고려대학교 안에 하얀 석조 건물이 있어요. 내가 막노동할 때 가마니에 돌을 퍼서 어깨에 지고 날라다 쌓은 겁니다. 그러니까 틀림없이 내가 지은 거지요."

입지전적인 인물의 이야기는 언제 들어도 신선한 느낌을 준다. 정주영은 돌멩이를 하나씩 하나씩 날라서 고려대학의 석조 건물을 쌓은 것처럼, 하나씩 하나씩 입지를 쌓아 한국 경제의 금자탑을 이루었다.

'내가 고려대학을 지었다'는 말은 단순한 농담이 아니라 눈물겨운 진담이었다.

●

신용은 가장 큰 자산이다

오늘날 경제학에서는 '신용credit'이라는 단어를 많이 쓴다. 신용창조, 신용관리, 신용카드, 신용거래, 신용등급 등의 용어를 보면 경제학이 신용에 바탕을 두고 있음을 알 수 있다. 경제학에서 신용이라는 말이 언제부터 쓰이기 시작했는지는 알 수 없으나, 하물며 고대사회에서도 화폐 없이 '약속이나 믿음'을 바탕으로 재화의 교환이 이루어졌으니 그 기원이 매우 오래된 것은 분명하다.

경제적 의미에서 신용이란 무엇인가. 예전에 신용은 단지 '돈을 빌리고 갚겠다는 사람 간의 약속이나 믿음' 정도를 의미했지만, 오늘날의 신용은 모든 비즈니스 거래의 중심으로 간주된다. 신용이 좋은 사람은 비즈니스 거래에서 돈을 쉽게 빌릴 수 있을 뿐만 아니라 어떤 일도 맡아 진행할 수 있지만, 그렇지 않은 사람은 올바른 소리를 해도 사기꾼 대우를 받는다.

비즈니스에서 신용이란 '건강'만큼이나 중요하다. 건강을 잃으면 사회생활을 해 나가기가 어려운 것처럼, 신용을 잃으면 경제활동을 해 나가기가 어렵기 때문이다.

정주영은 시골서 서울 올 적에 여비가 없어서 걸어 올라왔다고 하는데, 단 한 푼도 없이 어떻게 당대의 기업가가 될 수 있었을까. 돈을 모아서 기업을 이루려고 했다면 절대로 불가능했을 것이다. 그는 돈이 아닌 신용으로 기업을 일으켰다.

주변 사람들이 장사를 하려는데 돈이 없어서 못 하겠다는 얘기를 할 때마다 정주영은 다음과 같이 말했다고 한다.

"당신은 자본이 없는 게 아니라 신용이 없는 겁니다. 사람 됨됨이가 나쁘다는 말이 아니라 당신에게 돈을 빌려주어도 된다는 확신이 들 만한 신용을 쌓아 놓지 못했기 때문에 자금 융통이 어렵다는 말입니다. 당신이 일을 성공시킬 수 있다는 신용만 있으면 돈은 어디든지 있습니다."

정주영은 기업을 운영할 때 돈이 있으면 아주 좋겠지만, 돈이 없어도 신용이 있다면 가능하다는 것을 체험으로 터득한 사람이다. 그는 늘 자신이 돈 많은 부자가 아니라 한국 경제에서, 또 세계 경제에서 가장 공신력 높은 사람이라는 것을 강조했다.

현대의 성장과 발전 과정에서 '신용은 곧 자산'이라는 사실을 엿볼 수 있는 일화는 많다. 고령교 복구공사에서도 신용이 자산이라는 생각으로 거액의 손해를 감수하면서 계약 기간 안에 공사를 마무리했다. 울산조선소 건설 당시에도 '현대가 가장 공신력 있는 기업'이라는 사실을 강조하여 세계 최고의 은행으로부터 차관을 성공적으로 들여왔다.

청년 정주영은 신용 하나로 쌀가게를 물려받았고, 또한 신용 하나로 자금을 얻어 사업을 일으켰다. 다음 일화에서 그의 '신용 제일주의' 경영 철학을 엿볼 수 있다.

신용 하나로 물려받은 쌀가게

복흥상회에 취직하는 날, 정주영은 장래가 트여 간다는 생각에 마음이 들떴다. 월급으로 하루 세끼와 쌀 한두 가마니를 받기로 했는데, 빈대가 들끓는 잠자리에 밥 사 먹고 나면 그만인 막노동에 비할 바가 아니었다.

60대의 어른이었던 주인아저씨 이경성은 정주영에게 물었다.

"너 자전거를 탈 줄 아느냐?"

"잘은 못 타지만 탈 줄 압니다."

정주영은 씩씩하게 대답했다.

"흠, 가랭이가 길구먼."

주인아저씨는 키가 크고 막노동으로 단련된 튼튼한 팔다리에 만족해했다. 일단 면접시험은 합격이었다.

그런데 다음 날 주인아저씨가 정주영에게 쌀 한 가마와 팥 한 되를 자기 집으로 배달해 보라고 시키는 것이었다. 일종의 실기 시험이었다.

마침 그날은 비가 질척질척 내렸다. 정주영은 물건을 배달할 정도로 자전거를 잘 타지는 않았지만, 차마 못 하겠다고 할 수 없어 배달을 나갔다. 그는 몇 번이나 빗길에 미끄러지고 나동그라졌다. 자전거는 고장 나고 쌀가마는 온통 진흙 범벅이 되고 말았다.

정주영은 그만 울고 싶었다. '당장 나가라'는 주인아저씨의 호통이 떨어질 것이 불을 보듯 뻔했다. 그런데 그가 진흙이 잔뜩 묻은 쌀가마를 어깨에 메고 들어서는 순간, 주인아저씨가 껄껄 웃으며 '수고했다'라고 격려해주는 게 아닌가.

그 말을 들은 정주영은 감격했다.

"사람은 누구나 실수할 수 있는 법일세. 자전거 배달이 처음이라 힘들었을 테지. 자네의 성실함은 이미 내 마음을 흡족게 했으니, 앞으로 자전거를 열심히 배워 두도록 하게나."

주인아저씨는 난봉꾼인 아들과 달리 성실한 정주영이 마음에 들었다.

그날 밤부터 정주영은 자전거로 쌀 배달하는 방법을 배웠다.

그로부터 알게 된 것이 "쌀가마는 자전거에 세워 실어야지 눕혀 실으면 균형이 안 잡힌다. 그리고 또 쌀가마는 절대로 자전거에 비스듬히 매서는 안 된다. 왜냐하면 잘못 넘겨졌을 때 쌀 무게 때문에 자전거가 망가질 수 있기 때문이다"라는 것이었다.

단순한 자전거 쌀 배달에도 익혀야 할 몇 가지 기술과 요령이 있었다. 사흘을 꼬박 새우다시피 연습에 연습을 반복하니, 얼마 안 가 그는 '제비처럼 날쌘' 배달꾼이 되었다. 한꺼번에 쌀 두 가마를 싣고도 끄떡없는 배달꾼은 그밖에 없을 정도였다.

정주영은 자전거를 배울 때처럼, 쌀가게 일도 열심히 했다. 매일 새벽누구보다도 먼저 일어나 가게 앞을 깨끗이 쓸고 물까지 뿌렸다. 누가 시키지 않아도 창고 정리는 물론 장부 정리까지 혼자서 도맡아 했다.

그의 인생에서 '요만큼'이나 '이만큼'이란 있을 수 없었다. '사람이 할 수 있는 최선·최고'로 노력해야 한다는 것이 그의 인생철학이었다.

정주영은 정직과 부지런함으로 곧 주인아저씨에게 전폭적인 신뢰를 얻었음은 물론, 정미소와 고객들에게 '믿을 만한 젊은이'라는 인식을 심어 주었다. 아주 작은 일이라도 바른 생각으로 열심히 하다 보니 어느새 신용이 싹 트고 있었다.

고향을 떠난 지 3년째 되는 날, 정주영은 아버지에게 '1년 수입으로 쌀 스무 가마를 받았다'는 내용의 편지를 썼다. 그때 쌀 한 가마가 12원으로, 월급으로 따지면 자그마치 20원이었다. 농사짓는 아버지로서는 상상할 수 없는 액수였다.

곧 아버지로부터 답장이 왔다.

"인생은 새옹지마라더니 네가 출세를 해도 한 모양이구나. 정씨 가문에 이보다 더 큰 경사가 어디 있겠느냐? 이 애비는 더없이 기쁘니 쌀 배달꾼으로서 성공하길 바란다."

가출 때마다 그를 붙잡아 오곤 했던 아버지도 비로소 인정해 주었던 것이다.

정주영의 신용은 나무처럼 무럭무럭 자랐다.

복흥상회에서 일한 지 4년째 되는 날, 그는 주인아저씨로부터 보통 사람은 엄두도 내지 못할 제안을 받았다.

"자네는 쌀 배달을 하면서 이미 여러 사람에게 신용을 얻었으니 이대로 쌀가게를 꾸려 가게나."

주인아저씨는 난봉꾼 아들보다 부지런한 정주영에게 쌀가게를 물려주는 것이 낫다고 생각했다.

이렇게 해서 정주영은 한 푼의 자본금도 없이 신용 하나만으로 배달원에서 쌀가게 주인이 된 것이다. 이때가 그의 나이 스물두 살이었다.

사업가로서 돈보다는 신용이 먼저라는 사실을 몸소 체험한 정주영은 이후 어떤 약속도 철저하게 지키는 것을 원칙으로 삼는다. 그러나 2년 후 조선총독부의 쌀 배급 실시로 가게 문을 닫게 되자, 그는 가출 7년 만에 고향으로 돌아갔다.

　정주영은 쌀가게를 정리한 돈으로 아버지에게 논 2,000여 평을 사 드렸다. 세 번째 가출 때 70원을 훔쳐 달아났는데, 그 몇십 배에 해당하는 돈으로 땅을 사서 부친에게 진 마음의 빚을 갚은 셈이었다.

전화위복의 자동차 수리 공장

'적은 자본으로 시작할 수 있는 사업은 없을까?'

이듬해 대장부의 흥망을 가슴에 담고 다시 서울로 온 정주영은 인생을 걸 수 있는 사업을 물색하기 시작했다. 마침 쌀가게 단골이었던 이을학이 아현동의 '아도서비스(아트서비스Art Service의 일본식 발음)'라는 자동차 수리 공장을 인수하라고 권했다. 게다가 직원들도 모아 주겠다고 약속했다. 정주영은 자동차에 관해서는 전혀 몰랐지만, 할 만한 일이라고 생각했다.

'자전거 타기 명수인 내가 자동차라고 못할 것도 없지. 게다가 직원들도 모아 준다면야 해 볼 만한 사업이 아닌가.'

그런데 3,500원이나 되는 인수 자금이 문제였다.

정주영은 이을학과 함께 사채업자 오윤근을 찾아가 사정을 이야기하고 돈을 빌려 달라고 했다. 놀랍게도 오윤근은 정주영의 신용만 보고 신뜻 거액의 자금을 내주었다.

"쌀가게 할 때 외상값을 제때제때 갚아 이 돈을 빌려주는 것일세."

정주영은 신용 하나로 일하던 쌀가게를 물려받았듯, 신용 하나로 거액의 자본을 빌려 자동차 수리 공장을 시작했다.

아도서비스 자동차 수리 공장은 세계적인 자동차 메이커로 성장한 '현대자동차'와 환경이나 규모 면에서 비교가 불가능하다. 하지만 그가 처음 자동차와 인연을 맺을 때의 정신만큼은 아직도 현대자동차의 바탕을 이룬다.

자동차 수리 공장은 인수 당시 적자에 허덕이고 있었다. 그런데 정주영이 인수한 후 단숨에 흑자로 전환되었다. 기술과 신용이 있었기에 많은 고객이 찾아왔다. 개업한 지 20일 만에 부채의 절반을 상환할 정도로 호황을 이루었다.

그러나 호사다마라고 했던가. 시작한 지 25일 만에 불이 나 공장은 물론 손님의 자동차까지 홀딱 태우고 말았다. 한 직원이 세수할 물을 데우려다 시너를 불에 던지는 실수를 한 것이 화근이었다. 불행 중 다행으로 전화통을 집어 던져 유리창을 깨고 뛰쳐나와 목숨은 건질 수 있었다.

화재로 공장이 전소되었을 뿐만 아니라 수리 중이던 트럭 4대, 승용차 1대도 불에 타 재가 되었다. 의욕적으로 출발한 사업이 졸지에 빚더미로 변한 것이다.

다른 사람이라면 그대로 주저앉아 버리거나 도망이라도 갔을 상황이지만, 정주영은 절대 좌절하지 않았다. 이제 이판사판이었다. 그는 다시 오윤근을 찾아갔다.

"영감님, 불의의 화재로 그만 공장이 잿더미가 되고 말았습니다. 이대로 주저앉으면 영감님 빚도 못 갚게 생겼으니, 빚을 갚을 수 있도록 다시 한번 사업 자금을 빌려주십시오."

한참 동안 그를 가만히 들여다보기만 하던 오 영감이 입을 열었다.

"나는 돈을 빌려줄 때 신용을 보고 빌려주지, 담보를 잡고 돈을 빌려주지는 않아. 그게 내 자랑이지. 내 평생 사람 잘못 봐서 돈 떼였다는 오점을 남기고 싶지는 않네."

"고맙습니다. 이 돈은 꼭 갚도록 하겠습니다."

"어두운 날이 있으면 갠 날이 있는 법이라네. 공장이 불에 탄 건 지나간 일이고, 이제 사업이 불타듯 번창하는 일만 남았지. 지난날은 잊고 다시 일어서길 바라네."

오윤근은 정주영에게 다시 사업 자금 3,500원을 빌려주었다.

정주영은 잿더미가 된 아현동 자리에서 계속 자동차 수리 공장을 하려고 했으나 관련 법령이 강화된 탓에 좀처럼 사업 허가가 나지 않았다. 하는 수 없이 직원 50명을 데리고 신설동 뒷골목의 350평짜리 빈터에 무작정 공장을 차려 버렸다. 당시 신설동은 동네 골목이 형성되던 중이라 곳곳에 빈터가 많았다. 부근 파출소와 성심껏 교섭해 '추후 허가를 받는다'는 조건으로 이야기가 되었으나, 동대문 경찰서와는 통하지 않았다. 날마다 동대문 경찰서에서 당장 폐쇄하지 않으면 잡아넣겠다는 경고장이 날아왔다. 그렇다고 공장 문을 닫을 수는 없는 노릇이었다.

정주영은 인천에서 막노동할 때, 빈대에게 배웠던 교훈을 상기하며 이를 악물었다. 보잘것없는 빈대도 장애물을 만나면 어떻게든 다시 길을 찾아 기어코 사람을 물어뜯었다.

'그래, 두고 보자. 빈대들도 그토록 필사적으로 노력하는데 나는 지금

무엇을 하고 있나. 빈대만도 못한 인간이 될 순 없지 않은가.'

정주영은 동대문 경찰서 곤도 보안계장의 집을 찾아가 읍소하다시피 빌었다.

"계장님, 그 자리에 공장을 열 수 있게 허락해 주십시오. 직원 50여 명의 생존이 걸렸습니다. 일본인 직원도 있고, 일본인 고객도 많습니다."

"절대 안 돼. 무허가 빈터에 공장을 차리려는 너는 마땅히 구속해야 하는 사람이다. 명백히 법을 어기고 있지 않나?"

"이전 공장이 불에 타 겨우 땅만 빌려서 시작한 겁니다. 다른 사람에게 절대 피해를 주지 않고 공장을 운영하겠습니다."

"네가 피해를 주지 않을 것이라는 건 나도 안다. 하지만 법은 법이다. 그곳 말고 다른 곳을 알아보거나, 정식으로 허가를 받아 운영해라."

일본인 경찰은 정주영의 부탁을 딱 잘라 거절했다. 그러나 정주영은 포기하지 않고 다음 날도 그다음 날도 경찰의 집을 찾았다. 한 달 내내 매일 아침 같은 시간에 집요하게 찾아가니, 정주영의 뚝심에 마침내 일본인 경찰도 손을 들고 말았다.

"내가 졌다. 나는 일본인이지만, 나도 사람이다. 매일 아침 찾아오는 사람의 부탁을 어찌 거절만 하고 있겠는가. 그래도 경찰 입장도 고려해야 한다. 법을 어긴다 해도 적당히 눈치 보면서 하도록 해라."

"곤도 계장님, 감사합니다."

정주영은 감사하다는 소리를 수없이 되풀이하며 일본인 경찰의 집을 나왔다. 그는 대로변에서 공장이 보이지 않게 판자로 울타리를 친 다음 공장을 운영할 수 있었다.

당시는 자동차 보급률이 지극히 낮을 때였다. 자동차가 고장 나면 빨리 수리해야 했다. 그러나 공장에서는 수리비를 더 받기 위해 시간을 끌기 일쑤였다.

정주영은 자동차가 고장 나면 차 주인이 발이 묶여 고통받게 되므로 빨리 고쳐 주는 것이 고객을 위한 일이라고 생각했다. 그는 다른 공장에서 열흘 걸린다는 수리 기간을 사흘로 단축하는 대신 높은 수리비를 청구하는 방법을 썼다.

보통 밤 12시까지 수리 작업을 하면서 시한을 단축했다. 이와 같은 노력에 일본인조차 칭송을 아끼지 않았다. 순조로운 경영으로 많은 수익을 올릴 수 있었다. 신설동의 아도서비스 공장은 정신없이 밀려드는 일감으로 바쁘게 돌아갔고, 돈도 꽤 많이 벌어들였다.

이렇게 해서 정주영은 오 영감에게 두 차례에 걸쳐 빌린 돈을 이자까지 합해 3년 만에 모두 갚을 수 있었다. 정주영은 끝까지 신용을 지켰고, 오 영감은 신용 융자에 오점을 남기지 않게 된 셈이다.

훗날 정주영은 오윤근을 매우 훌륭한 사람이라고 회고했다.

"요즘 한국의 은행들은 담보 없이는 돈을 빌려주지 않는데, 그 사람은 오직 신용만을 담보로 큰돈을 빌려주었습니다. 비록 그는 이자를 받고 돈을 빌려주는 고리대금업자이지만, 그 사람이야말로 인생과 경제의 원리를 제대로 알고 실천한 사람이었던 것입니다."

여기서 인생과 경제의 원리란 "신용은 가장 큰 자산이다"라는 그의 신용 제일주의 철학과 일맥상통하는 것이었다.

그리고 해방 후인 1946년 4월, 정주영은 정부로부터 중구 초동 근처의 토지를 사들여 '현대자동차공업사'라는 간판으로 힘찬 출발을 한다. 이때부터 '현대'라는 상호를 쓰기 시작한 것이다.

●

사람이 할 수 있는 일이면 뭐든지 하겠소

모든 일이 어렵고 힘들다지만, 전쟁만큼 어렵고 견디기 힘든 일은 없다. 수백만 명이 희생되고, 모든 것이 폐허가 되는 판에 다른 무엇을 생각할 수 있을까. 개인의 의지와는 상관없이 수많은 목숨을 앗아 가는 전쟁이야말로 인간이 겪는 가장 험한 시련일 것이다.

1950년 1월, 정주영은 현대토건사와 현대자동차공업사를 합병해서 '현대건설'로 의욕에 찬 새 출발을 했다. 그러나 반년 후인 6월 25일에 한국전쟁이 터졌다. 서울에서 사업을 하던 정주영은 가족과 함께 피난을 가려 했으나, 가족들은 괜찮다며 떠나지 않겠다고 했다. 그러나 동아일보 외신부 기자였던 동생 정인영은 전쟁 관련 기사를 쓰고 있던 터라 꼭 피난을 가야 할 형편이었다. 동생 혼자 피난을 보내는 것이 염려되었던 정주영은 결국 함께 떠나기로 했다.

정주영은 정인영과 함께 끊어진 한강 다리를 건너고, 걸어서 대전까지

가기로 했다. 그러나 다시 북한군에 밀려 부산까지 피난을 왔다. 어엿한 사업가였지만 전쟁 때문에 수중에 가진 돈은 한 푼도 없었다.

다 떨어진 신발을 신고 신문 배달도 하고, 뱃멀미로 토하면서도 섬마다 돌아다니며 멸치 장사를 해서 겨우 목숨을 부지했다. 그러나 어려서 폐렴을 앓았던 정주영은 건강이 나빠지는 바람에 잠시 일감을 놓아야 했다.

그는 집 없는 개처럼 하릴없이 이곳저곳을 쏘다녔다. 하루는 무슨 새로운 소식이 없을까 해서 민주당 사무실에 들어갔더니 정치인들이 웃통을 벗어 던진 채 고스톱을 치고 있었다. 그것을 본 정주영은 처음으로 인간에 대한 환멸을 느꼈다.

"이 썩을 놈들, 나라의 명운이 걸린 판에 웃통 벗고 고스톱이나 쳐?"

정주영은 달려들어 고스톱 판을 확 뒤집어엎고, 맥주를 그들의 얼굴에 던져서 뿌렸다. 고스톱 판은 난장판이 되었고, 졸지에 거품이 이는 맥주를 뒤집어쓴 정치인 몇몇이 발악하듯 소리를 질렀다.

"이놈! 어디서 굴러든 놈이야?"

"저놈 잡아!"

정주영은 구역질 풍기는 곳을 빠져나왔다. 더 이상 그런 곳에 있고 싶지 않았다. 그러나 그는 정치인들에게 대들었다는 이유로 모든 일자리를 잃고 쫓겨났다. 앞으로 살아갈 길이 막막했다.

부산 피난 시절, 완전 무일푼의 정주영과 정인영은 서울에서 입고 온 단벌 노동복이 전부였다. 벌써 며칠째 밥 구경조차 못한 그들이 온종일 입에 댄 것이라고는 미군 식당에서 나온 빵 부스러기 몇 개뿐이었다.

굶주림에 지친 정주영은 차고 있던 시계라도 팔아 한 끼를 해결해 보려

했다. 그러던 중 미군 부대에서 통역을 모집한다는 광고를 보았다.

불쑥 정인영이 말을 꺼냈다.

"형님, 시계는 팔지 말고 그냥 두십시오. 제가 통역으로 취직해서 어떻게든 끼니 문제를 해결해 볼게요."

해외 유학 경험이 있는 정인영은 영어를 어느 정도 할 수 있었다. 그때는 통역이 귀했던 시절이라 정인영은 어렵지 않게 미군 부대에서 일할 수 있게 되었다. 심사 장교는 정인영에게 통역이 필요한 여러 부서 중에서 가고 싶은 곳을 고르라고 했다.

"공병대가 좋겠군요."

형이 토건업을 하는 사람이니 어떻게든 일거리가 있지 않을까 하는 생각에서였다. 일이 잘 풀렸는지 정인영은 즉시 공병대 메카리스트 중위의 통역으로 배치되었다.

당시 부산 전선은 산더미 같은 건설 물량을 토해 내고 있었다. 우선 한국전에 투입되는 미군을 위한 임시 숙소가 절대적으로 부족한 상태였다. 휴교 중인 학교를 동원해도 모자랄 판이었다.

공병 부대 책임자 메카리스트 중위는 정인영에게 "나는 누가 누구인지 모르겠으니 네가 알아서 건설업자를 데리고 오라"고 했다. 정인영은 곧바로 정주영을 불러들였다.

메카리스트 중위가 정주영에게 물었다.

"당신은 무슨 일을 할 수 있소?"

"사람이 할 수 있는 일이라면 뭐든지 할 수 있습니다."

이 말에서 기업가로서 정주영이 지닌 신념, 즉 '적극적 의지'를 찾아볼 수 있다.

적극적 의지란 주어진 임무에 능동적으로 대처하는 자세를 말하며, 어떤 어려움이 있어도 사명감으로 책임을 완수하겠다는 필승의 신념을 가리킨다.

사실 오늘날의 사람들에게 6·25 시절은 상상조차 할 수 없는 고난의 가시밭길이었을 것이다. 정주영 역시 심한 무기력과 폐허 상태에 빠졌을 것이다. 그러나 그는 어려울 때 더욱 강인해지는 적극적 의지로 온갖 어려움을 헤쳐 나가겠다는 투지를 불태웠다. 이러한 무서운 집념과 의지가 오늘날 '정주영 신화'의 밑바탕이 되었다.

"그렇다면 우리를 위해 숙소를 만들어 주시오."

메카리스트 중위는 그날로 정주영에게 일을 맡겼다. 한꺼번에 밀려드는 미군 병사 10만 명의 하룻밤 숙소를 만드는 일이 떨어졌다. 휴교 중인 학교 교실을 소독하고 페인트칠하고 맨바닥에 널빤지를 깔고 그 위에 천막을 치면 임시 숙소가 만들어졌다.

매일 주문량이 밀렸다. 정주영은 부산 영도다리로 나가 신체 건강한 사람을 물색해서 인부로 데려와 썼다. 건설공사에는 전문 인력이 필요했지만, 그걸 따질 만한 상황이 아니었다. 경력과는 관계없이 팔다리가 멀쩡하기만 하면 합격이었다.

정주영은 그들에게 망치, 톱, 줄자 등을 하나씩 쥐여 주며 이렇게 주문했다.

"우리는 지금 전쟁과 평화의 공사를 하고 있다. 막중한 임무라는 거다. 너는 무조건 망치질만 해라. 너는 이 자를 가지고 정확히 치수를 재고, 너는 판지를 정확히 맞춰 끼우기만 하면 된다. 빈틈없이 해야 한다."

인부들은 시키는 대로 열심히 일했다. 전쟁 중에 밥벌이가 있다는 것

만으로도 신바람이 났다. 그들은 톱질이나 망치질을 정식으로 배우지 못
했지만, 주어진 일 하나만은 제대로 해냈다.

미군과의 교섭은 주로 정인영이 맡았고, 모든 공사는 정주영의 강력한
통솔력에 의해 빈틈없이 추진되었다. 미군들마저 그의 일솜씨에 "원더풀
wonderful"을 연발했다.

낮에는 통역 일을 하던 정인영도 밤에는 공사에 매달렸다. 하루 3시간
을 겨우 잘까 말까 한 강행군의 연속이었다. 그렇게 한 달 정도 밤낮으로
일하고 나니 꽤 많은 돈을 벌 수 있었다.

한편 메카리스트 중위는 훗날 정주영에 관해 이렇게 회고했다.

"전쟁 중에 그를 만난 것은 나에게 큰 행운이었습니다. 그의 일솜씨는
너무나도 훌륭하여 현대가 하는 일이라면 무엇이든 믿고 맡길 수 있었
죠. 아마도 어려운 시절 그와 맺은 인연은 두고두고 잊지 못할 것입니다."

정주영 역시 메카리스트 중위가 전역한 후에도 현대자동차 휴스턴 지
점의 책임자로 7~8년간 일할 수 있게 주선했다. 이후에도 그들 부부를
한국에 두 번이나 초청해 어려웠던 시절을 함께 회고하기도 했다.

15일의 시한을 주시오

정주영과 현대건설은 전선을 따라다니며 미8군 공사를 도맡아서 했다. 미군은 정주영의 깔끔한 일솜씨에 매우 만족했다. 그러다가 9·28 서울 수복으로 정주영은 뿔뿔이 흩어졌던 가족을 다시 만났다. 가족들은 각자 떨어져서 숨어 지내며 간신히 목숨을 부지하고 있었다.

그러나 중공군의 개입으로 다시 부산으로 피난을 가야 했다. 이번에는 가족은 물론 직원들까지 한꺼번에 내려갔다.

정주영은 부산항대교 인근에 엉성하게나마 '현대건설'이라는 간판을 달았다. 거기서 가족과 직원이 함께 기거했다. 하지만 곧 두 달 만에 국군이 서울을 재탈환했고, 정주영 일행은 다시 서울로 돌아가 미군 공사를 억척스럽게 해냈다.

휴전 직전인 1952년 12월, 정주영과 현대건설은 한 가지 새로운 도전에 직면한다. 한국전쟁 종결을 선거공약으로 내걸었던 아이젠하워 대통

령 당선인이 공약을 실천하는 차원에서 전쟁 중인 한국을 방문하기로
한 것이다. 그런데 전쟁 중이었던 한국에는 미국 대통령이 묵을 만한 숙
소가 없었다. 미8군에서 조선 시대 왕가였던 운현궁을 숙소로 정했지만,
화장실과 보일러 시설 등이 문제였다.

미8군은 정주영에게 양변기 및 난방장치 설치와 내부 단장 등을 의뢰
했다. 당시 정주영은 양변기가 어떻게 생겼는지조차 몰랐지만, 그런 일쯤
은 누워서 떡 먹기라고 생각했다. 그래서 미8군에 자신 있게 말했다.

"내게 15일의 시한을 주시오. 만약 공사를 기일 내에 마치면 보너스를
갑절로 주고, 못 마치면 내가 갑절로 벌금을 내겠소."

미8군 관계자는 당장 그러자고 했다. 그들로서는 어느 경우나 손해 볼
것이 없다는 입장이었다.

정주영은 현대건설 직원들에게 "세상을 다 뒤져서라도 보일러·파이프·
세면기·양변기 등을 찾아오라"고 했다. 직원들은 그 길로 용산, 청계천
등 서울 구석구석을 돌아다니며 고물상을 뒤져 물건을 실어 왔다. 파이
프를 뜯어고치고, 양변기를 설치하는 등 하루 24시간을 꼬박 매달린 끝
에 시한을 사흘 앞당겨 공사를 마무리할 수 있었다.

그것을 본 미군들은 엄지손가락을 치켜세우며 "현다이 넘버 원!Hyundai
number one!"이라고 진심으로 고마워했다. 그로 인해 한국 건설 업체
중에서 유일하게 현대건설이 미8군 발주 공사를 거의 독점할 수 있게 되
었다.

특히 부산의 UN군 묘지 단장 공사는 정주영과 현대의 기지를 유감없
이 보여 준 사례로 손꼽힌다.

이번에는 미국 대통령을 비롯한 UN 사절단이 한국전쟁에서 순직한

병사들의 무덤인 UN군 묘역을 참배하게 되었다. UN군 묘지 단장 공사는 미8군 사령관들에게도 참 난감한 일이었다. 당시 UN군 묘역은 전쟁 중 급조됐던 터라 흙바닥 그대로였다. 이 묘지를 어떻게든 파랗게 단장해야 했다.

미8군은 이 공사를 경쟁 입찰에 붙였다. 그러자 한국의 내로라하는 건설 업체 사장들이 모두 공사에 몰려들었다. 미8군은 그들에게 UN군 묘역에 파란 잔디를 깔아 달라고 요청했다.

"이보시오, 지금 농담하시오? 한겨울에 파란 잔디가 어딨겠소?"

모든 건설업자가 콧방귀를 뀐 채 되돌아갔다.

미8군은 어쩔 수 없이 정주영을 찾았다. '정주영이라면 남들이 못하는 걸 할 수 있는 사람'이라고 생각해서였다.

그들은 정주영에게 말했다.

"이국땅에서 죽은 미군 순직 병사들의 묘역에는 어떻게 해서라도 파란 잔디가 있어야 합니다."

천지가 꽁꽁 얼어붙은 판에 파란 잔디라니……. 몹시 어려운 일이었다. 정주영이 망설이자, 그들은 지푸라기라도 잡는 심정으로 설득했다.

"UN군 묘지가 흙바닥 그대로인 황량한 모습으로 전 세계에 알려진다고 생각해 보시오. 사람들이 벌 떼처럼 일어나 전쟁을 당장 그치라고 난리가 날 거요. 이건 세계 여론과도 직결된 문제입니다. 돈 걱정은 말고 어떻게든 파랗게 해 주시오."

"풀이 파랗게 나 있으면 되는 겁니까?"

"그렇소. 파랗기만 하면 되오."

정주영은 승낙했다. '정주영과 현대라면 할 수 있다'라는 신념을 미군 관계자들에게 다시 한번 보여 주고 싶었다. 정주영은 실제 공사비의 세 배가 넘는 금액으로 계약을 체결했다. 이제 황량한 UN군 묘지를 파란 풀로 단장해야 하는 임무가 떨어진 것이다.

정주영은 무조건 파래야 한다는 미8군 관계자의 말에 고민했다. 한겨울이었던 터라 잔디는 모두 다 말라 버린 후였다. 아무리 그라고 해도 도저히 잔디를 구할 수 있는 형편이 아니었다.

그는 가난한 농부였던 생전의 아버지 모습을 떠올렸다. 이럴 때 아버지는 어떻게 했을까. 아마 한겨울이라도 푸른 잔디를 찾아 산을 헤치고 다녔을 것이다. 그리고 반드시 푸른 잔디를 구했을 것이다. 아버지의 눈물겨운 노력을 떠올려 보면 분명 방법이 있을 것이다.

'길이 없으면 새 길을 만들어야 한다. 잔디가 아니라면 다른 것이라도 좋다. 어떻게든 파란 풀을 구해야 한다.'

정주영은 깊은 생각에 잠겼다. 그는 다시 시골에서 농사짓던 시절의 기억을 더듬어 보았다.

때는 한겨울이었다. 씨뿌리기가 끝나고 보리타작이라도 하는 날이면 온 식구가 나와서 일을 거들었다. 한창 겨울이 지나 제일 먼저 거둬들이는 것이 보리였다. 사람들은 보리로 긴 배고픔을 견뎌야 했다. 그 시절 한겨울에도 씩씩하게 자라던 그 파란 보리싹이 얼마나 반가웠던가.

바로 이것이었다. 어차피 UN군 사절단은 묘지에 꽃만 바치고 돌아갈 텐데, 잔디냐 아니냐 따질 리가 없었다. 역시 방법을 찾으려고 노력하면 길이 있었다.

정주영은 낙동강 연안, 모래질 벌판의 보리밭을 통째로 샀다. 트럭 30대를 동원하여 흙과 함께 파란 보리 포기를 떠다 묘지에 옮겨 심었다.

보리 포기는 한겨울에도 잘만 떠졌다.

이렇게 해서 UN군 묘지는 순식간에 파랗게 물들었다. 황량한 묘지 더미가 닷새 만에 온통 새파랗게 단장된 것을 본 미군 관계자들은 눈이 휘둥그레지면서 "원더풀, 굿 아이디어wonderful, good idea"를 연발했다고 한다.

UN군 묘지 공사는 '현대'와 '정주영'을 세계에 알린 첫 번째 계기가 되었다.

소신과 신념을 지켜라

어떤 상황과 조건에서도 그 뜻이 시종일관한 사람을 '소신 있는 사람'
이라고 하고, 반대로 정해진 뜻 없이 조변석개한 사람을 '소신 없는 사람'
이라고 한다.

소신이 있는 사람과 없는 사람의 차이는 매우 크다. 소신이 있는 사람은
자신의 신념과 가치를 지키기 위해 큰일도 버릴 수 있지만, 그렇지 않은 사
람은 작은 이익을 위해서도 수단과 방법을 가리지 않을 것이다.

소신과 신념은 지도자의 인품을 평가하는 첫 번째 기준이 된다. 소신
이 없는 사람은 믿을 수가 없고 존경받을 수가 없고 따를 수가 없기 때문
이다.

기업가 정주영의 소신과 신념은 "현대건설은 국가와 더불어 성장한다"
는 것이었다. 나라가 가난하건 부자이건 간에, 국민의 세금을 투입하는
국가 시설 공사는 가장 적은 돈을 들여서 가장 효율적으로 설계하고 시

공해야 한다는 것이 그의 원칙이었다. 기업가로서 조금이라도 국가 예산을 절약해 주는 것이 나라의 발전을 위해 기여하는 일이고, 기업의 발전을 위해서도 바람직하다고 여겼다.

정주영은 건설공사를 하면서 '더 싸고 신속한 공사'가 있으면 이를 대안으로 제시하기도 했다. 관존민비 사상이 지배적이었던 당시에는 일개 업자가 정부에 대안을 제시하는 일이란 결코 쉽지 않았다.

정부 측에서 "관이 무시당했다"라며 펄쩍 뛰고 난리가 났음은 물론이다. 수많은 압력과 비난이 이어졌다. 심할 때는 상스러운 욕이 날아오기도 했다.

많은 정부 발주 공사를 하면서 현대건설만큼 정부와 충돌했던 업체는 없었다. 그때마다 정주영은 소신을 굽히지 않고, 줄기차게 대안을 제시했다.

1967년 소양강댐 공사에서 일어난 일이다. 정주영은 이 공사에서 '대안 제도'라는 선례를 남겼다. 발주자 쪽에서 원하는 것보다 더 경제적이고 효과적인 방법이 있으면 발주자를 설득해서 서로의 이익을 도모한다는 것이었다. 이때 정주영은 정부에 대들었다는 이유로 인생 최악의 모욕을 경험해야 했다. 하지만 그는 고집과 기벽으로 소신을 굽히지 않았다. 자신의 신념이 옳다고 굳게 믿었기 때문이다.

소신으로 건설한 소양강댐

소양강 다목적댐은 정부의 수자원 종합개발 10개년 계획의 일환으로

1967년에 착공되었다.

이때 소양강댐을 콘크리트댐이 아닌 사력댐(암석을 주재료로 하며 중앙 부분은 점토, 중간층은 자갈과 모래를 다지고 쌓아서 만든 댐)으로 하자고 주장한 사람이 정주영이었다. 댐을 건설하는 데 필요한 설계 및 용역 역시 현대건설에서 담당했다. 이 공사는 당초 일본 교에이 건설에 의해 설계됐다. 철근·시멘트 등 기초 자재의 수입은 물론 기술 및 용역까지 교에이가 주도하기로 되어 있었다.

더구나 이 공사에는 대일청구권 자금이 적지 않게 투입되고 있었으니, 일본에게 받은 피해보상금이 고스란히 일본으로 빠져나가는 형국이었다. 한마디로, 국가로서나 현대건설로서나 일본과 교에이가 좋아할 일만 해 주는 셈이었다.

정부의 공개 입찰에서 이 일을 떠맡게 된 정주영은 소양강댐이 콘크리트댐으로 설계된 것을 알고 기쁘기는커녕 골치가 아팠다. 현대건설은 아직 콘크리트댐이라는 대규모 토목공사를 감당하기엔 역부족이었다. 교에이의 뒤치다꺼리만 해 주다가는 큰 손해를 볼 것이 뻔했다.

'뭔가 좋은 방법이 없을까.'

이때 정주영은 소양강댐이 들어설 자리 주변에 지천으로 널린 자갈과 모래를 떠올리고는 콘크리트댐이 아닌 사력댐으로 하는 것이 훨씬 경제적이라고 생각했다.

정주영은 즉시 사력댐이란 대안을 내놓았다. 그러나 현대건설 직원들 모두 찜찜한 듯 신통치 않아 했다. 누구 하나 "그것참 좋은 생각입니다"라고 해 주는 이가 없었다.

"표정들이 왜 그러나?"

정주영이 그들에게 물었다.

"차라리 정부 요구대로 콘크리트댐으로 하는 게 낫지 않겠습니까?"

권기태 상무가 회장의 눈치를 보면서 되물었다.

"무슨 바보 같은 소리야? 사력댐으로 하면 엄청난 공사비를 절약할 수 있다고. 자네들도 익히 알고 있지 않나?"

"그게 아니라…… 괜히 호랑이의 코털을 건드려 봤자 좋을 게 없습니다."

그의 말인즉, 정부가 발주한 공사인 만큼 정부의 말에 고분고분 따르는 게 몸에 이롭다는 것이었다. '가혹한 정치가 호랑이보다 무섭다(가정맹어호苛政猛於虎, 『예기』의 「단궁 하편」에 나오는 말)'라는 말이 있지 않은가. 충분히 일리가 있는 지적이었다. 그렇다고 무서워서 꼬리를 내릴 정주영이 아니었다.

"그 정도쯤은 각오하고 즉각 대안을 마련해 봐!"

정주영은 단호히 지시했다. 자기 생각이 옳다는 신념, 그것이 국가에 도움이 된다는 생각 외에는 아무것도 없었던 터라 끝까지 밀고 나가기로 했다.

예상대로 현대건설의 대안은 정부와 교에이의 맹렬한 반발에 부딪혔다. 정주영은 설득을 위해 연석회의를 제안했다. 그런데 이 연석회의에서 그는 인간이 받을 수 있는 최악의 수모를 경험했다.

건설부, 수자원공사, 교에이, 그리고 현대건설이 모인 4자 연석회의에서 벌어진 일이다. 먼저 현대건설 관계자가 소양강댐 사업에 대해 브리핑했다.

"소양강댐 사업은 콘크리트댐이 아닌 사력댐으로 하는 편이 좋겠습니다. 우리나라 여건으로는 콘크리트댐보다 사력댐이 더 적합하다는 것이 저희 현대건설 자체 조사에서……."

"뭐, 자체 조사? 일개 업자가 공사를 땄으면 군소리 없이 일이나 제대로 해낼 것이지 누가 자체 조사를 하라 했소?"

건설부 사람들이 대뜸 시비를 걸어왔다. 정주영이 직접 나서 건설부 관계자에게 공손히 대답했다.

"콘크리트댐이 아닌 사력댐으로 바꾸면 엄청난 국가 예산을 절약할 수 있습니다. 이는 어디까지나 사심 없는, 국가를 위한 대안 제시임을 알아주시길 바랍니다."

"뭐야? 정 회장, 지금 어디다 침 바른 소리를 하는 거요. 건방지게스리……."

정주영은 건설부 사람의 막말에 울분이 치밀어 오르는 것을 꾹 눌러 참았다. 교에이의 하시모토 사장 역시 대뜸 정주영에게 욕을 퍼부었다. 교에이와 같은 세계적인 기업이 한국의 일개 중소 업체 주장에 따르는 것은 같잖다는 이야기였다.

"이보시오, 정 회장. 당신 어디서 댐 공부를 했소? 우리 교에이는 동경대 출신 집단이며 세계적인 댐을 설계한 회사인데, 당신이 뭘 안다고 이리 소란스럽게 만드시오?"

이번에는 정주영도 하시모토 사장에 맞서 물러서지 않았다.

"무슨 소리요? 높이 100미터가 넘는 댐은 콘크리트댐보다 사력댐으로 하는 것이 훨씬 경제적이라는 세계적인 추세에 근거한 것이오. 더구나 우리나라는 콘크리트를 모두 수입해서 써야 하지 않소."

정주영은 최근 프랑스가 설계한 태국의 파숀댐 공사에 입찰한 경험으로 댐에 대해서는 어느 정도 알고 있었다.

그러자 "일개 업체가 감히 정부에 까불다니 하룻강아지 호랑이 무서운 줄 모른다" "소학교밖에 나오지 못한 무식한 사람이 일본 최고의 두뇌들이 모인 교에이를 가르치려 한다"는 등 온갖 모욕적인 면박이 돌아왔다.

회의라기보다 욕설과 비방이 난무하는 난장판이었다. 정주영은 연석회의에서 인생 '최악의 곤욕'이자 '최악의 수모'를 경험했다. 계속해서 손가락질하며 욕을 퍼붓는데, 그야말로 집중포화를 맞는 듯했다.

정주영은 체념했다. 상대방이 이렇게 나오는 데야 달리 어쩔 방도가 없었다. 난장판에 뛰어들어 봐야 보상은커녕 더욱 큰 욕과 중상모략이 되돌아올 것이 번했다. 게다가 국가이익을 위한 대안 제시에 공무원들까지 길길이 날뛰며 반대하는 상황에 '참을 수 없는 존재의 가벼움'을 느꼈다. 결국 견디기 어려운 수모만 당한 채 연석회의는 끝나고 말았다.

'구름은 개고 강은 텅 비었는데, 사람은 없고 달은 높이 떠 있구나.'

정주영은 이백의 시를 마음속으로 읊었다. 모욕당했다는 느낌보다는 그저 슬프고 울적했다. 옛날에 공자도 사람들로부터 '상갓집 개 같다'는 모욕을 받지 않았던가. 그는 '공자는 나보다 더 심한 모욕을 당하면서도 태연했던 사람이다'라고 생각하며 마음을 다독였다. 내일을 위해 잠시 덮어 두고 가는 게 뭐가 그리 어려울까.

정주영은 이 공사에서 손을 떼기로 마음먹었다. 구차하게 일감을 좇기보다는 현대건설의 명예를 선택하는 것이 낫다고 생각했다.

울적한 마음을 달래기 위해 그는 거의 매일 술을 마셨다. 그것이 원인이었는지 정주영은 한동안 세브란스병원에 입원했다.

한편, 건설부 장관은 대통령에게 소양강댐에 관해 보고하는 자리에서 이 문제를 거론했다. 정주영이 사력댐이라는 대안으로 대통령을 움직이면 큰일이라고 생각했다.

"각하, 소학교밖에 못 나온 현대 정주영이라는 자가 소양강댐을 사력댐으로 하자고 떠들고 다니는 모양인데 우습지 않습니까?"

"그게 무슨 말입니까?"

당시 대통령이었던 박정희는 장관의 말에 호기심을 느끼고 되물었다.

"소양강댐을 콘크리트로 해야 한다는 건 세상이 다 아는 이치인데, 정주영이라는 자는 혼자 사력댐으로 하자고 떠들고 다니니 그자 말대로 하다가는 큰일 납니다."

"무엇이 그리 큰일이라는 거요?"

"그러니까 몇 년이나 걸리는 댐을 만드는 도중 홍수라도 터지면 춘천시는 물론 서울시까지 물에 잠기게 됩니다. 그러면 정권마저 흔들릴 겁니다."

여느 사람 같으면 '거참 웃긴 놈이군' 하며 맞장구치고 넘어갔겠지만, 박 대통령은 그냥 넘어가지 않았다. 엄청난 국가 예산이 걸린 국책 사업이었던 터라 사력댐 대안을 매우 신선하게 여겼다. 박 대통령은 한참 생각에 잠기더니 장관에게 되물었다.

"사력댐이 홍수로 물바다가 된다면, 콘크리트댐이 북한의 폭격을 받을 경우는 어떻게 되는 거요?"

"각하, 그게 무슨 말씀입니까?"

장관은 박 대통령의 역반응에 놀라서 눈을 동그랗게 뜨며 말했다.

"내 생각으로는 공사 중의 홍수에만 잘 대처하면 오히려 사력댐이 더 나은 대안이 될 수 있을 것 같소. 콘크리트댐은 한번 폭격받으면 완전히 파괴되지만, 사력댐은 폭격받아도 웅덩이만 패일 뿐이거든요."

"각하, 그렇다면……."

"그렇다면이 아니라, 지금 즉시 현대 정주영 측의 주장을 재검토해 보도록 하시오. 그편이 훨씬 도움이 된단 말이오."

전격적인 지시에 장관은 혼비백산하고 말았다. 박 대통령은 육사 수석 졸업생으로 포병 장교 출신이었다. 그는 소양강댐 건설분만 아니라, 북한과의 전시 상황까지 계산에 넣었던 것이다.

박 대통령의 전환 검토 지시로 발등에 불이 떨어진 것은 건설부와 교에이였다. 후환을 없애기 위해 대통령에게 보고한 것이 그만 '혹 떼러 갔다가 혹 붙이고 온 꼴'이 되었다. 당장 현대건설이 최초로 제안했던 사력댐 자료를 토대로 재검토가 이루어졌다.

그런 사실을 모르고 있던 어느 날, 정주영은 세브란스병원에서 교에이의 구보다 회장과 하시모토 사장이 병문안 온다는 연락을 받았다. 그때의 수모를 잊지 못한 정주영은 그럴 필요 없다고 거절했다. 그러나 구보다 회장은 하시모토를 데리고 막무가내로 찾아와서는 그에게 사과케 하는 것이었다.

하시모토가 180도 달라진 태도로 공손히 사과했다.

"정 회장님, 지난번엔 결례가 많았습니다. 저는 콘크리트댐의 권위자이지 사력댐에 대해서는 잘 모릅니다. 그래서 선입견으로 정 회장님께 무례한 행동을 했습니다. 부디 용서해 주십시오."

정주영이 그의 손을 잡으며 말했다.

"다 좋습니다. 저도 지난 일을 마음에 담아 두고 살 성도로 한가하지 않습니다. 그런데 우리가 제안했던 사력댐 대안은 어떻습니까? 결론을 듣고 싶습니다."

"정 회장님의 판단이 옳았습니다. 현장을 재조사했더니 암반이 취약해 콘크리트댐보다 사력댐으로 하자는 것이 우리의 결론입니다. 더구나 소양강 근처에는 자갈, 모래의 양도 풍부하고 질도 좋아 공사비를 많이 줄일 수 있을 것 같습니다. 그런데 우리 교에이는 사력댐에 대해서는 잘 모르니 부디 도와주십시오."

팔십이 넘는 구보다 회장이 90도로 깍듯이 절을 했다.

그토록 모욕을 주었던 사람들이 이제 정주영을 찾아와서는 '내가 틀리고 네가 맞으니 한 수 가르쳐 달라'는 것이었다.

정주영은 흔쾌히 수락했다.

소양강댐은 현대건설의 대안대로 사력댐으로 변경되어 1967년 4월 착공, 1973년 10월에 완공되었다.

이 댐은 높이 123미터, 제방 길이 530미터, 수면 면적 70제곱킬로미터에 이른다. 댐이 워낙 크고 튼튼하여 웬만한 비에는 끄떡없다고 한다. 완공 직후 시험 삼아 수문을 열어 본 이후, 딱 두 차례 엄청난 집중호우가 쏟아졌을 때 수문을 열어 수량을 조절했다. 댐에 가두어 둔 물은 농업·공업용수로 이용된다. 또한 댐의 경관이 매우 아름다워 관광산업에도 도움이 되고 있다. 그야말로 다목적댐이다.

정주영은 훗날 회고록에서 이렇게 말했다.

　소양강 다목적댐은 현대건설의 대안으로 30퍼센트에 가까운 예산
　을 절약할 수 있었다. 이는 당시 정부의 최대 고민이었던 중·소도시

상수도 시설을 10군데나 할 수 있는 엄청난 금액이다. 만약 그대로 콘크리트댐으로 만들었다면 만성적인 인플레이션으로 인해 국가로서나 현대건설로서나 참담한 실패를 경험했을 것이다.

정주영은 소신 하나로 소양강 다목적댐을 만들어 냈다. 인생 최악의 수모를 겪으면서도 자신의 신념을 굽히지 않은 결과물이다.

서울과 부산 사이에 고속도로를 깔아라

1964년 12월 10일 오전 10시.

서독 루르 지방 함보른 탄광의 한 공회당에서 500여 명의 한국인 광부와 한복 차림의 한국인 간호사들, 그리고 독일인 관계자들을 앞에 두고 박정희 대통령이 연단에 섰다.

"조국은 여러분의 희생을 절대 잊지 않을 것입니다. 그러니 어디에 있든 대한민국 국민으로서의 자부심과 긍지를 가지고……."

그때 한 광부가 박 대통령의 소매를 부여잡고 울먹였다.

"각하, 우리는 언제나 잘살아 봅니까?"

이 말은 박 대통령에게 큰 충격으로 다가왔다.

"여러분, 저는 지금 몹시 부끄럽고 가슴이 아픕니다. 대한민국 대통령으로서 무엇을 했나 가슴에 손을 얹고 반성합니다. 저에게 시간을 주십시오. 우리 후손만큼은 결코 이렇게 타국에 팔려 나오지 않도록 하겠습니다. 반드시… 정말 반드시……"

　가난한 조국에서 수십 대 1의 경쟁을 뚫고 선발된 광부와 간호사 1진 600여 명이 서독에 처음 도착했을 때는 1963년 11월이었다. 그리고 타국 생활을 시작한 지 1년여 만에 머나먼 조국에서 온 대통령과 만난 것이다.

　1962년 1월에 박 대통령은 '1차 경제개발 5개년 계획'을 발표했다. 외자가 부족했던 터라 서독에 1억 5,000만 마르크(약 100억 원)의 차관을 요청했다. 이때 서독은 우리처럼 분단 상황이었고, '라인강의 기적'으로 불릴 만큼 눈부신 경제 발전을 이루고 있었다. 세계 어느 곳에서도 지급보증을 받을 수 없었던 우리 정부는 서독에 광부 5,000명과 간호사 2,000명을 파견해서 그들의 3년간 급여를 코메르츠은행에 강제 예치하는 담보 방식으로 해결했다.

　서독을 방문한 박 대통령의 관심을 끈 것은 쾰른과 본 사이를 가로지르는 고속도로 '아우토반'이었다. 방독 첫날 본에서 쾰른으로 이동하는 20킬로 구간의 아우토반을 지나가면서 박 대통령은 두 차례나 중간에 차를 세웠다고 한다.

　그는 서독 관계자들에게 "고속도로 건설은 어떻게 했느냐" "건설비는 얼마나 드느냐" 등을 꼬치꼬치 캐묻고, 답변 내용을 일일이 적었다. 당시 박 대통령의 메모지에는 직접 그린 도로의 노면과 중앙분리대, 남한의 지형도 등이 상세히 표시되어 있었다. 이때부터 경부고속도로라는 대역사의 구상이 시작되었다.

　이후 박 대통령은 '고속도로 건설계획 조사단'을 만들고 경부고속도로 건설 사업에 빠져들었다. 조사단은 수시로 독일에 건너가 아우토반에 대한 자료를 모았고, 박 대통령도 직접 국내 각 지역을 수십 번 왕래하며 국토를 조사했다. 2년 반 동안 각고의 연구 끝에 드디어 경부고속도로 건설을 구체화하기에 이른다.

그러나 고속도로 건설은 워낙 큰 사안이라 누구도 선뜻 나서지 못했다. 엄청난 시간과 자본이 필요했다. 더구나 우리는 고속도로를 건설할 만한 기술이 없었고, 실패했을 때 돌아올 책임 추궁은 아주 심할 것이 분명했다. 거의 모두가 반대했다고 해도 지나친 말이 아니었다.

시민단체와 언론은 사업 검토가 불충분한 '정치적 공사'라고 몰아붙였다. 야당에서는 "대원군이 경복궁을 짓다가 쫓겨났듯이, 박정희도 경부고속도로를 짓다가 쫓겨날 것"이라는 저주도 있었다. 여당과 정부 내에서조차 반대하는 사람이 적지 않았다. 우리나라가 차관을 요청했던 세계은행의 일부 관계자들마저 "경부고속도로는 불필요한 공사"라며 차관을 거절하자고 했으니, 그야말로 사면초가였다.

그러나 박 대통령은 여론이나 정치권, 세계은행의 반대에도 아랑곳하지 않았다.

"모두 안 된다고 해서 대통령인 나까지 손을 놓고 있을 순 없지. 국가 형편에 맞게 총력을 기울여 경부고속도로를 건설하도록 한다."

그는 직접 방송에 출연해 국민을 설득했다. 그만큼 박 대통령의 의지는 확고했다. 그는 대한민국이 살길은 오직 수출뿐이고, 그러기 위해서는 생산물과 원자재를 고속도로로 신속히 이동해야 한다고 판단했다. 당시에는 자동차가 분담해야 할 단거리 수송까지 철도가 감당하고 있었으니, 비용이 많이 들 뿐만 아니라 수송난도 가중됐다.

박 대통령은 1967년 10월 경부고속도로 건설계획을 발표했다.

"늦어도 내년 초에는 착공한다. 기존 국도를 확장하는 것도 좋고, 전혀 새로운 길을 만드는 것도 좋다. 모든 책임은 내가 진다. 구체적인 안을 수립해 보고하라."

박 대통령을 가장 고심케 했던 것은 불투명한 재원 조달 방법보다 과연 예산을 얼마로 잡아야 하는가였다. 당시 우리나라는 고속도로에 관한 지식이 전혀 없었다. 고속도로 건설은 으레 선진국이나 하는 것으로 알던 때였다.

경부고속도로 사업은 단 한 번의 실패도 용납할 수 없는 국가적 프로젝트였다. 경험과 지식이 풍부한 건설업자가 무엇보다 절실했다. 이것을 감당할 만한 적임자로 '정주영과 현대건설' 이외에는 생각할 수 없었다.

현대건설은 일찍부터 해외에 진출해 태국 파타니 나라티왓 고속도로 공사 등을 진행했다. 정주영은 온갖 어려움과 시행착오를 거듭하면서 고속도로 건설에 대한 지식과 경험을 쌓고 있었다.

정주영은 박정희와 청와대에서 독대했다.

"정 회장, 경부고속도로 건설에 드는 최저 소요 경비와 최소 기간을 산출해 주시오."

정주영은 박 대통령의 특명을 받고 서울서 부산까지 때로는 헬기로, 때로는 지프차로 수십 번을 왕복했다. 현장을 확인하기 위해 직접 수 킬로를 걸어 보기도 했다. 이렇게 해서 그가 산출한 비용은 380억 원이었다. 당시 건설부에서는 650억 원을 책정했고 서울시에서는 180억 원의 건설비를 책정했는데, 정주영의 380억 원 안이 가장 타당하다고 인정되었다. 여기에 용지 비용과 부대비 등을 추가해 총 430억 원의 공사비를 책정했다.

경부고속도로 건설에는 다음과 같은 원칙이 제시되었다.

- 최소 경비·최단기간·최단 거리라는 3원칙을 엄수할 것
- 공사 중 막히면 뚫을 것
- '선 개통 후 보완'할 것

1968년 2월 1일, 드디어 '단군 이래 최대의 역사'로 기록될 경부고속 도로 공사의 막이 올랐다.

당재터널을 뚫어라

현대건설은 서울에서 오산까지 150킬로, 대전에서 옥천까지 28킬로를 합쳐 경부고속도로 전 구간의 5분의 2를 담당했다. 나머지 구간은 다른 건설 업체들이 나누어 맡았다.

430억 원의 최소 공사비로 428킬로의 고속도로를 3년 안에 건설한다는 것은 국가와 건설회사 모두에게 큰 모험이었다. 자칫 실패하면 한국은 세계의 조롱거리가 될 것이고, 건설회사는 막대한 결손으로 파산 위기에 처할 수도 있었다.

정주영의 전략은 공사 기간을 단축해서 비용을 최대한 줄이는 것이었다. 이를 위해서는 우선 공사를 기계화해야 했다. 하지만 가진 것이라고는 미군에서 불하받은 폐차 직전의 낡은 장비들뿐이었다. 새로운 장비의 도입이 절실했다. 정주영은 당시로는 천문학적 금액인 800만 달러(약 21억 원)가량을 들여서 중장비를 도입했다. 그가 들여온 중장비 숫사가 무려 1,900대에 달했다. 그 무렵 우리나라의 총 중장비가 1,400대 정도였으니, 그가 얼마나 경부고속도로 건설에 공을 들였는지 알 수 있다. 물론 이것은 한때 현대건설의 재무구조를 압박하는 요인이 되기도 했지만, 1970년 이후 현대건설의 경영합리화를 촉진하는 계기가 되기도 했다.

1968년 12월 21일, 시공 10개월여 만에 서울과 수원 사이 고속도로가 개통되었다. 이어서 12월 30일에는 수원에서 오산 구간, 1969년 12월 19일에는 대구에서 부산 구간이 연결되었다. 당시 이것은 단연 세계적인 기록으로, 최단기간 내에 공사를 마무리한다는 계획이 순조롭게 진행되고 있었다.

그러나 역시 자연은 인간에게 쉽게 길을 열어 주지 않았다.

몇 차례의 폭우와 홍수가 현장과 인부들을 덮쳤고, 한겨울에는 도로가 꽁꽁 얼어붙어 공사 진행이 어려울 때도 있었다. 그래서 지푸라기에 불을 지펴 젖은 도로를 말리는가 하면, 대형 버너로 쌓인 눈을 녹이는 등 기발한 아이디어가 나오기도 했다.

정주영은 거의 잠을 자지 못했다. 덜컹거리는 44년형 지프차를 타고 현장을 누볐으며, 간이침대를 가져다 두고 머물면서 지시와 독려를 이어 갔다. 지시한 것은 처리했는지, 물은 잘 빠지는지, 스펀지 현상은 나타나지 않는지 등을 일일이 확인하고 현장의 정리·정돈 상태도 엄하게 질책했다.

인간은 거대한 자연의 힘에 맞서 고군분투했다. 가장 큰 골칫거리는 당재터널(현재의 옥천터널)이었다. 소백산이 가로놓여 있는 옥천과 영동의 당재터널은 상행선 590미터 하행선 530미터의 난공사 지역으로, 그 지층이 경석이 아닌 절암토사節岩土砂(잘 부서지는 암석과 흙모래)로 된 퇴적

층이었다.

터널 공사에서 경석이 아닌 절암토사를 만난다는 것은 날벼락이나 다름없었다. 파기만 하면 와르르 무너져 내렸다. 수많은 장비가 망가지고, 인부들이 목숨을 잃는 사고까지 발생했다. 하루 10미터는커녕 겨우 30센티도 파지 못하고 날이 저무는 때가 허다했다.

무서워서 공사 현장에 접근조차 못할 지경이었다. "소백산의 귀신이 분노했다"며 현장을 떠나는 인부들이 생겼다. 큰일이었다. 이 험하디험한 당재터널을 뚫어야 경부고속도로 전 구간 개통이라는 드라마가 완성되는데, 예상치 못한 차질이 생긴 것이다.

전문가들 사이에서는 당재터널을 뚫는 데 빨라야 3개월, 보통 6개월쯤 걸릴 것이라는 부정적인 전망이 나왔다. 이렇게 되면 최소 공사 기간, 최소 공사비 등의 원칙을 지킬 수 없었다.

박 대통령에게서는 "어떻게 해서든 빨리 추진하라"는 성화와 독촉이 이어졌다.

"생각 좀 해 보자. 무슨 묘책이 없을까?"

정주영과 현대건설 임원들은 대책 마련에 몰두했다. 그렇지만 난관을 헤쳐 나갈 수 있는 방법이 좀처럼 떠오르지 않았다. 이때, 현대건설 경부고속도로 현장소장 엄봉용이 대안을 내놓았다.

"이대로는 도저히 안 되겠으니 조강시멘트를 생산해 줘야겠습니다."

정주영은 한참을 고심한 끝에 물었다.

"엄 소장, 조강시멘트를 생산해 주면 제 기간에 공사를 끝낼 수 있겠나?"

"네, 반드시 끝내겠습니다. 6월 30일보다 더 빨리 끝내겠습니다."

"정말 그럴 수 있겠나?"

정주영은 재차 물었다. 그때마다 엄 소장은 "틀림없이 6월 30일보다 먼저 끝내겠다"라고 씩씩하게 대답했다.

"좋다. 적자를 각오하고, 현대건설의 명예를 걸고 당재터널을 뚫도록 한다."

정주영은 이렇게 선언했다. 인간과 자연의 물러설 수 없는 한판 승부가 시작된 것이다.

정주영은 단양의 시멘트 공장에 일반 시멘트보다 20배 빨리 굳는 조강시멘트 생산을 지시했다. 그다음 500여 명의 인부들을 6개 조로 나누어 두더지처럼 양쪽에서 터널을 파고 들어갔다. 굴을 파자마자 그 자리에 시멘트를 발라 붙이는 기상천외의 방법이었다. 이 아이디어는 적중했다.

1970년 6월 27일 밤 11시, 당재터널 남쪽에서 "만세!" 함성이 터졌다. 뚫는 데 적어도 3개월은 걸린다는 당재터널을 25일 만에 완전히 뚫은 것이다.

1968년 2월에 착공한 경부고속도로는 완공 목표를 거의 1년이나 앞당긴 1970년 7월에 개통되었다. 착공한 지 2년 5개월 만이었다. 총공사비 429억 원에, 연인원 약 900만 명이 동원되었다. 킬로당 약 1억 원이 든 셈인데, 당시 건설 중이던 도쿄에서 나고야 사이의 고속도로 공사비와 비교하면 5분의 1에 불과한 수준이다.

경부고속도로는 1970년 7월 7일 전 구간이 왕복 4차선 도로로 준공되었다. 이후 1985년 4월부터 1987년 12월까지 왕복 6차선으로 확장되었다. 기존의 철도 및 국도와 겹치지 않으면서 수도권과 영남 공업지역,

2대 수출입항인 인천항과 부산항을 연결하는 대동맥 역할을 하며 전국을 1일 생활권화하고 있다.

추풍령의 경부고속도로 기념비에는 '우리나라 재원과 우리나라 기술과 우리나라 사람의 힘으로 세계 고속도로 건설 사상 가장 짧은 시간에 이루어진 길'이라고 적혀 있다.

정주영은 경부고속도로를 달릴 때마다 박 대통령의 모습이 눈에 선하다고 말했다. 그는 훗날 회고록을 통해 다음과 같이 밝혔다.

> 박 대통령께서는 가끔 나를 밤늦게 불러 당신의 서재로 안내하곤 했다. 그의 책상에는 고속도로 관련 서적이 가득 쌓여 있었다. 거기서 손수 구상한 인터체인지를 그려 보이기도 했다. 경부고속도로 공사는 정치 논리를 일절 배제하고 100퍼센트 경제 논리에 입각했기 때문에 성공할 수 있었다.

경부고속도로의 신화는 '국가의 대동맥을 이어야 경제의 피가 흐른다'는 박 대통령의 신념과 '시련은 있어도 실패는 없다'는 정주영의 확신, 그리고 '우리도 할 수 있다'는 온 국민의 투혼이 삼위일체가 되어 완성된 결정체였다.

어렵게 생각하면 어렵지만 쉽게 생각하면 쉽다

춘추 시대의 사상가 열자의 사상을 기술한 『열자』의 「탕문편」에는 다음과 같은 이야기가 있다.

옛날 중국에 우공愚公(어리석은 노인이라는 뜻)이라는 90세 노인이 살았다. 그가 집에서 여강까지 나가려면 태행산과 왕옥산이라는 큰 산을 넘어야 했다. 그런데 두 산은 둘레가 700리(약 275킬로)에 높이가 만 길이나 되어 지나가기가 힘들었다. 노인은 수백 리를 돌아가야 하는 것이 지겨워서 두 산을 없애기로 마음먹었다.

어느 날 우공은 아들·손자들을 모아 놓고 이렇게 말했다.

"나는 저 두 산을 깎아 없애고, 예주와 한수 남쪽까지 곧장 길을 내고 싶은데 너희들 생각은 어떠냐?"

모두 찬성했으나 그의 아내만은 반대했다.

"늙은 당신의 힘으로는 작은 언덕조차 깎기 힘들 텐데, 어떻게 저 큰 산을 깎아 없앤단 말씀이에요? 또 파낸 흙은 어디다 버리고?"

그러자 우공은 발해만에 갖다 버릴 거라고 했다.

이튿날 아침부터 우공은 자식과 손자들을 데리고 나가 돌을 깨고 흙을 파서 발해 끄트머리로 실어 옮겼다. 한 번 갔다 오는 데 꼬박 1년이 걸렸다.

이에 길을 가던 지수智叟(지혜로운 노인이라는 뜻)라는 노인이 비웃으며 우공에게 충고했다.

"어리석은 노인이여! 얼마 남지 않은 일생과 여력으로는 산의 터럭 하나조차 헐지 못할 것인데, 어떻게 저 큰 산을 옮기려 하는가?"

그러자 우공이 말했다.

"내가 못하면 내 아들이 하고, 내 아들이 못하면 내 손자가 하면 된다. 산은 더 불어나는 일이 없지만 자손은 만대까지 이어질 터이니 결국은 누가 이기겠는가?"

이 말을 듣고 깜짝 놀란 것은 두 산을 지키는 '조사'라는 산신령이었다. 조사는 산이 없어지면 큰일이라고 생각하여 이를 옥황상제에게 고했다. 그러자 옥황상제는 우공의 우직함에 감복하여 역신 '과아'로 하여금 두 산을 업어 태행산은 삭동 땅에, 왕옥산은 옹남 땅에 옮겨 놓게 했다. 두 산이 있었던 기주와 한수남 쪽에는 현재 작은 언덕조차 없다고 한다.

90세 노인이 큰 산을 옮겼다는 우공의 이야기가 실제인지 허황한 것인지는 알 수 없다. 다만 미신이나 토템 신앙 및 신화적 이야기가 횡횡하던 시절, 민간에서 전해 내려오며 '우공이 산을 옮긴다'는 뜻의 우공이산

愚公移山이라는 고사성어로 알려졌다. 좀 더 풀이하면 '어떤 일이든 끊임없이 노력하면 반드시 이루어진다'는 의미다.

한국 경제가 근대화되는 과정에서 우공이산의 기적을 실제로 엿볼 수 있는 사례가 있다. 맨땅이나 다름없는 황량한 모래벌판이었던 바다 갯벌에서 수십만 톤의 유조선이 드나드는 세계 최고의 조선소로 탈바꿈한 울산조선소를 보면 그 말을 실감할 수 있다.

어쩌면 한국 경제의 태산으로 우뚝 선 정주영이야말로 우공의 전설과 딱 맞아떨어지는 인물이라고 할 수 있지 않을까. 그는 남들이 불가능하다고 지레 겁먹고 손 놓은 일을 기어이 '되는 일'로 만들어 세상을 깜짝 놀라게 했다.

정주영이 한 일들은 우공과 같은 집념이 없으면 불가능하다. 그러니 그의 당대 업적에 대해 왈가왈부하는 것 자체가 무의미하다.

특히 울산조선소는 우공이산 기적의 표본과 같다.

"조금 나은 것이 없을까."

울산조선소를 착공할 당시 정주영의 화두는 단연 '조금 나은 것이 없을까'였다. 자동차 수리 공장을 하다가도 조금 나은 것이 없을까 하는 생각 끝에 현대건설을 만들었고, 현대건설을 굴지의 건설회사로 키운 다음에도 조금 나은 것이 없을까 하다가 조선업에 뛰어들었다.

정주영은 자동차 수리 공장을 할 때 서울의 한 관청에 수금을 갔다가 건설업자들이 건설비를 받아 가는 것을 보고 정신이 번쩍 들었다.

그는 직원들에게 다음과 같이 말했다.

"똑같은 시간과 인력을 투입하는 일인데, 우리는 기껏 30만~40만 원

받아 가고, 건설업자는 1,000만 원 받아 가는 게 말이 되나? 우리도 건설업을 해야겠다."

그러자 모든 직원이 약속이나 한 듯 반대했다. 한 사람도 그의 편이 없었다.

"자동차 수리와 건설업은 다릅니다. 자동차 수리 업무에만 집중해도 모자랄 판에 건설업에 뛰어들 만한 여력은 없습니다. 함부로 일판을 벌이다가는 망하기 십상입니다."

"다르긴 뭐가 달라. 토건업이란 게 건물 짓고 수리하는 일에 지나지 않는데 까짓것, 견적 놓고 계약하고 수리해 주고 돈 받기는 자동차 사업이나 마찬가지 아닌가."

모든 사람이 안 된다고 했지만 정주영은 혼자 된다고 우겨서 기어이 자동차 수리 공장 건물 안에 현대토건사 간판을 하나 더 달았다. 이것이 현대건설의 모태다.

기업가에게는 항상 새롭고 큰일을 하고자 하는 열망이 있다. '작은 것'보다 '큰 것'을 좇는 사업 방식에 대해 대부분의 사람은 '무모한 짓'이라 생각했지만, 이러한 '헌신적인 위험부담'이야말로 진정한 기업가정신의 주축이라 할 수 있다. 정주영은 밥풀만 한 씨앗이라도 있으면 그것을 시발점으로 점점 큰 것에서 더욱 큰 것으로 일을 벌이며 사업을 확장했다.

조선업도 마찬가지였다. 대부분 '자본도 없고 기술도 없다'는 이유를 대며 조선업 진출에 반대했지만 그에게는 문제가 되지 않았다. 건설업에서 얻은 노하우와 기술을 이용하면 조선업이야말로 누워서 떡 먹기라고 생각했다. 그의 구상은 한마디로 '육지의 건축을 바다 위로 옮긴 것'이므로, 조선이나 건축이나 다를 바가 없었다.

"철판을 구부리고 용접하여 선박을 만드는 것은 빌딩을 만드는 것과 같다. 배 안에 보일러, 엔진, 발전기 등을 설치하고 프로펠러를 달면 움직이는 빌딩이 완성되는 것 아닌가? 건축, 보일러, 발전기 등은 모두 현대건설이 하던 일이다."

거기다 국내의 풍부한 노동력을 활용하면 조선업은 반드시 성공할 수 있다고 확신했다. 정주영의 사업 발상은 이처럼 단순하고 순박한 논리에서 시작되었다. "어렵게 생각하면 한없이 어려운 법이지만, 쉽게 생각하면 또한 한없이 쉬운 법이다"라는 것이었다. 바로 이것이 현대의 성공 요인이기도 했다.

울산조선소 건설은 당시 국내외에서 많은 화제가 되었다. 정치권과 언론은 물론, 학계에서도 지대한 관심사였다.

한번은 울산조선소 평가 교수단이 현장을 방문했는데, 방대한 시설과 바삐 움직이는 수천수만 명의 인부를 보고 눈이 휘둥그레졌다고 한다.

한 교수가 깜짝 놀라 정주영에게 물었다.

"회장님, 도대체 이게 어떻게 된 일입니까? 대체 그 황량한 모래벌판에 무슨 일이 있었는지, 우리나라가 언제 이런 조선업과 관련된 기술을 체득했는지, 그리고 그 많은 투자금은 어떻게 들여왔는지요?"

그는 자신만만하게 설명했다.

"여러분은 우리가 조선소를 건설한다니 깜짝 놀랐을 겁니다. 자그마한 고깃배나 만들어 보았지, 몇십만 톤짜리 거대한 유조선을 만드는 것은 상상치도 못했을 테니까요."

그리고 500원짜리 지폐에 그려진 거북선 이야기를 통해 세계 최고의 영국 버클리은행에서 돈을 빌려 온 이야기, 백사장 사진 한 장으로 그리스 선박왕의 후예인 리바노스를 설득하여 26만 톤급 유조선 두 척의 주문서를 받은 이야기 등을 했다. 모두 그 기적 같은 이야기들을 홀린 듯 듣고 있을 수밖에 없었다고 한다.

우공이산의 기적, 울산조선소

"저 무쇠 덩이가 물에 뜨나?"

정주영이 울산조선소를 구상하면서 처음으로 기술자들에게 했던 말은 쇠가 물에 뜨냐는 것이었다. 기술자들을 어이없게 만들었던 이 말은 어쩌면 당시 우리나라 조선업의 현실을 단적으로 보여 주는 것이기도 했다. 그러나 무슨 일이든 반드시 되게 하는 정주영에게는 걸림돌이 아니었다. 그는 무슨 일이든 해 보고, 반드시 성공으로 연결해야 직성이 풀렸다.

조선업에 대한 구상은 1960년대 초·중반에 시작되었다. 정주영은 일본 출장 중에 요코하마, 고베 등의 조선소 시설을 시찰하면서 그 웅장함에 큰 감명을 받았다. 이것이 울산조선소 구상에 직접적인 영향을 끼쳤다.

그 경험을 바탕으로 그는 다음과 같이 회고했다.

"현대가 지금 해외 여러 나라에서 건설 사업을 하고 있지만, 법률·기후·언어·풍습 등 모든 것이 달라 공사를 해 나가기가 여간 어려운 것이 아닙니다. 따라서 국내에다 조선소를 세워 큰 배를 만든다면 외국에 내다 팔 수도 있고, 건설의 미래를 위해서 큰일도 할 수 있겠다 싶었지요."

때마침 정부에서도 우리 경제의 구조를 경공업에서 중공업 쪽으로 바꿔 가고 있었다. 따라서 바로 이때가 정주영의 포부를 실현할 수 있는 적기였던 셈이다.

어느 날 박 대통령이 그를 청와대로 불렀다.

"정 회장, 우리 한번 배를 만들어 보지 않겠습니까?"

정주영은 내심 쾌재를 불렀으나, 짐짓 아닌 척했다.

"아니, 제가 무슨 수로 배를 만듭니까?"

"배를 사람이 만들지 다른 짐승이 만듭니까? 정부에서도 중화학공업 육성 정책에 따라 조선, 제철, 주물업을 중점적으로 키우고자 합니다. 그러니 어디 한번 힘써 봅시다."

일단 대통령의 의지를 확인하자, 그도 물러설 수 없었다.

1970년 3월, 조선사업부가 설치되고 부지 선정 등 기초 작업을 마무리 짓는 동시에 미국과 일본 등에 차관을 요청했다. 미국, 일본 등에서는 우리나라의 차관 요청을 한마디로 거절했다. "너희 같은 후진국이 무슨 재주로 배를 만드느냐?"는 조롱도 덧붙였다. 그럴수록 정주영의 의지는 더욱더 굳세지고, '불가능한 일'을 '가능한 일'로 만들려는 노력 역시 더욱더 강해졌다.

정주영은 담판을 지을 생각을 하고 직접 영국으로 날아갔다. 그는 울산조선소와 기술 자문 계약을 체결했던 애플도어의 롱바톰 회장에게 물었다.

"버클리은행을 움직일 방법이 없겠습니까?"

"글쎄요. 한국의 상환 능력과 잠재력에 의문이 많아 곤란하군요."

그러자 정주영은 500원짜리 지폐 한 장을 테이블 위에 꺼내 보이며 말했다.

"이것이 거북선이오. 우리나라는 1500년에 거북선이라는 세계 최고의 배를 만들어 일본을 혼낸 민족이지요. 영국의 조선 역사는 1800년부터라고 알고 있습니다. 쇄국정책으로 근대화가 늦어 아이디어가 녹슬었지만, 한국의 잠재력만큼은 세계 최고입니다."

롱바톰 회장은 빙그레 웃으며 머리를 끄덕였다. 나폴레옹마저 실패했던 영국의 최강 함대를 거북선이 공략한 것이었다.

롱바톰 회장의 도움으로 버클리은행과의 차관 협상이 시작되었다.

정주영의 재치와 순발력은 이때 또다시 빛을 발한다. 차관 교섭의 마지막 단계였던 버클리은행 측과 함께한 자리에서 갑자기 부총재가 그에게 전공이 무엇인지를 물었다.

이에 정주영이 되물었다.

"우리가 제출한 사업계획서를 읽었습니까?"

"아주 상세히 읽었습니다만……."

"그 사업계획서가 내 전공이지요. 옥스퍼드대학을 나온 사람이라 하더라도 그런 사업계획서를 쓰진 못할 겁니다."

궁여지책으로 농담을 했는데, 이 농담으로 이야기의 실마리를 잘 풀 수가 있었다.

그러나 문제는 또 있었다. 영국 수출신용보증국(ECGD)에서 배를 살 사람이 있다는 증거를 가지고 와야 승인해 주겠다는 것이었다.

ECGD의 총재가 정주영에게 말했다.

"영국 제일의 버클리은행이 현대의 능력을 긍정적으로 평가하니 우리도 의심의 여지가 없소. 그런데 과연 누가 세계적인 조선소를 제쳐 놓고, 경험도 없는 현대에 배를 주문하겠소? 배를 팔지 못하면 영국에서 빌린 돈도 갚지 못하는 것 아니오? 그러니 현대가 만든 배를 살 사람이 있다는 확실한 증명을 가지고 오길 바라겠소."

정주영은 낙담했다. 첩첩산중이었다. 벽을 하나 넘으니 또 다른 벽이 나타났다. 이제 다시 선주를 찾아 나서야 했다.

그는 유럽을 돌아다니며 선주를 만날 때마다 미친 듯이 사정했다.

"배를 우리 회사에서 만드시오."

"아니, 당신 나라에 조선소가 어디 있소?"

"여기요!"

정주영이 선주에게 보여 준 것은 25만 평의 황량한 바닷가에 소나무 몇 그루와 초가집 몇 채가 있는 초라한 백사장 사진이었다.

선주들은 그의 배짱에 기가 찬 듯 어처구니없어했다.

"이보시오, 지금 농담하시오? 아무 구조물도 없는 백사장에서 어떻게 수십만 톤의 배를 만든단 말이오?"

"나를 의심할 필요는 없소. 당신이 배를 사 주면 영국에서 빌린 돈으로 이 백사장에다가 뚝딱뚝딱 조선소를 지어 틀림없이 주문한 배를 만들어 주겠소."

이렇게 설득했지만, 그때마다 정주영에게 돌아온 것은 미친 사람 취급이었다. 콩으로 메주를 쑨대도 믿어 주지 않는 세상에서 그의 말에 긍정적으로 반응하는 사람을 만나기는 쉽지 않았다.

그러나 고비 때마다 비켜 가지 않고 정면 돌파하는 그의 담대한 추진력은 또 한차례 빛을 발한다.

마침 그리스 선박왕의 후예인 리바노스가 배를 사겠다고 나섰다. 백사장 사진 한 장 들고 배를 사 달라고 하는 정주영보다 그 말을 믿고 정말로 계약서를 작성한 그가 어찌 보면 더 미친 사람이었을지도 모른다.

애초에 리바노스의 생각은 이랬다.

"현대가 조선소를 짓더라도 대형 유조선은커녕 소형 선박이나 제대로 만들 수 있을지 의심이 들었습니다. 현대는 배를 건조한 경험이 전혀 없었고, 게다가 한국의 중공업 수준은 걸음마 단계에 불과했으니까요."

그러나 정주영을 처음 만났을 때 보통 사람이 아니라는 것을 순간적으로 직감했다고 한다. 다른 사람에게서 찾아볼 수 없는 결단력과 의지를 엿볼 수 있었다는 것이다.

"결국 나는 정주영 회장님의 확신을 믿었기에 유조선을 발주해도 문제가 없을 것이라고 확신했습니다."

울산조선소에 발주한 최초의 선주로 인연을 맺은 리바노스와의 관계는 30년 이상 유지되었다. 그때까지만 해도 우리나라에서 만든 가장 큰 배는 1만 7,000톤짜리가 고작이었다. 그런데 아직 짓지도 않은 현대조선소와 계약한 배는 26만 톤짜리 두 척이었다.

정주영이 내건 조건도 파격적이었다. 다른 조선소보다 싸게 만들어 주는 것은 물론이고, 만약 배가 마음에 안 들면 우리나라에서 반대급부 보증서를 떼어 지불보증을 해 주겠다고 했다.

그렇게 배를 팔았다는 증명서를 첨부해 영국 정부에 다시 제출하고서야 조선소를 지을 돈을 빌릴 수 있었다.

현대는 1972년 3월에 조선소 독dock(선박을 건조하기 위해 세워 둔 시설)를 파기 시작했다. 그리고 2년 3개월 만에 조선소와 배를 모두 만들어 냈다. 웬만한 조선소가 이 모든 것을 해내는 데 줄잡아 5년은 걸린다. 하지만 정주영은 반도 채 안 되는 기간 안에 조선소를 짓고 배까지 만들었다.

그 짧은 기간에 방파제를 쌓고, 바다를 준설하고, 안벽을 만들고, 독을 파고, 14만 평 규모의 공장을 건설하고, 근로자 5,000명이 살 수 있는 숙소를 지었다. 최대선 건조 능력 70만 톤, 부지 60만 평, 70만 톤급 드라이독 2기를 갖춘 조선소를 2년 남짓 만에 건설한 것이다. 그리고 이어지는 확장 공사로 2년 3개월 만에 세계 최대 규모의 조선소가 탄생했다. 말 그대로 맨땅에서 이루어 낸 기적이었다.

정주영은 평가 교수단에게 다음과 같이 말했다.

"대한민국이 아무것도 가진 것이 없던 그 시대, 아무것도 할 줄 몰랐던 그 시대……. 먼 옛날이야기지만 여기는 바닷물이 밀려오면 철썩거리는, 그냥 보통 해변가였지요. 거기가 지금 이렇게 됐습니다. 수많은 고비가 있었지만, 우리도 할 수 있다는 의지 하나로 극복했던 것입니다."

세계 최고의 울산조선소 탄생 배경은 아직도 많은 사람에게 경이로움과 감탄의 대상이 되고 있다.

사우디 주베일 공사를 수주하라

1976년 크리스마스 무렵이었다.

광화문 네거리(세종대로 사거리)의 옛 현대건설 본사 빌딩에서 검은 재 킷에 금실로 수놓은 마크와 명찰을 가슴에 단 현대건설 직원들이 민첩하게 움직였다. 그들이 모인 곳은 500여 평의 현대건설 본관이었다. 정면에 보이는 '우리는 하나다'라는 사훈처럼, 조금도 흐트러짐 없이 일치단결한 모습은 마치 전쟁터에 나갈 준비를 하는 정예부대 군인들 같았다.

이 부대의 총사령관 정주영 회장이 연단에 나타나자, 본관에는 긴장감이 감돌았다. 이제 총사령관의 명령이 내려질 참이었다.

잠시 후, 정주영 회장의 카랑카랑한 목소리가 거침없이 흘러나왔다.

"여러분, 우리는 이제 힘찬 도약을 해야 할 때입니다. 현재의 사정이 그다지 좋다고 할 수는 없으나, 작금의 위기도 노력 하나로 충분히 극복할 수가 있습니다."

그는 사우디아라비아 주베일 지역에 건설될 세계 최대 규모의 산업항 공사를 현대가 따낸 일을 언급했다. 이 공사를 위해 정부가 빚보증을 섰다. 만약 이 공사에 실패하면 오일쇼크oil shock(석유수출국기구OPEC에서 원유 가격을 인상하고 생산을 제한하면서 시작된 경제적 충격으로, 1973년과 1978년 두 차례에 걸쳐 발생)로 휘청거리고 있는 한국 경제에 심각한 타격을 줄 것이라고 말을 이었다. 따라서 우리나라가 살길은 중동에서 외화를 벌어들이는 길밖에 없으며, 그것이 곧 애국·애족하는 길이라고 했다.

애국·애족이라는 말이 나오는 순간 모두의 표정이 일시에 굳어졌다.

당시 한국 경제는 오일쇼크로 심각한 위기에 빠져 있었다. 북한은 이미 국제시장에서 부도를 냈고, 각국 은행들이 한국의 외채 상환 능력을 매주 점검하는 상황이었다. 국가적으로도 현대로서도 중대한 위기에 봉착했던 것이다. 만약 이 공사를 실패한다면 한국 경제는 돌이킬 수 없는 지경에 몰리게 될지도 몰랐다.

정주영 회장의 간곡한 호소는 메아리처럼 직원들의 마음 구석구석을 향해 울렸다.

"사람은 태어나 많은 일을 하다 죽지만 조국과 민족을 위하여 일하는 것만큼 숭고하고 가치 있는 일은 없습니다. 지금 우리에게 그런 기회가 온 것입니다."

그날 밤, 정주영은 김영덕 박사를 만났다. 그 자리에서 "해외의 적을 버리고 현대건설에 입사하여 같이 일해 달라"고 요청했다.

당시 김영덕 박사가 기술 고문으로 있던 아람코는 현대건설과 비교가 안 되는 세계 최고의 석유회사였다. 더구나 김 박사는 캐나다에서 뉴욕으로 직장을 옮긴 지 얼마 되지 않았던 터라 제의를 거절할 수밖에 없었다.

"귀국할 형편은 안 되나 아람코를 대표해서 최선을 다해 기술 자문을 해 드리겠습니다."

정주영은 아무 말 없이 고개를 끄덕였다.

그다음 날 정주영은 김영덕 박사 내외의 울산조선소 방문을 직접 주선했다. 김영덕 박사는 미국 및 캐나다의 유수한 조선 및 중공업 시설을 경험했지만, 울산조선소의 규모와 대담한 구상에 매우 놀랐다. 경부고속도로 대전에서 옥천 구간을 달리면서는 "그 심산협곡의 당재터널을 23일 만에 뚫었다"는 현대의 저력에 크게 감탄했다.

김영덕 박사는 다음과 같이 말했다.

"그 웅장한 울산조선소 시설이며, 경부고속도로를 달리면서 같은 토목 기술자로서 정말 놀랐습니다. 처음에는 현대건설이 과연 주베일 공사를 할 수 있을까 미심쩍었지만, 그토록 크고 웅장한 구상을 하는 저력이라면 주베일 공사도 할 수 있겠다고 생각을 고치게 되었지요."

현대가 주베일 공사를 가져오긴 했지만, 풀어야 할 문제가 한둘이 아니었다. 어쩌면 경부고속도로 건설 당시 당재터널을 뚫었던 것보다 몇십 배 더 어려운 난도의 모험이 기다리고 있었다.

가장 기본인 기초 시공부터 암담했다. 해안선에서 12킬로 떨어진 수심 30미터의 바다 한복판에 유조선 4척이 동시에 정박할 수 있는 터미널을 만들려면 구조물 설치 및 기초 공사 전문가의 도움이 필요했다. 지질의 특성을 알아야 공법이 나오고, 공법이 나와야 구조물을 설계하고 제작해서 바다에 설치할 수 있었다. 그 때문에 당시 지질학 분야 최고 권위자였던 김영덕 박사의 도움이 절대적으로 필요했고, 정주영이 그를 스카우트하기 위해 직접 나섰던 것이다.

서울에 올라와서 가진 저녁 식사 자리에서 정주영은 현대건설의 해외 진출을 화두로 꺼냈다. 괌, 태국, 베트남 등에 진출한 이야기뿐만 아니라 중동 진출의 중요성을 거듭 강조했다. 그리고 조선 및 중공업과 자동차 분야를 키워 세계에서 가장 경쟁력 있는 회사로 만들겠다는 포부를 밝혔다. 그러고는 현대건설과 함께 일하자고 끈질기게 종용했다.

"조국을 사랑하지 않는 사람은 없습니다. 해외에 나가 고생하면서 공부한 사람들이 타국보다 조국에 먼저 기여해 주기를 바라는 마음뿐입니다."

고향을 떠나서야 고향에 대한 그리움을 알고, 조국을 떠나서야 조국에 대한 그리움을 안다. 애국가만 들어도 가슴이 뭉클해지며 눈시울이 뜨거워지던 시절이었다.

김영덕 박사는 4·19 혁명과 5·16 군사 정변의 여파로 1963년에 추방당한 몸이었다. 고국에 언제 다시 돌아올 수 있으리라는 기약도 없이 쓰라림을 안고 캐나다로 유학을 떠났던 그였다. 정주영의 집요한 설득은 젊은 과학자의 마음에 불을 지피기 충분했다.

정주영의 끈질긴 구애에 김영덕 박사는 결국 승낙하고 말았다.

"나는 결코 조국에 다시 올 수 없는 형편이었습니다. 국내 사정도 그랬고, 아람코의 기술 고문으로 아라비아에 파견되었던 차에 잠시 서울에 들른 것이었죠. 정 회장은 함께 일하자고 내 손을 힘껏 잡았습니다. 그토록 진지하고 끈질긴 말씀으로 조국과 민족을 위해 일해야 한다는 대목에서 나도 모르게 눈시울이 뜨거워졌죠."

한 명의 젊은 기술자를 스카우트하기 위해 기업의 회장이 직접 그렇게 열심히 설득에 나서는 일은 흔치 않을 것이다. 정주영의 진심 어린 설득은 구구절절 김 박사의 마음을 울렸다.

다음 날 김영덕 박사는 현대건설에 입사하기로 하고 일을 정리하기 위해 뉴욕으로 떠났다. 그때 정주영의 나이는 62세였고, 김 박사의 나이는 42세였다.

1975년 가을이었다. 사우디 국왕은 오일달러로 축적한 부로 페르시아만 주베일 지역 모래벌판에 대규모 산업항을 만들어 조국의 근대화를 이루고 세계를 놀라게 하겠다는 야심에 찬 건설계획을 수립했다.

이 공사의 설계를 맡았던 영국의 항만 및 해양구조물의 명문 윌리엄 할크로 사의 다니엘스 회장이 "이집트에 피라미드가 있다면, 사우디에는 주베일 산업항이 있다"라고 말할 정도였으니, 그 규모를 어림짐작할 수 있을 것이다.

실로 몇 세기에 한 번 있을까 말까 한 거대한 공사가 진행된다는 정보를 입수한 정주영의 피는 뜨겁게 끓어올랐다.

"우리의 목표는 이 수주전에서 승리하는 것이다."

정주영은 현대건설 임원들이 모인 전략 회의에서 이렇게 말했다.

그때까지 중동의 건설 시장은 온통 선진국의 독무대였다. 입찰 초청도 받지 못한 현대건설이 군침을 삼킨다는 것은 누가 봐도 가당치 않았다. 그러나 정주영은 무슨 수를 써서라도 이 공사를 반드시 따와야 한다고 생각했다. 그것이 오일쇼크로 위기에 빠진 한국 경제를 구할 수 있는 길이라 생각했다.

당초 주베일 공사에는 미국·영국·서독·프랑스·네덜란드 등의 유수한 건설 업체 9개 사가 입찰 초청을 받았다. 마지막 남은 한 자리였던 10번째 입찰 초청 티켓을 겨우 끊은 정주영은 이 공사를 기필코 성사하고자 했다. 입찰 금액을 12억 달러(약 5,800억 원)로 가정해서 25퍼센트 깎았다가, 또다시 5퍼센트를 더 감하여 최후로 8억 7,000만 달러(약 4,210억 원)에 응찰하기로 전략을 세웠다.

임원들은 지나치게 싼값이라고 불만을 토로했지만, 정주영은 밀어붙였다.

"이 공사를 어떻게든 낙찰받는 것이 중요하다. 1~2할 정도 덜 받는 것에 집착하지 말라."

그러나 입찰실에 들어간 전갑원 상무는 '8억 7,000만 달러는 너무 싸다'고 판단해서 6,000만 달러(약 290억 원)를 더 써넣었다. 이것은 12억 달러에서 25퍼센트 이상의 할인은 안 된다고 그가 끝까지 고집한 액수였다.

"회장님, 만약 실패하면 걸프만에 빠져 죽겠습니다."

정주영은 기가 막혔지만 어쩔 수 없었다. 대담한 용기와 고집이 그 회장에 그 직원이었다.

전 상무의 올바른 판단력에 하늘이 감탄했는지, 입찰 경쟁에서 현대건설이 1등을 했다. 이로써 전 상무는 걸프만의 물귀신이 되지 않았고, 우리나라는 6,000만 달러를 더 벌 수 있었다.

주베일 공사는 우여곡절 끝에 현대건설로 낙찰되었다.

이 공사의 입찰 결과는 다음과 같았다.

"주베일 공사는 최소 금액 9억 3,000만 달러(약 4,500억 원)를 제시한 현대건설에 낙찰되었다. 그러나 무엇보다 우리를 감동하게 한 것은 44개월의 공사 기간을 8개월 단축한 36개월로 한다는 것이었다."

경제 19단

9억 3,000만 달러에 달하는 총공사비는 당시 환율로 약 4,500억 원이었다. 이는 우리나라 국가 예산의 50퍼센트에 해당하는 엄청난 액수였다. 선수금으로 7억 달러(약 3,390억 원)가 들어온 것을 본 외환은행장이 "건국 이래 최고의 외환 보유고를 기록하게 되었다"며 정주영에게 노고를 치하하는 전보를 보냈다는 사실에서도 그때의 사정을 짐작할 수 있다.

이 금액은 당시 세계 최고 규모였던 울산조선소를 지을 때의 10배가 넘는 막대한 공사비였다. 공사비가 많다는 것은 그만큼 많은 어려움이 뒤따른다는 의미이기도 하다. 50만 톤급 유조선 네 척을 동시에 접안할 수 있는 해상 터미널 공사였다. 구조물 제작부터 수송 및 설치에 이르기까지 공사 규모와 난도 등이 당시 기술로는 상상조차 할 수 없는 수준이었다.

정주영 회장을 중심으로 주베일 현장소장 김용제, 공사주관 전갑원,

기술책임자 김영덕 등으로 이루어진 중동 본부가 구성되었다. 정주영은 그들에게 철저한 시공 계획을 수립하는 동시에 곧바로 실행에 착수할 것을 지시했다.

울산조선소보다 수십 배나 큰 문제를 푸는 것은 햇병아리가 감당하기에는 어려운 일이었다. 더욱 힘든 것은 무경험으로 미지의 공사를 감행해야 한다는 점이었다.

사우디의 공사 발주처와 감독청에서는 과연 현대가 이 문제를 풀 수 있을지 반신반의했다. 입찰 경쟁에서 탈락한 경쟁사들의 시기와 반목도 이어졌다. "한국은 후진국이며 현대의 기술, 자본, 경험은 아주 유치하다" "그 돈으론 절대 OSTT(외항 유조선 정박시설)를 할 수 없다" "현대가 무모한 객기를 부리다 사우디 앞바다에서 침몰할 것이다" 등의 전망을 내놓기도 했다.

이때 정주영은 경제 19단으로서의 저력을 유감없이 선보였다. 그가 주베일 공사에서 보여 준 결단력과 모험심은 대단했다.

그는 우선 해상 중장비 관련해서 브라운앤루트 사와 기술 협약을 체결했다. 그리고 비용 절감을 위해 모든 자재를 울산에서 제작하여 운반하기로 결정했다. 10층 빌딩만 한 철 구조물 89개를 바지선(밑바닥이 평평한 화물 운반선)에 싣고, 그 유명한 필리핀의 태풍권을 지나 인도양을 거쳐 현지까지 무려 30여 회나 수송한다는 것은 매우 위험한 일이었다.

회사의 임원들은 물론 전문가들조차도 반대했다.

"우리는 사우디에서 온갖 고초를 겪으며 공사하고 있다는 것을 명심해라. 이 길이 아니면 우리가 살 수 있는 길이 없다."

정주영은 단호히 그 길을 택했다. 위험한 바지선 운반이었지만 결국 두 번의 가벼운 사고 외에는 별 탈 없이 수송을 완료했다. 이로써 비용을 절감하고 막대한 이익을 창출해 냈다.

해상 수송보다 더 어려웠던 것은 기초공사였다. 주베일의 기초공사는 재킷jacket(해양 바닥에 철봉 형태로 세워 놓은 구조물) 89개를 20미터 간격으로 정확히 바다 한가운데 설치한 다음, 그 간격을 빔beam(건물의 뼈대를 구성하는 거대한 강철 기둥)으로 메우는 것이었다.

중량 500톤짜리 재킷을 한 치의 오차 없이 20미터 간격으로 정확히 설치하는 일은 육지에서라면 몰라도, 해안선에서 12킬로 떨어진 수심 30미터의 바다 한복판에서 파도에 흔들리며 하기란 거의 불가능했다. 설령 재킷을 바다에 정확히 박아 넣는다 해도 빔으로 틀어막기란 더욱 까다로웠다. 빔은 오차가 5센티만 넘어도 깎아서 줄일 수도, 붙여서 늘일 수도 없다. 입찰에서 2등을 한 브라운앤루트의 입찰액이 현대의 두 배였던 것도 이 기초공법에 대한 미지수 때문이었다. 선진국들도 일단 재킷설치를 끝낸 후에 그 간격을 재서 빔을 제작했다.

그러나 정주영은 재킷 설치 작업과 빔 제작을 동시에 진행했다. 시간이 금쪽같았던 현대건설은 모험을 피할 입장이 아니었다.

이 사실을 안 사우디 공사 감독관들이 맨발로 달려 나와, 당장 빔 제작을 중단하라고 요구했다.

"문제가 될 게 있습니까?"

이판사판이라는 생각으로 김영덕 박사가 대꾸했다.

"당신들, 사람 놀라게 하는 게 취미요? 12만 톤이나 되는 재킷을 뗏목 같은 바지선으로 끌고 오더니, 이번에는 또 빔으로 사람을 놀라게 하겠다는 거요?"

"이보시오, 재킷을 바지선으로 완벽히 끌고 오지 않았소. 재킷 설치도 빔 제작도 한 치의 오차도 없이 진행되고 있으니 걱정하지 마시오."

"그럼 500톤짜리 코끼리 재킷을 심해에 정확히 박아 넣을 수 있다는 거요?"

"그렇소. 우리 능력을 과소평가하지 마시오. 철저히 측량하고 있으니 두고 보면 알 겁니다. 현대건설은 반드시 해내고 말 것이니까."

"허, 이것 참! 세상에 이런 일이······."

사우디 감독관들은 혀를 끌끌 차면서도 그 말을 믿을 수밖에 없었다. 눈에 불을 켜고 현대건설의 작업 과정을 모두 지켜보았지만, 무모해 보이긴 해도 뭐 하나 트집 잡을 만한 것이 없었다.

결과적으로 현대건설은 89개의 코끼리 재킷을 5센티 이내 오차로 완벽하게 설치해 내서 외국의 기술자들을 경악하게 만들었다.

주베일 공사 프로젝트는 거대한 군사작전을 방불케 했다. 육상에서는 각종 대형 중장비와 수백 대의 대형 트럭이 동원되어 급속도로 공사를 진행했고, 해상에서는 대형 해상 크레인을 비롯해 준설선 등 많은 선단이 바다를 메울 듯 바삐 작업을 해 나갔다.

주베일 산업항 공사에서 사우디와 외국 기술자들은 세 가지에 매우 놀랐다고 한다. 첫째는 담대한 추진 능력, 둘째는 창의적인 아이디어, 마지막으로 근면성이다. 이 세 가지가 거대한 인공 항구 건설의 원동력이었다.

현대는 이 공사에서 위대한 조직력과 시공 능력을 과시했다. 이때의 우수한 시공으로 현대는 일약 세계적인 건설회사로 주목받게 되었다.

현대는 36개월 내에 주베일 공사를 완벽하게 마무리했다. 이 성공은 기적에 가까웠다. 모든 직원과 기능공들은 조국과 민족을 위해 반드시 성공시켜야 한다는 애국심으로 일체가 되었다. 그리고 무엇보다 정주영의 단호한 결단력과 신념이 없었다면 주베일 드라마는 감히 상상할 수 없었을 것이다.

김영덕 박사는 정주영을 만난 것이 결코 우연이 아니라고 했다.

"회상해 보면, 나는 마치 주베일 공사를 돕기 위해 유학을 가서 학위를 따고 아람코에 파견되어 모든 자료를 준비하고 기다린 결과가 되었습니다. 아람코에서 배웠던 기술과 역량이 주베일 드라마라는 작품으로 나타났다고 할까요. 운명을 믿지는 않지만, 우연이라고 하기엔 너무나 잘 짜인 각본이죠. 회장님이 그 드라마의 총감독이었고, 저는 드라마의 책임자로 만나게 된 겁니다."

그는 42세에 젊은 기술자로 정주영을 만나고, 주베일 산업항의 대역사에 참여하여 역할을 담당할 수 있었던 것이 인생에서 가장 큰 보람이자 행운이었다고 말했다.

김영덕 박사는 정주영을 '바둑 19단'으로 비유했다. 바둑 9단의 거장들은 한 집 한 집을 지키기 위해 묘수를 쓰지만, 그는 담대하고 모험적인 묘수를 주저하지 않았다. 정주영은 거장의 수준을 넘어 신의 경지에 도달한 것처럼 세상의 감탄을 자아낼 때가 한두 번이 아니었다. 사우디 주베일 공사는 경제 19단인 그의 모습을 잘 엿볼 수 있는 사례다.

김영덕 박사는 정주영의 기업가정신에 대해 다음과 같이 회고했다.

"같이 일해 보지 않은 분들은 그 뜻을 모를 겁니다. 그토록 담대하고 거대한 구상을 할 수 있는 분은 아마 없을 겁니다. 회장님은 진정한 '경제 19단'이었으니까요."

우리 자동차를 개발하라

자동차산업은 현대 제조업의 꽃이며, 자동차기업은 대표적인 종합상사다. 여타 산업과는 달리 2만여 개의 부품을 철강·기계·전기·전자·화학·섬유 등 각기 다른 생산 공정으로 완성해야 하는 대표적인 조립 산업이기 때문이다. 따라서 자동차산업이 발달하기 위해서는 철강·기계·전기·전자·석유화학 산업 등의 뒷받침이 전제되어야 한다.

자동차산업은 산업 전체에 대한 연관 효과가 매우 크고, 생산·고용·수출 등 국민경제에 미치는 영향 또한 지대하다. 그래서 미국의 경영학자 피터 드러커 교수는 "자동차산업이야말로 산업 중의 산업Industry of Industries"이라고 정의한 바 있다.

자동차산업을 키우기 위해서는 그 나라 최대의 자본과 최고의 기술을 동원할 수 있어야 한다. 이와 같은 이유로 자동차산업은 자본과 기술이 앞서는 미국, 일본, 서유럽 소수 국가 등의 전유물로 인식되기도 했다.

1960년대까지만 해도 대부분의 국가는 자체적으로 자동차를 생산하지 못했다. 선진국의 자동차를 그대로 수입하거나, 선진국 자동차 업체를 대행해서 생산하는 수준에 머물러 있었다.

당시 우리나라 자동차산업 역시 일명 '딸딸이'라는 애칭의 삼륜차를 생산하던 기아, 그리고 토요타와의 기술 계약으로 조립 자동차를 생산하던 신진자동차가 전부였다.

현대는 1966년 현대자동차를 설립하고 자동차산업 진출을 모색했다. 1946년에 자동차 수리 공장으로 출발한 현대의 역사를 돌이켜 보면 당연한 행보였다. 이와 더불어 정주영의 자동차에 대한 애착과 열망이 자동차와의 인연을 이어 가게 했다.

그동안 금액이 큰 것, 이익이 많은 것 위주로 좇다 보니 '건설'이 현대의 주종 사업으로 부각되었다. 하지만 현대나 국가의 입장에서는 '자동차'가 미래의 주종 사업 중 하나가 되어야 한다고 생각했다.

"자동차는 '달리는 국기'다."

자동차를 생산하고 수출할 수 있는 나라는 배, 항공기, 컴퓨터 등을 완벽하게 만들어 낼 수 있는 나라라는 이미지가 생겨 다른 제품도 덩달아 높이 평가된다. 풍부한 자본으로 세계시장을 석권하고 있는 미국, 최고의 기술로 첨단 자동차를 생산하고 있는 일본, 그리고 나름의 독자적 기술과 역사로 자동차 시장을 확보한 서유럽 등이 이미 그런 이미지를 굳히고 있었다. 정주영은 그들과 당당히 경쟁해서 세계를 깜짝 놀라게 해줄 때가 되었다고 생각했다.

그러나 정주영의 결심은 세계 자동차 메이커들로부터 '세기의 바보'라는 놀림을 당했다. 1인당 국민소득이 600달러(약 29만 원)밖에 안 되는 개발도상국에서 자동차를 독자적으로 만들겠다고 나섰으니, 놀림감이 되기에 충분했다.

"놀리려거든 실컷 놀려라. 언젠가는 우리의 저력을 확인할 날이 있을 것이다."

늘 그렇듯 정주영은 놀림당할수록 더욱더 강해졌다. 자동차 시장에 진출하는 일 역시 마찬가지였다.

자동차공업의 역사가 짧은 우리나라가 세계시장에 뛰어들어 GM, 포드, 토요타 등과 경쟁할 수 있다고 믿는 사람은 아무도 없었다. 그러나 정주영은 현대자동차를 세계 제일의 기업으로 만들겠다는 야심 찬 포부가 있었다.

"이것은 결코 헛된 야망이 아니다. 이 목표는 반드시 달성할 수 있다. 현대는 저력이 있다."

현대자동차를 세계적인 기업으로 만들겠다는 구상을 한 이유는 다음 두 가지로 풀이된다.

첫째, 자동차는 건설이나 조선보다 위험부담이 적다는 이점이 있다. 현대건설이 해외시장을 개척할 때 그 나라의 기후가 어떤지, 그 나라의 법과 문화가 어떤지 알고 덤벼든 것은 아니었다. 현대건설은 모래 속의 진주처럼, 혹독한 시련의 과정을 통해 강인해졌다. 그런데 자동차 분야는 아도서비스라는 수리 공장을 했던 역사가 있기 때문에 최고의 열정을 쏟으면 반드시 성공할 수 있다고 생각했다.

둘째, 우리나라는 세계에서 가장 훌륭한 기능공들을 가지고 있다. 미국에 자본력, 일본에 기술력, 유럽에 역사가 있다면 한국에는 뛰어난 기능공이 있었다. 한국 노동자의 근면함과 창의성은 이미 세계적으로 잘 알려진 사실이다. 그들이 곧 한국 경제 신화의 주역이다. 비록 자동차에 대한 기술과 자본은 아직 없지만, 뛰어난 무기가 있는 만큼 이 프로젝트는 반드시 성공할 수 있다고 확신했다.

1966년 4월, 포드의 사장단 일행이 한국을 방문해 시장조사를 하고 돌아갔다. 그들은 기아, 신진자동차 등과 접촉하면서 한국 진출을 노렸다. 그러나 현대는 그들의 접촉 대상자 명단에 끼지 못했다. 그들에게 현대는 자동차와 관계없는 건설 업체였기 때문이었다.

뒤늦게 이 사실을 안 정주영은 동생 정인영에게 포드사와 자동차 조립 기술 계약을 맺고 오라고 했다. 당시 정인영은 단양 시멘트 공장 1차 확장 공사를 위한 차관 협상 차 미국을 방문 중이었다.

정주영이 일하는 방식에 익숙한 정인영도 매우 당황스러워했다.

"아니 형님, 그게 어디 하루아침에 당장 되는 일입니까?"

"해 보기나 했어?"

정주영은 퉁명스럽게 대답했다.

"단양시멘트 건은 늦어도 좋으니 우선 자동차 협상부터 시작해 봐."

"그들을 어떻게 설득할 수 있을까요?"

"내가 원래 자동차 수리 기술자였잖아. 그걸 꼬투리로 어떻게든 해 봐."

그날부터 정인영은 디트로이트의 포드자동차 본사와 접촉을 시도해 '포드와 제휴하고 싶다'는 뜻을 전했다. 새로운 일을 시작하는 데 부득이 외국과의 기술제휴가 필요하다면, 그 분야 세계 최고를 잡아야 한다는 게 정주영의 원칙이었다.

1966년 12월, 정주영은 현대자동차주식회사를 설립했다. 그리고 1967년 2월, 포드의 국제 담당 부사장 일행이 현대를 방문해서 정주영을 면담했다. 기아, 신진, 현대의 신용도를 조사한 결과 단연 현대의 신용도가 높았던 것이다.

포드의 국제 담당 부사장이 정주영에게 말했다.

"현대의 신용에 대해서는 우리도 인정하지만, 신용 하나만으로 자동차 사업을 같이하기는 부족합니다. 무엇보다 현대가 자동차를 생산할 수 있다는 증거를 보여 줘야 합니다."

정주영은 기다렸다는 듯이 말했다.

"내가 원래 자동차 만능 박사였지요. 지금까지는 전쟁으로 잿더미가 된 한국을 재건하기 위해 어쩔 수 없이 건설업에 주력할 수밖에 없었습니다. 그러나 자동차에 대한 나의 열망은 확고합니다."

정주영은 자동차의 엔진 구조부터 변속장치·제동장치 등을 속속들이 알고 있었다. 심지어 직접 자동차를 운전하면서 그들에게 설명했다.

포드 방문단은 그의 열정에 감탄하면서 '현대 정주영이라면 해 볼 만하다'라고 생각했다. 사흘 예정이었던 면담 일정은 단 두 시간 만에 끝났다. 다음 날 현대와 포드사는 21 대 79의 부품 비율로 조립 자동차를 생산한다는 1차 기술 계약을 체결했다.

당시 현대는 우리나라 건설공사 중 최대 규모였던 경부고속도로를 짓고 있었다. 비록 조립 자동차지만, 이 경부고속도로를 우리가 만든 차로 달린다는 것은 상상만 해도 즐거운 일이었다.

정주영은 즉시 울산조선소 근처에 현대자동차 공장을 마련하고, 1968년 5월부터 본격적으로 자동차 생산에 들어갔다. 울산 지역은 공장 용지의 매입과 조달이 용이하고, 항만 시설 등 수출을 위한 사회간접 자본이 잘 갖추어져 있었다. 3년은 걸려야 생산이 가능하리라던 포드사의 예상을 깨고, 공장을 짓고 난 후 6개월 만에 '코티나Cortina 1호'를 출시했다.

코티나는 현대자동차가 포드로부터 라이선스를 받아 생산한 조립차였다. 신진의 코로나Corona(신진자동차가 토요타의 소형 자동차 모델인 코로나 3세대와 4세대의 부품을 들여와 조립·생산한 소형차)보다 비싼 가격이었지만, 출시 당시에는 더 우수한 차로 인기를 끌었다. 1969년에는 출시 1년 만에 5,000대를 생산했고, 약 10억 원의 판매 수입을 기록했다.

그러나 1970년대에 들어서면서 품질 문제가 본격적으로 불거지기 시작했다.

사실 코티나는 기본 설계부터 국내 도로 환경과 맞지 않았다고 한다. 코티나는 원래 선진국의 잘 포장된 아스팔트 도로를 주행하는 것을 전제로 설계된 차였다. 1960년대의 국내 도로 사정은 비포장도로 아니면 노면이 고르지 않은 시멘트 도로가 대부분으로 이 차가 견디기에는 혹독한 환경이었다. 여기에 AS마저 부족해 한 번 고장 나면 끝장이라면 인식이 생겼다. 이러니 소비자 마음껏 차를 굴릴 수가 없었다.

1969년 9월 14일과 15일 이틀에 걸쳐 울산에 495밀리의 기록적인 폭우가 쏟아졌는데, 이로 인해 공장이 침수되고 말았다. 이 공장에서 생산된 부품을 코티나에 사용하였으니 안전상의 문제가 불거질 수밖에 없었다. 잘못된 기본 설계부터 침수된 부품의 사용, 게다가 다른 부품의 불량까지 문제가 한꺼번에 불거졌다. 소비자에게는 코티나를 타는 것 자체가 골칫거리였다. 여기에 1970년대 석유파동으로 정부가 석유 관련 제품의 수요를 강력하게 억제하자 코티나의 가치는 더욱 떨어졌다.

결국 1971년 9월에 코티나는 생산 불가 판정을 받는다.

앞으로 전개될 일이 더 큰 문제였다. 문제를 해결하고 새 출발을 하면 되겠지만, 자동차산업은 역시 만만치 않았다. 새 출발을 하기까지 숱한 우여곡절을 거쳐야 했다. 정주영은 훗날 다음과 같이 회고했다.

> 지금 생각해도 출발부터 오늘까지 오는 동안 자동차만큼 많은 시련을 겪어야 했던 사업은 없었던 것 같다. 계속되는 천재지변으로 공장이 떠내려가는가 하면, 정부의 일관성 없는 자동차 정책으로 공장 문을 닫을 뻔한 위기를 겪기도 했고, 더구나 포드와의 자동차 협상 역시 난항을 거듭하기만 했다.

코티나는 '고치나' '골치나'라는 오명을 얻었다. 첫 출시의 참혹한 실패는 현대자동차뿐만 아니라 현대그룹 전체에 대한 경영 압박으로 이어졌다. 살길은 오직 하나뿐이었다.

'처음부터 다시 시작하여 반드시 성공을 이루어 내는 것.'

내 사전에 중도 하차란 없다

첫 실패 이후, 정주영은 자동차의 국산화 비율을 높이고 우리나라 실정에 맞는 승용차 개발에 주력했다.

1971년에 정주영은 직접 미국으로 건너가 포드사와 재협상을 시도했다. 그는 투자 비율을 50 대 50으로 하자고 제의했다. 그러나 포드의 부사장 헨리 포드 2세는 정주영의 제의를 단칼에 거절했다. 어떻게 해서든 50퍼센트 이상의 지분을 갖겠다는 것이었다.

어처구니없는 포드에 맞서 정주영이 말했다.

"내가 주인 행세를 하려면 지분이 최소 51 대 49는 돼야 하지 않겠소? 내 나라에서 세운 합작회사 비율을 50 대 50으로 하자는 것도 나로서는 대단한 양보요."

"한국이 과연 그만한 자동차를 만들 수 있겠소? 지난번에도 조립해서 만든 차가 실패하지 않았소? 우리 포드가 더 많은 지분을 갖고 자동차를 생산하는 것이 도움이 될 거요. 그러니 우리가 50 이상을 가져야겠소."

정주영은 포드의 생각이 괘씸하기 짝이 없었다.

"말도 안 되는 소리요. 비록 지난번에는 실패했지만, 그건 실패가 아니오. 값비싼 수업료였소. 지금 당장은 어려워도 우리는 언젠가 당신들을 능가할 자동차를 만들 잠재력이 있소."

정주영은 포드가 50퍼센트 이상의 지분을 차지하는 것을 절대 허락하지 않았다. 어떻게 해서든 현대가 자동차의 주인이 되어야 한다고 생각했다. 하지만 포드 역시 지분을 양보할 생각이 없어 보였다.

그뿐만이 아니었다. 판매 자금, 수출, 사업 영역 등의 문제에서도 의견이 꼬이기는 마찬가지였다. 포드 측은 이런저런 꼬투리를 잡으며 현대의 발목을 잡으려 했다.

"한국의 고속도로에 지나가는 자동차가 몇 대나 되겠소. 우리가 확인해 보니 기껏 하루에 몇백 대밖에 지나가지 않더군요. 이래서야 자동차를 생산해 봐야 사는 사람이 있겠소?"

"첫술에 배부를 순 없지 않소. 한국의 시장이 좁다는 건 찾지 않아서일 뿐이오. 좋은 자동차를 만든다면 시장은 얼마든지 있소. 게다가 앞으로 경부고속도로가 완공되면 자동차산업 또한 획기적으로 발전할 것이오."

그러나 포드는 냉담했다. 그들은 아직 팔리지도 않은 자동차 판매 대금으로 1,000만 달러(약 35억 원)를 내놓으라고 윽박질렀다. 설령 자동차 판매에 실패해도 1,000만 달러를 미리 확보하겠다는 속셈이었다.

정주영은 1,500만 달러(약 52억 원)의 지급보증서를 선물로 내놓았지만, 이번에도 거부의 대답이 돌아왔다. 본사에서는 한국에 투자 가치가 없다는 판정을 내렸다고 했다.

수출 문제도 그랬다. 현대는 포드의 수출망을 통해 합작으로 만든 자동차를 수출하기를 원했으나 그들은 이마저도 거절했다.

"우리 현대는 수출을 목적으로 차를 생산하기를 원하오. 현대와 포드가 합작해서 만든 자동차를 수출할 수 있다면 양쪽 기업에 매우 큰 의미가 될 거요. 그러니 수출망 일부를 양보해 주시오. 사례는 충분히 해 드리겠소."

"현대가 만든 조립차를 어떻게 수출하겠다는 말이오. 국제시장은 그 누구도 아닌 포드의 것이오. 현대가 조립해서 만든 차의 수출은 알아서 하시오."

결과적으로 포드와의 협상은 완전히 물 건너갔다.

포드는 땅도 좁고 가난한 나라인 한국에 투자 가치가 전혀 없다고 판단했다. 그들은 한국 시장을 삼키려고 합작한 것이지, 합작의 이익을 현대와 나누려는 생각은 조금도 없었다. 포드와의 합작으로 독자적인 자동차를 개발해 수출하겠다는 현대의 생각과는 그야말로 동상이몽이었다.

정주영은 더 이상의 협상을 포기했다. 그는 "그 속셈에 놀아날 바보가 어디 있나. 우리가 저희 속셈대로 할 것이라고 생각했던 포드야말로 바보들의 집단"이라고 비난했다.

포드와의 동거 상태에서 완전히 결별하게 된 현대의 앞에는 가시밭길이 놓여 있었다. 그렇다고 국산 자동차에 대한 꿈을 접을 정주영이 아니었다.

"일단 뜻을 가지고 시작한 일은 반드시 끝장을 봐야 한다는 것이 나의 철칙이며 자존심이다. 아무리 어렵고 힘든 일이 생겨도 내 사전에 중도 포기란 없다."

정주영은 정세영 현대자동차 사장을 비롯한 현대 임원들이 모인 자리에서 독자적인 국산 자동차 개발을 선언했다.

"우리가 살길은 우리 지형과 실정에 맞는 독자적인 자동차를 개발하는 길밖에 없다. 물론 독자적인 개발이 쉽지는 않을 것이다. 그러나 일단 고비를 넘기면 우리나라 자동차공업이 발전할 수 있는 계기가 될 것이며, 수출도 할 수 있을 것이다. 그것이 바로 국가 경제에 기여하는 길이다."

포드와의 협상 과정을 모두 알았던 현대 임원들도 정주영의 뜻에 따르기로 했다.

제일 먼저 현대자동차는 엔진 부문에서 미쓰비시와 기술 협조 계약을 체결했다. 미쓰비시는 신진과의 합작을 희망했다가 경쟁 업체인 토요타에 밀려 냉대당하고 한국 진출에 유감이 있는 회사였다. 어쨌든 미쓰비시와의 협의는 포드에 비하면 일사천리로 진행되었다.

디자인 부문에서는 이탈리아의 설계 전문 업체 이탈 디자인을 선정해서 세계 최고의 자동차 디자이너 조르제토 주지아로에게 미래지향적인 한국형 자동차 모델의 디자인을 의뢰했다. 이 디자인은 매우 성공적이었다. 1974년 10월 이탈리아 토리노모터쇼에 출품되어 언론과 비평가들에게 호평받았다. 현대자동차가 선진국 시장에서도 충분히 통할 수 있다는 가능성을 확인한 셈이었다.

또한 영국 BLMC의 사장인 조지 턴블을 스카우트하여 엔진, 액셀러레이터, 트랜스미션 등 주요 부품 제작의 기술 계약을 맺었다. 이 부품 제작에 참여한 국내 업체는 서울 지역에 256개, 영남 지역에 173개 등 총 429곳에 달했다. 이들은 현대자동차의 기술 지도와 설계도에 따라 자동차 부품을 생산했다.

현대는 1974년 7월, 연간 생산능력 5만 6,000대 규모의 국산 자동차 공장 건설에 착공했다. 투자한 총액수만 해도 1억 달러(약 400억 원)가 넘는 프로젝트였다. 울산조선소 건설비가 총 8,000만 달러(약 320억 원)였으니 정주영이 자동차에 얼마나 큰 노력과 열정을 쏟았는지 알 수 있다.

현대는 최소 5년은 걸린다는 울산조선소를 2년 3개월 만에 건설했듯이, 최소 3년은 걸린다는 자동차를 공장 착공 1년 반 만에 생산해 냈다. 1976년 1월에 현대자동차가 독자 생산한 고유 모델 '포니Pony'가 탄생한 것이다. 이로써 우리나라는 세계에서 16번째, 아시아에서는 일본에 이어 2번째로 자체 고유 모델을 생산하는 자동차 생산국이 되었다.

포니는 한국인의 취향과 체격, 그리고 한국적 도로 사정에 맞는 경제적 모델이었다. 게다가 내구성이 좋아 폭발적인 인기를 끌었다. 이전까지 국내 자동차 시장의 80퍼센트 정도를 차지했던 중형차가 밀려나고, 소형차 시대가 열린 것이다.

이름은 부르기 쉽고 기억하기 쉬워야 한다. 그런 점에서 포니라는 이름도 매우 적절했다. 포니는 '조랑말'이라는 뜻으로, 조랑말과 엇비슷한 '당나귀 정' 자를 쓰는 정주영의 이름과도 절묘하게 맞아떨어졌다(정주영의 성자 '나라 정鄭'의 초두인 여덟 팔八 자를 약자나 삐침으로 쓸 경우 그 형상이 당나귀를 닮았다고 해서 '당나귀 정鄭'이라 부름). 당시 현대자동차 사장이었던 정세영은 국제사회에서 '포니 정'이라는 애칭으로 통하기도 했다.

포니는 공모로 결정된 이름이었다. 공모에는 무려 6만여 장의 엽서가 밀려들었다. 그중에는 포니 외에도 '아리랑' '새마을' '무궁화' '진돗개'

등이 있었다고 한다. 여기에서 포니를 선택한 것이다. 포니는 처음에 후보작에도 들지 못했지만, 다섯 차례의 심사 끝에 젊고 현대적이며 국제적으로도 통할 수 있는 자동차 이름으로 '포니'가 선택되었다.

시장 반응은 뜨거웠다. 당시 228만 원이었던 포니는 판매 첫해인 1976년에 1만 726대를 팔아 6,916대가 팔린 기아의 '브리사'를 제치고 단숨에 국내시장을 석권했다. 이때 포니의 시장점유율은 무려 43.6퍼센트로 적수가 없었다.

포니의 인기는 식을 줄 몰랐다. 이후로도 1977년 1만 9,847대, 1978년 3만 8,411대, 1979년 4만 6,971대 등 점점 더 판매 대수가 늘어났다. 포니의 인기 비결에는 한국의 실정에 맞는 자동차라는 것 외에도, 최초의 '국산 자동차'라는 프리미엄이 작용했음은 물론이다.

포니가 한국 경제에 기여한 공 역시 절대적이다. 포니는 한국 경제의 구조가 1차 산업에서 2차 산업으로 넘어가는 것을 보여 주는 상징과도 같았다. 당시 우리나라의 산업구조는 농업 및 경공업 중심이었으나, 포니의 성공으로 연관 산업이 비약적으로 발전하는 계기가 되었다. 1976년 7월에는 에콰도르에 포니 6대를 수출했다. 국산 승용차로는 처음이었다. 포니는 우리나라의 본격적인 수출 시대 개막을 알렸다.

국산 자동차 1호 포니가 탄생한 이후 지금까지, 현대자동차는 그룹 내에서 가장 중요한 기업 중 하나가 되었다. 현대자동차는 정주영의 집념, 막대한 투자 및 노력이라는 기업가정신이 뒷받침되어 이룩한 소중한 자산이다.

정주영은 훗날 회고록에서 이렇게 얘기했다.

만약 그때 포드와 합병하는 전략을 선택했더라면 오늘날의 성공을 가져올 수 없었을 것이다. 그 견디기 힘들었던 고충이 기필코 해내겠다는 굽힐 수 없는 의지를, 지지 않겠다는 투지를 주었던 것이다.

●

자동차 본고장 미국에 진출하라

우리나라 야구 선수가 최초로 미국 메이저리그에 진출했을 때가 1994년이었다. 1905년 미국 선교사에 의해 야구가 도입된 이래, 90년이라는 역사가 지난 후에야 비로소 한국인 메이저리거가 탄생한 것이다. 당시 미국 언론들은 동양에서 온 젊은 투수에게 '코리안 익스프레스Korean Express'라는 영예의 이름을 수여했다.

미국인들은 그를 동양에서 온 신기한 선수쯤으로 바라보지 않았다. 메이저리그의 혹독한 시련을 거치며 당당히 정상에 섰기에 그를 인정했다. 그가 등판할 때면 많은 한국 교민이 태극기를 흔들며 응원했다. 그럴 때면 우리는 마음 한편으로 자랑스러움과 함께 진한 애국심을 느꼈다.

마찬가지로 '메이드 인 코리아Made in Korea'를 단 우리 자동차가 미국의 고속도로를 달리는 것을 발견했을 때, 우리는 막힌 가슴이 뚫리는 듯한 시원함과 흐뭇함을 느낀다. 미국의 자동차 시장은 '자동차 메이저리 그'라 부를 수 있을 만큼 치열한 자동차 시장의 각축장이다.

미국은 야구의 본거지인 동시에 자동차의 왕국이다. 한 세기가 넘는 자동차의 역사를 지녔을 뿐만 아니라, 생산량과 판매량도 부동의 세계 1위다. 2000년에 GM과 포드 두 기업이 생산한 자동차만 해도 1,500만여 대로, 전 세계 자동차 생산량의 무려 30퍼센트를 차지했다. 2020년대에는 GM, 포드 외에 스텔란티스, 테슬라까지 가세하여 여전히 미국 기업들이 자동차 업계에서 큰 존재감을 유지하고 있다.

2022년 미국 자동차 시장 판매량 순위 및 판매 대수

순위	제조사	판매 대수
1	GM	2,268,713
2	토요타	2,013,986
3	포드	1,847,753
4	스텔란티스	1,547,631
5	현대기아차	1,451,594
6	혼다	975,915
7	닛산	810,170
8	스바루	556,581
9	테슬라	536,069
10	폭스바겐	498,566

출처: 오토모티브 뉴스Automotive News

과거 우리나라보다 생활수준이 높았던 미국인들은 아시아의 싸구려 제품은 거들떠보지도 않았다. 미국 제품에 대한 자부심이 높고 거만하기까지 했다. 1990년대까지 메이저리그가 그러했듯이, 미국의 자동차 시장은 일본을 제외한 아시아 국가들에게는 난공불락으로 인식되었다.

1980년대 초반, 일본차의 미국 시장 점유율은 토요타라는 기업 하나만으로도 10퍼센트가 넘었다. 혼다, 닛산, 마즈다 등 다른 일본차까지 합치면 30퍼센트에 달했다. 하지만 단순히 점유율만이 문제가 아니었다. 과연 미국인들이 잘 알지도 못하는 한국에서 만든 자동차를 살 것인가? 미국차, 일본차, 유럽차 등 세계적인 브랜드가 경쟁하는 미국 시장에서 한국차가 살아남을 수나 있을까 하는 생존의 문제였다.

미국에서 성공하기 위해서는 '잘 만들어진 수준'만으로는 부족했다. 가격경쟁력을 갖추는 것은 물론이고 제품의 성능 등이 '우수한' 수준을 넘어 '진정한' 반열에 올라야 했다.

이처럼 치열한 환경 속에서도 미국 시장을 당당히 누비던 우리나라 최초의 '자동차 메이저리거'가 있었다. 그것도 '평범한' 수준을 넘어 '진정한' 메이저리거로 말이다. 미국 자동차 시장에서 그 역사를 만들었던 신화적인 존재는 바로 현대자동차의 포니였다!

포니는 어떻게 난공불락 같은 미국 시장에서 살아남을 수 있었을까? 이것은 경영자의 의지, 고도의 마케팅 전략, 고객만족주의 등 모든 면에서 특별한 성공을 거두었기에 가능한 일이었다.

현대자동차 포니의 미국 시장 진출은 다음 두 단계를 거쳐 성공적으로 안착했다.

첫 번째는 시장 우회 진출 단계다. 미국의 인접국인 캐나다에 먼저 진출해서 차량 테스트를 받았다. 1984년 1월, 현대자동차는 캐나다에 현지법인을 설립했다. 그 이듬해인 1985년 10만 8,000대의 판매고를 올리면서 '포니 돌풍'을 일으키며 일본을 제치고 수입차 판매 1위를 기록했다.

두 번째는 본거지 상륙 단계다. 캐나다에서의 '포니 돌풍' 여세를 몰아 미국 시장에 성공적으로 상륙했다. 포니는 미국 시장에 진출한 첫해인 1986년에 17만 대, 1987년에 26만 대, 1988년에 약 30만 대가 판매되었다. '포니 돌풍'을 넘어 '포니 신화'를 창조한 것이다.

포니는 처음부터 수출을 염두에 두고 개발된 수출 전략형 자동차였다. 생산 개시와 함께 적극적인 수출 확대 전략을 전개했다. 1976년에 포니 6대를 에콰도르행 화물선에 실어 보낸 것을 시작으로, 세계시장을 빠른 속도로 넓혀 갔다.

현대자동차는 수출 첫해인 1976년에 1,019대, 1977년에 7,421대, 1978년에 1만 8,317대, 1979년에 1만 9,355대의 포니를 해외시장에 내다 팔았다. 불과 3년 전만 해도 조립차를 생산하던 한국이 단숨에 자동차 수출 국가로 도약한 것이다.

1981년 현대자동차는 기존 해외시장에서 포니의 인지도를 높이면서 기존 제품과의 차별화를 위해 '좀 더 나아진 포니, 뛰어난 포니'라는 뜻을 지닌 '포니 엑셀Pony Excel'을 개발했다. 이와 동시에 30만 대 생산 공장 건설이라는 과감한 정책을 펼쳤다.

1981년 국내 승용차 생산 실적은 6만 6,000대에 불과했다. 당시 자동차산업이 기업 통폐합 대상으로 지정될 정도로 깊은 불황에 빠져 있었던 점을 감안하면 현대의 30만 대 생산계획은 과잉생산이 우려되는 상황이었다. 그러나 정주영은 상황에 굴복하지 않고 강력하게 계획을 추진했다.

"자동차 판매는 좁은 국내시장보다는 넓은 해외시장을 목표로 해야지, 국내시장에서 우리끼리 경쟁해서는 살아남을 수 없다. 포니는 제품 설계부터 디자인까지 모두 수출을 목표로 만든 자동차다. 포니의 30만

대 생산 라인은 국제 경쟁에서 살아남을 수 있는 최소의 규모였다."

결국 그의 뜻대로 1986년 2월, 약 4,000억 원을 투자하여 30만 대 생산 라인을 완공했다.

이것은 정주영의 기업가정신 백미를 보여 주는 사례다. 완공 첫해인 1986년 미국 시장에 16만 대를 수출했으며, 이듬해인 1987년에는 26만 대 이상을 수출했다. 국내 수요를 합해 30만 대 생산 라인이 불과 2년 만에 풀가동되었다. 이때의 모험적 투자가 없었다면 앞날을 기대할 수 없었을 것이다.

캐나다 시장의 '포니 돌풍'

현대자동차는 수출 초기에 뛰어난 가격경쟁으로 인도, 영국, 이탈리아, 터키 등 개도국과 서유럽 시장 진출을 어렵지 않게 성사했다. 그러나 훨씬 높은 제품 수준을 요구하는 미국 시장 진출은 기술 능력의 한계로 계획 단계에서 번번이 좌절을 맛보았다. 이때 선택한 것이 바로 인접국인 캐나다를 전진기지 삼아 미국 시장을 공략한다는 '시장 우회 전략'이었다. 캐나다 시장은 미국보다 요구 조건이 까다롭지 않았다.

당시 캐나다는 인구 약 2,500만 명에 2.3명당 1대의 차량을 보유하고 있었다. 연 70만 대의 신규 등록 차량 중 수입차는 26퍼센트를 차지했다. 이 중 일본의 토요타, 혼다 등이 20퍼센트로 큰 시장점유율을 보였다.

현대자동차는 1983년 2월, 캐나다 토론토의 북부 지역에서 HACI Hyundai Auto Canada Inc라는 이름으로 정식 출범한다.

북미 시장은 신년을 기해 전국 대도시에서 자동차 전람회가 시작된다. 전람회는 6개 대도시에서 1월 14일부터 66일간 계속되는데, 포니는 전시 즉시 'New Star from the East('동쪽에서 온 새로운 스타'라는 뜻으로, 곧 현대자동차를 의미한다)'라는 제목으로 언론에 노출되며 캐나다인의 관심을 끌기 시작했다. 현대는 포니 전시장 한쪽에 상담실을 마련해 대리점 후보와 상담을 진행하는 한편, 고객에게는 "한국이 어디 있는지, 현대가 어떤 회사인지" 등의 얘기를 입이 부르트도록 외쳤다. 그러자 전람회가 끝날 무렵에는 1,500여 장의 대리점 신청서가 접수되었다. 이 중 자금력과 서비스 시설이 뛰어난 50곳의 대리점을 엄선한 다음 전국적인 판매에 들어갔다.

현대는 판매 개시 후 3개월간 집중적으로 200만 캐나다달러(약 13억 원)의 광고비를 투입했다. 경쟁사들 사이에서 "겨우 몇천 대를 팔기 위해 그토록 많은 광고비를 지출하느냐"는 뜻으로 "크레이지 현대Crazy Hyundai"라는 말이 곧잘 입에 오르내리곤 했다. 물론 이것은 훗날 미국 시장 공략을 위한 사전 포석이었다. 캐나다에서의 성공 여부가 미국에서의 성공과 직결되기 때문이다.

캐나다는 수출국 중에서도 나쁜 조건을 두루 갖추고 있었다. 제일 먼저 문제가 된 것은 혹한이었다. 캐나다는 국토가 넓은 만큼 지역에 따라 기온차가 크다. 특히 차량 판매의 60퍼센트가 넘는 상업의 중심지 동부 온타리오주와 퀘벡주의 경우에는 "짧고 달콤한 여름이 지나면 겨울은 어느 날 아침 갑자기 들이닥친다"라는 우스갯소리처럼, "고속도로에서 타이어를 갈아 끼우다 얼어 죽는다"는 영하 20~30도의 혹한이 5~6개월 계속된다. 기후 못지않게 안전 법규도 매섭고, 소비자보호단체의 영향력 또한 무시할 수 없다. 여기에 AS도 철저히 해 주어야 한다.

현대자동차 초기의 광고 문구는 이랬다.

> First winter on sale, Second winter in Canada.
> 첫 번째 겨울은 세일로, 두 번째 겨울은 캐나다에서.

포니가 판매 개시 1년 전부터 현지 혹한 지역에서 수만 마일의 엄격한 적응 시험을 거쳤다는 내용을 먼저 강조했다.

> Earlier today, this car carried groceries across the Sahara,
> Transported a family over Andes and tucked into a space near
> Picadilly circus. Canada meet the Pony.
> 오늘 아침 이 차는 사하라사막을 달려 식료품을 현지에 전달했고, 낮에는 안데스산맥을 달려 한 가족을 무사히 집으로 데려다주었으며, 저녁에는 영국 런던의 피커딜리서커스 광장 인근 주차장에 안착했습니다. 캐나다에서 포니를 만나세요.

그리고 포니는 사하라사막, 안데스산맥 등 여러 험난한 지형을 시험 주행한 끝에 영국 피커딜리서커스 광장에 안착한 성능이 인정된 자동차이니 안심하고 구입하라는 내용이었다. 이 광고는 1984년 캐나다 최우수 광고로 선정되기도 했다.

광고는 90개 신문, 4개 잡지사 및 입식 간판 설치 등을 통해 전국적으로 퍼졌다. 현대자동차의 인지도가 높아지기 시작할 즈음에는 현대 여자 배구단이 캐나다 전국을 순회하며 뛰어난 경기를 보여 줌으로써 포니의 인기를 더욱 뒷받침해 주었다.

가장 큰 문제는 AS였다. "자동차는 굴러다니다가 고장이 나게 마련인데, 한국의 100배나 되는 이 넓은 지역에서 부품을 어떻게 공급할 것인가" 하는 것이 고민이었다.

현대자동차는 빈틈없는 AS를 위해 현지 판매 법인부터 딜러까지 24시간 이내에 부품을 공급할 수 있는 긴급 배달망을 구축했다. 또한 고객이 민감한 반응을 보이는 소모성 부품과 충돌 부품 수백 가지를 엄선해 10~30퍼센트까지 가격을 낮췄다. 이는 고객들이 간단한 수리 작업은 직접 한다는 사실에서 착안한 것이었다.

현대자동차 포니의 북미 시장 진출은 국제 마케팅의 대표적인 성공 사례로 꼽힌다. 초기의 적극적인 투자, 광고를 비롯한 마케팅 방법, 그리고 고객만족주의까지 국제 경영의 모범 사례이기 때문이다.

판매 개시 이후, 포니는 줄곧 무적을 자랑하던 일본차를 위협했다. 첫 판매를 시작한 1984년 1월에는 415대를 팔았는데, 2월에는 1,223대로 판매량이 급속히 증가했다. 그리고 7월부터는 2,000대를 넘어서면서 연 판매 2만 5,123대를 기록하여 마즈다를 물리치고 혼다와 토요타에 이어 단숨에 수입차 부문 랭킹 3위로 부상했다. 이것은 당초 계획을 다섯 배나 초과 달성한 수치였으며, 1년 전의 총수출 대수와 유사한 물량이었다. 대리점은 50개에서 175개로 3.5배 늘어났다. 이어서 이듬해인 1985년 4월 포니 엑셀의 후속 모델인 '스텔라Stellar'를 판매하기 시작했다. 그달부터 혼다와 토요타를 누르고 연말까지 8만 대를 판매하는 경이적인 기록을 세우면서 당당히 수입차 1위를 차지했다.

당시 혼다와 토요타의 판매 실적은 각각 연간 5만 대 수준이었다. 현대가 이렇게 짧은 기간에 성공하리라고는 아무도 예상하지 못했다. 판매 개시 1년 6개월 만에 일본 업체가 20년 동안 닦아 오면서 이룬 연간 판매량을 1.75배 능가해 버린 것이다.

이에 대해 토요타의 사장 도요다 쇼이치로는 "현대는 우리가 손쓰기도 전에, 그야말로 '눈 깜짝할 사이'에 캐나다 수입차 시장을 휩쓸어 버렸죠. 이런 경우는 역사상 유례가 없습니다"라며 혀를 내두를 정도였다. 결국 일본차 대리점협회는 캐나다 정부에 한국차의 독주를 규제하는 대책을 요구하는 성명을 내기에 이르렀다.

이러한 분위기가 고조될 무렵인 1985년 2월, 현대자동차는 토론토 지역에 2,500만 달러(약 223억 원)를 투자해 현지인 300여 명을 고용하는 자동차 부품 공장을 설립한다고 발표했다. 아울러 1985년 8월, 캐나다 정부와 현대는 2억 캐나다달러(약 1,300억 원)를 투자하여 현지 자동차 조립 공장을 설치하는 합의 각서에 서명했다. 이에 놀란 일본의 혼다와 토요타도 캐나다에 자동차 공장을 설립한다고 발표했지만, 한발 늦게 뒷북치는 꼴이 되었다.

이때쯤 캐나다인 사이에서는 "Korean Good boy, Japanese Bad boy(한국은 좋은 친구, 일본은 나쁜 친구)"라는 말이 들리기도 했다.

현대자동차는 1985년 봄, 대리점 사장단 336명을 한국에 초대했다. 그들은 울산의 조선소, 자동차공장, 경주, 서울 등지를 돌아다니며 '현대 패밀리Hyundai Family'로서의 입지를 다졌다. 당시 캐나다에서는 "한국은 몰라도, 현대와 포니는 안다"는 말이 있을 정도였다.

고객만족주의 마케팅을 펼쳐라

현대자동차는 캐나다에서의 후광을 업고 1985년 4월 LA 지역에 자본금 600만 달러(약 52억 원)를 투자하여 현지법인 HMAHyundai Motor America를 설립했다. 본격적인 미국 시장 개척이 시작된 것이다.

샌프란시스코 대리점 컨벤션 기간이었던 1985년 1월 28일, 미국 내에서 '알아주는' 3,000여 개의 대리점이 현대자동차 부스로 몰려들었다. 말 그대로 현대 잔치로 끝난 행사였다. 캐나다에서의 '포니 돌풍'이 이미 언론을 통해 미국 전역으로 알려졌기 때문이었다.

포니 엑셀이 미국 판매를 개시하면서부터 폭발적인 인기를 누리자, 미국의 언론들은 앞다퉈 보도 경쟁을 벌였다. 1985년 10월호 『뉴스위크』에서는 표지에 'Koreans coming(한국인이 온다)'이라는 제목을 달고 특집으로 현대의 포니 엑셀을 대대적으로 소개했다. 거기에는 삼성과 대우도 함께 소개되있는데, 포니 엑셀의 성공 여부에 따라 삼성 TV·비디오, 대우 퍼스널 컴퓨터 등도 덩달아 빛을 보게 될 거라는 전망이 제기되었다.

현대는 미국 수출 전에 철저하게 사전 시장조사를 했다. 그리고 정비사들을 훈련시켜 서비스에 만전을 기했다. 미국의 공해규정과 안전규정 통과를 위해 8개월간 미국 전역을 주행하여 각종 문제점을 보완해 나가기도 했다. 이렇게 해서 1986년 1월 미국 환경보전국으로부터 합격 인증서를 받아 수출의 길을 열었다.

1986년 2월 14일, 현대자동차의 고유 모델 '포니 엑셀'을 선적한 올리브에이스호가 미국 플로리다주 잭슨빌항에 상륙했다. 드디어 미국 본거지에 상륙한 것이다.

진출 초기의 현대자동차 광고는 다음과 같았다.

Its father was a loco. Its mother was a ship.

For a company that has been building some of the world's best locomotives, ships, buses, bridges and trucks, the new Excel was the next logical step. The company is called Hyundai(rhymes with "Sunday").

HYUNDAI – Cars that make sense

그의 아버지는 기관차, 어머니는 선박이었습니다.

세계에서 가장 뛰어난 기관차, 선박, 버스, 교량, 트럭을 만든 기업. 그다음으로 '새로운 (자동차) 엑셀'을 만들었습니다. 그 기업의 이름은 현대입니다.

합리적인 (가격의) 자동차, 현대

'아버지 기관차, 어머니 선박, 아들 자동차'라는 가족적인 설명과 함께, '현대Hyundai'를 '선데이Sunday'로 운을 떼라는 구절이 눈에 띈다. 아마도 현대가 미국에 잘 알려지지 않은 기업이다 보니, 이름을 제대로 알리기 위한 고육지책이 아니었을까 한다.

광고에서 알 수 있듯이 세계 최고의 기관차, 선박, 버스, 다리, 트럭을 만든 현대는 다음 단계로 '포니'라는 자동차를 통해 미국 시장에서 새로운 역사를 쓰겠다는 의지를 나타냈다.

현대자동차는 미국 시장 진출을 위해 시장조사를 하고 마케팅 전략을 세우고 독특한 판매망을 구축하는 등 차근차근 준비를 갖추었다. 그리고 캐나다에서 그랬듯, 경쟁국인 일본이 대미 수출자율규제와 엔고로 고전하는 사이 멋진 성공을 거두었다.

1986년 한 해 동안 당초 목표였던 10만 대를 훨씬 초과하는 17만여 대의 포니 엑셀을 판매해 미국 환경보호청이 선정한 '86년 미국 내 자동차 판매 베스트 10'에 선정되었다. 이듬해인 1987년에는 26만 대, 이어서 1988년에는 약 30만 대를 판매하여 '포니 돌풍'을 넘은 '포니 신화'를 창조한 것이다.

그러나 영광의 시간은 오래 가지 않았다. 사실 포니 엑셀이 미국 시장에서 살아남기에는 여전히 부족함이 많았다. 나름대로 신기술을 대폭 적용했지만, 미국이나 일본의 자동차를 따라가기에는 한계가 있었다. 미국 시장 진출 초기에는 우수한 가격경쟁력으로 성공을 거두었지만, 1989년 이후 일본의 엔화가 약세로 돌아서면서 일본차와의 가격경쟁에서 우위가 사라졌다.

더구나 1986~1988년 기간 중 미국 내 수입차에 대한 조사에서 한국

자동차의 품질 및 AS 문제가 불거지기 시작했다. 결국 미국 소비자에게 '한국차＝싸구려 차'라는 인식이 생겨났다.

이후 한국차의 대미 수출은 큰 폭으로 떨어져 시장점유율 0퍼센트대라는 굴욕적인 수치를 기록했다.

정상에 오르기는 어렵지만 굴러떨어지기는 쉽다. 올라갈 때는 한 계단씩 조심해서 올라가야 한다. 한번 굴러떨어지면 중간 단계 없이 밑바닥까지 추락하게 된다. 밑바닥부터 다시 시작해 정상에 오르려면 처음보다 더 어렵고 힘든 과정을 이겨 내야 한다.

그렇다고 절망할 필요는 없다. 어차피 미국은 장기적인 안목으로 임해야 하는 혹독한 경쟁 시장이다. 국보급 제품이 아니면 미국 시장에서 살아남을 수 없는 게 현실이다.

1990년대, 현대자동차는 끝 모를 추락 속에서도 장기전에 대비했다. 울산 공장에 30만~100만 대 생산 라인을 구축하고 알파엔진 개발과 기술의 자립화, 미래형 자동차의 개발 등에 전력을 다했다.

특히 관심을 끄는 것은 1,500시시급 엔진 및 트랜스미션 개발 계획인 '알파 프로젝트'였다. 최초의 국산 모델이었던 포니의 국산화율은 90퍼센트였다. 엔진에 미쓰비시의 기술을 응용했기 때문에 '100퍼센트 국산 자동차'라고 할 수는 없었다. 완전한 국산화를 달성하기 위해서는 엔진 개발이 숙제였다.

자동차의 핵심은 엔진에 있다. 엔진은 자동차의 심장이며, 자동차 기술의 전부라고 해도 과언이 아니다. 현대자동차는 1983년부터 선진국의 엔진을 흉내 내는 수준을 뛰어넘는, 엔진의 국산화를 시도했다. 이후 1991년에 국내 최초로 독자 엔진인 알파엔진을 비롯해, 이에 적합한 전용 수동 변속기를 개발했다. 외국 기술에 의존하지 않은 100퍼센트 완전한 기술 독립을 이룬 것이다.

물론 이 모든 과정에는 시행착오가 있었다. 알파엔진 개발에만 무려 1,000억 원을 투입했다. 당시로서는 천문학적인 비용이었다. 또한 수많은 시험용 엔진이 사용되었다. 그리고 시험 주행으로 2만 1,000시간, 420만 킬로를 달리며 성능이 뛰어난 차를 개발하려고 애썼다. 우리나라를 벗어나 미국과 캐나다 등지에서 혹한기 및 혹서기 테스트도 거쳤다.

이 외에도 현대자동차는 미국 시장에서의 재도약을 위한 눈물겨운 노력을 그치지 않았다. 그 노력은 느리지만 꾸준한 속도로 진행되었다.

현대자동차가 미국 시장에서 다시 주목받기 시작한 것은 1998년 '10년·10만 마일 보증' 제도를 시행하면서부터였다. 이전까지는 '2년·2만 4,000마일 보증'이 일반적이었다. 그러나 당시 정몽구 회장은 '품질 경영'을 강조하며 흔들림 없이 밀어붙였다. 이 제도는 현대차 품질에 대한 자신감인 동시에 미국 시장을 되찾기 위한 모험이었다.

당시 이 제도는 국내외에서 "얼마나 내놓을 것이 없으면 그렇겠느냐?" "그렇게 오래 보증수리 하다가는 회사가 망할 것이다"는 등 많은 비판을 받기도 했다.

하지만 미국 소비자들은 그렇게 받아들이지 않았다. 미국인들은 "과연 어느 누가 미국을 상대로 마케팅 실험을 할 수 있겠는가" "얼마나 품질에 자신이 있으면 그러겠는가" "너희도 자신 있으면 이렇게 해 봐라"라며 오히려 현대의 손을 들어 주었다.

미국 소비자들은 대체로 합리성을 중요하게 여겼다. 10년간 무료로 고쳐 준다고 해서 질 나쁜 싸구려 차를 사지는 않았다. 게다가 미국인에게 자동차는 생활필수품과도 같았기에 정서적인 접근도 필요했다. 그들은 슈퍼마켓에 가서 생필품을 사듯, 자동차 부품 가게에서 팬벨트·카뷰레터 등을 사서 직접 수리할 만큼 차와 친숙했다.

'10년·10만 마일 보증'은 미국 소비자의 특성을 이해하지 못했다면 실행하기 힘든 마케팅 전략이었다. 즉 이 전략은 미국인의 머리가 아닌 정서에 호소한 마케팅이었다.

현대자동차의 '10년·10만 마일 보증' 마케팅은 미국 시장에서 돌풍을 일으켰다. 1998년 9만 대에 불과했던 미국 시장 판매량은 1999년 16만 대, 2000년 24만 대, 2001년 34만 대로 늘어났다. 3년 만에 380퍼센트의 폭발적인 증가세를 이룬 것이다. 이에 따라 시장점유율도 1998년 0.6퍼센트에서 1999년 1.0퍼센트, 2000년 1.4퍼센트, 2001년 2.0퍼센트로 높아졌다.

현대자동차 미국 시장 판매 대수 및 시장점유율

연도	1998	1999	2000	2001	2002	2003	2004	2005	2006
총 판매 대수	90,217	164,190	244,391	346,235	375,119	400,221	418,615	492,913	577,772
시장점유율	0.6%	1.0%	1.4%	2.0%	2.2%	2.4%	2.5%	2.9%	3.4%

출처: 오토모티브 뉴스

기업에게 고객은 왕이다. 품질 제일주의, 공기·납기 엄수, 친절·봉사 등을 추구해도 고객에 대한 이해와 사랑이 뒷받침되지 않으면 기업을 이어가기 힘들다. 기업의 목적은 이윤 극대화지만, 그 이윤은 고객에게 나오는 것이기 때문이다.

2000년대 이후 대미 수출이 꾸준히 증가하면서 현대자동차는 현지 공장 설립에도 적극적으로 나섰다. 특히 2002년 4월 미국 앨라배마주 몽고메리시 인근에 현지 공장을 착공해서 2005년 5월 준공했다. 총투자비가 10억 달러(약 1조 2,500억 원)에 이르는 대형 프로젝트로, 연간 30만 대 규모의 생산능력을 갖추었다. 해외 현지 생산에 맞춰 차량 모델과 디자인도 현지화하려는 전략이었다. 이로써 현대자동차는 일본의 토요타, 혼다 등에 이어 미국 내에 현지 공장을 설립한 6번째 자동차 메이커(미국 업체 제외)가 되었다.

현대자동차의 미국 시장 진출은 결코 우연이 아니다. 경영자의 확고한 의지, 고도의 마케팅 기법, 고객만족주의 철학 등 모든 면에서 특별했다.

2020년대 들어 현대자동차는 미국에 처음 진출했을 때와는 비교할 수 없을 정도로 높은 시장점유율을 기록하고 있다. 글로벌 브랜드 가치 역시 전 세계 자동차기업 상위 5위 이내로 크게 성장했다. 과거보다 훨씬 나은 조건에서 세계 톱 브랜드 자리를 놓고 세계시장에서 경쟁하고 있다.

그러나 아직 갈 길은 멀다. 세계시장을 향한 또 다른 총성이 울렸을 뿐이다. 확실한 사실은 그 어떤 한국 기업도 해내지 못했던 미국 시장에서 현대자동차는 특별한 역사를 만들어 냈다는 것이다.

2005년 2월, 뉴올리언스에서 열린 제1차 전국 171개 현대 대리점 회의에서 정세영 현대자동차 사장은 이렇게 말했다.

"우리는 여러분의 뒤에 있지만, 또한 함께 있습니다. 바로 이 자리에서 우리는 미국의 자동차 역사를 새로 쓸 것을 확신합니다."

서해안 지도를 바꿔라

서산 간척지 사업은 굴곡 많은 서해안 바다를 메워 옥토로 만드는 대한민국 최대의 국토 개발 프로젝트다. 1979년에 최초로 시작된 이 대형 프로젝트는 오늘날에 이르기까지 '유조선 공법' '소 떼 몰이 방북' '현대건설 부도 위기' 등 수많은 영욕을 함께 간직하고 있다. 이 대형 국책 사업을 민간 기업인 정주영의 현대건설이 맡았다.

정주영은 새벽 6시면 청운동 자택에서 서산의 사무실로 전화를 했다. 이것은 서산 간척지 착공 때부터 완공 때까지 이어졌다.

"오늘 서산농장에 비가 왔는가?"

"불도저, 포클레인 등 중장비는 투입 지점에 제대로 놓았는가?"

이른 아침부터 전화로 담당자에게 끊임없이 잔소리를 늘어놓는다. 매일 공사 진척 상황을 보고 받고, 만약 잘못된 것이 있으면 즉각 수정 지시를 내린다. 그리고 일주일에 두 번 이상은 현장에 내려가 공사 감독을 하고, 인부들과 같이 땀을 흘리기도 한다.

1980년대 중반의 어느 날이었다. 정주영은 기자와 방문객을 자신의 포니 자동차에 태우고 서산 간척지를 향해 달렸다. 우리나라 최대의 천수만 서산 간척지를 맞닥뜨리면, 광활한 대지와 극적으로 펼쳐진 푸른 바다에 압도당한다.

"도대체 이 넓은 땅은 몇 평이나 됩니까?"

일행 중 한 명이 크게 감탄하며 물었다. 그러자 정주영이 껄껄 웃었다.

"내가 서해안 지도를 바꾸어 놓았지요. 3,300만 평의 개펄이 간척지로 만들어졌고, 담수호를 포함하면 총 4,700만 평입니다."

간척지 면적이 4,700만 평이라면 여의도의 33배에 해당하니, 그 크기를 어림짐작할 뿐이다. 자동차를 타고 쾌속으로 달려도 끝이 보이지 않을 정도다.

"외국 여행을 하다 끝없이 넓은 들판에서 트랙터를 모는 농부들을 볼 때마다 그토록 부러울 수가 없었어요. 아버님은 밭 한 뙈기를 만들기 위해 날마다 날마다 자갈을 추리고 괭이질을 하셨지요. 그러니 내 간척지 구상은 어느 날 갑자기 생각한 것이 아니지요."

서산 간척지 사업은 이렇듯 잠재의식의 발동이었다. 가난한 농민이 품었던 '내 땅에 대한 집념'은 참으로 대단했다. 어쩌면 바다처럼 큰 농장이 소원이었을 부모님의 꿈이 서산 간척지를 통해 실현된 것이다.

물론 이것이 전부는 아니다. 더욱 주된 이유로 그는 다음과 같이 역설했다.

"원래 우리나라는 국토가 작은 데다가 그나마 허리가 잘려서 반쪽이지요. 그러니 우리 입장에서는 국토를 개발해서 한 뼘이라도 더 넓은 땅을 후손에게 물려주는 게 좋지요. 다행히 서·남해안에는 바다를 막아 옥토를 일굴 수 있는 땅이 얼마든지 있어요. 그런 천혜의 조건을 적극 활용하면 되는 거지요."

다시 말하면, 서산 간척지 사업에는 농부의 피가 흐르는 정주영의 열정과 국토 개발의 필요성이 밑바탕에 깔려 있다.

울산의 황량한 바다를 메워 세계 최고의 조선소를 일구거나, 서산의 황량한 바다를 메워 옥토를 만든다는 이야기들은 들어도 들어도 꿈같다.

이번에는 기자가 물었다.

"울산조선소를 세울 때와 지금 중 어느 때가 더 좋습니까?"

"지금이 더 행복하지요. 조선소를 뚱땅뚱땅 지을 때는 뭐 아는 것이 있어야지. 그땐 뭐 하나 하더라도 잘못되기라도 할까 긴장의 연속이었지만, 지금은 내가 어릴 적부터 다 해 본 일이니까 '니나노' 하면서 할 수 있는 일이지요."

그렇게 말하는 얼굴에는 흐뭇한 미소가 가득 번졌다.

정주영은 서산의 넓은 벌판에서 농사일을 하거나 말을 타고 달리는 상상을 할 때면 소년처럼 가슴이 뛴다고 말했다. 그러면서 흘러간 유행가를 흥얼거렸다. 자동차는 어느새 광활한 서산 간척지를 쌩하니 지나갔다. 그의 포니 자동차에서도 니나노 휘파람 소리가 나는 듯했다.

그러나 서선 간척지와 같은 웅장한 사업치고 니나노 하면서 쉽게 할 수 있는 일이 있겠는가.

국토 전문가들에 의하면 "이 지역은 아침저녁으로 간만의 차가 심할 뿐 아니라, 특히 썰물 때는 물오리의 다리가 부러질 정도로 물살이 거세기로 유명하다고 한다. 천수만으로 드나드는 배가 자주 침몰하고 좌초하는 이유다. 조선 시대에는 배가 드나들지 못하게 하기도 했다"고 한다. 즉, 방조제 공사가 거의 불가능한 곳이었다.

서산 간척지는 충남 태안군 남면 당암리에서 서산시 부석면 창리와 홍성군 서부면 궁리를 잇는, 길이 7,886미터 높이 26~28미터의 방조제를 축조해서 바닷물을 막아 조성하는 것으로 계획되었다.

A·B 지구로 조성했는데, A 지구는 창리와 궁리를 잇는 6,428미터의 방조제를 말하며 B 지구는 당암리와 창리를 잇는 1,228미터의 방조제를 말한다.

간척 사업에서 가장 중요한 부분은 방조제 축조였다. 'ㄷ' 자형으로 된 만을 골라 양쪽을 방조제로 막고, 궁형 안의 바닷물이 빠져나가면 새로운 땅을 얻게 된다. 양쪽 기슭에서 쌓아 가다가 중간 지점에서 맞닿으면 작업은 끝난다. 이 마지막 연결 작업이 바로 최종 물막이인데, 보통 70미터를 남겨 놓고 실시했다.

B 지구 방조제 최종 공사에서는 조수의 속도를 극복하기 위해 4~5톤 무게의 바위에 구멍을 뚫고 철사에 두세 개씩 연결해 바지선으로 운반한 뒤 투하하는 특수 매립 기법이 동원되었다. 이를 위해 현장에서 30킬로나 떨어진 곳의 석산을 개발하고, 15톤짜리 덤프트럭 140대를 동원해서 부족한 돌을 실어 나르기도 했다. 이 모든 것이 말할 수 없이 복잡하고 힘든 과정이었다.

그러나 A 지구 방조제 공사에 최후로 남은 270미터 길이의 물막이 작업이 난제 중의 난제였다. 이 부분은 멀찍이서 바라보기만 해도 몸이 빨려 들어갈 것만 같은 초속 8미터의 무서운 급류였다. 위험 수위 때의 한강 유속이 초속 6미터인 것과 비교하면 그 속도를 알 만하다. 온갖 현대식 장비를 동원해 집채만 한 돌망태를 쏟아부어도 속수무책이었다. 정주영은 기술자들을 불러 방법을 모색해 보았지만, 그들의 대답은 한결같이 "불가능하다"는 것이었다.

정주영은 "이곳 최종 물막이 공사는 인력으로는 감당하기 어려운 공사이며, 설사 인력으로 해결된다 해도 엄청난 비용이 문제"라고 결론을 내렸다.

그러나 "라이터를 켠 순간 머릿속에 불이 확 켜지듯 번쩍 생각이 들어왔다"는 발명가의 말이 있지 않은가. 정주영 역시 그랬다. 이때 '번쩍, 이것이다'라는 생각이 떠올랐으니, 그 또한 참으로 변덕스러운 발명가였다.

정주영은 해체해서 고철로 쓰려고 스웨덴으로부터 30억 원에 사 왔던 워터베이호가 생각났다. 울산에 있던 고철선 워터베이호는 폭 45미터, 높이 27미터, 길이 322미터의 대형 유조선이다. 이 유조선을 물막이 구간 사이에 평평하게 가라앉혀 물줄기를 차단하거나 감속시킨 다음, 최종 물막이 공사를 하면 된다고 생각했다.

이것이 항간에 화제가 되었던 '유조선 공법'이다.

현대 기술진은 유조선 공법의 실행 가능성을 면밀히 분석했다. 그리고 성공 가능성이 높다고 판단하자, 정주영은 1984년 2월 25일 직접 유조선에 올라 최종 물막이 공사를 지휘했다.

간척 사업에서 제방을 막아 들어가면 조류의 유속이 급격히 증가한다. 이것을 최종적으로 메우는 일을 '최종체절'이라고 하는데, 이 마지막 끝막이 공사는 철저한 계획과 준비 작업이 필요하다. 여기서 실패하면 둑이 터지고, 제방이 유실되는 등 막대한 비용이 추가되기 때문이다. 따라서 최종체절의 성공 여부에 따라 사업의 성패가 갈리는 셈이다.

유조선 공법이 과연 성공할지 여부에 관심을 가지고 국내외의 수많은 보도진이 몰려들었다. 그들은 마치 운동경기를 중계하듯이 현장에 카메라를 설치하고 실시간 방송을 했다.

유조선 공법의 핵심은 방조제 가운데가 270미터 남았을 때 길이 320미터의 유조선을 가라앉혀 유속의 흐름을 차단하는 동시에 한꺼번에 대량의 토사를 투하하는 것이었다.

얼마 후 배를 띄웠다. 배는 조류에 밀려서 방조제로 향했다. 수조의 마개가 빨려 들어가는 것과 같았다. 인간의 힘으로 옮긴 것이 아니라 수압이라는 거대한 힘에 밀려간 배는 한쪽으로 치우쳤다. 많이 겹친 쪽은 완벽하게 막혔지만, 반대쪽은 30미터쯤 틈이 생겼다. 선창 30미터에서 새 나오는 물줄기가 분수처럼 10여 미터 상공을 찌르고 있었다. 이 틈을 막으면 성공이었다.

"지금이야, 바다를 메워!"

정주영이 소리쳤다.

그러자 엄청난 양의 바위와 토사가 투하되었다. 험한 물줄기도 집채만 한 바윗덩이와 수십만 톤의 토사가 한꺼번에 쏟아지자 기세가 사그라지면서 어느새 잠잠해졌다.

"와, 성공이다."

곳곳에서 환호가 터져 나왔다. 모두 물줄기를 뒤집어쓴 채 기뻐 어쩔 줄 몰랐다. 인간의 창의적인 노력 앞에 거대한 자연의 힘마저 굴복했던 것이다.

1984년 2월 27일에 유조선 공법은 완성되었고, 3월 9일에는 최종 물막이 공사를 완전히 끝낼 수 있었다. 이 공법 덕분에 현대건설은 45개월로 계획했던 공기를 35개월이나 단축해서 9개월 만에 완공했다. 이것으로 총공사비를 280억 원이나 절감할 수 있었다.

그 후 유조선 공법은 미국의 『뉴스위크』『뉴욕타임스』 등에 소개되었고, 런던 템스강 하류 방조제 공사를 수행한 세계적인 철 구조물 회사인 랜달팔머앤트리튼에서 문의해 오는 등 국제적인 관심을 불러일으켰다.

기자들이 정주영에게 유조선 공법에 대해 물었다.

"회장님, 유조선 공법의 비결이 무엇입니까?"

"뭐 비결이랄 게 있나요? 실제로 공사해 보니 어느 지점은 집채만 한 바윗덩이도 들어가자마자 흔적도 없이 쓸려 내려갈 정도였죠. 그야말로 '코끼리에 비스킷 주는 격'이었습니다. 나도 모르게 오기가 발동했죠. 오냐, 네가 이기나 내가 이기나 한번 해 보자. 집채만 한 바윗덩이도 안 된다면 그보다 수백 수천 배 큰 바윗덩이를 끌어다 놓아야겠다. 제아무리 코끼리라 하더라도 세계에서 가장 큰 비스킷을 보고 놀라지 않을 수는 없겠지요. 이 순간 재빨리 코끼리를 때려잡으면 됩니다. 유조선 공법이란 바로 이런 방법이죠."

코끼리 같은 단순하면서도 기발한 발상에 기자들이 탄성을 내질렀다. 이번에는 다른 기자가 물었다.

"묘판용 모를 기르기도 어려운데, 바다 같은 넓은 논에 파종된 벼가 어느 시절에 자라 이삭이 나오겠습니까?"

그러자 정주영은 넉넉하게 웃으며 말했다.

"볍씨를 비행기로 직파하고 재배와 수확까지 완전 기계화 방법으로 영농할 거예요. 본격적인 영농이 시작되면 50만 울산 시민이 1년 동안 먹을 수 있는 식량이 생산되지요. 이 직파법이야말로 노동력이 부족한 우리나라에 적합한 방법입니다."

"지금 쌀이 남아돈다는데, 그렇게 많은 쌀이 나오면 쌀값 떨어져서 농민들 울리는 거 아닙니까?"

"전혀 그렇지 않습니다. 우리나라는 명색이 농업 국가였고, 세계의 산업 형태가 어떤 방향으로 변하든 식량만은 자급자족할 수 있어야 해요. 또 우리만 쌀밥 먹으면 됩니까? 북한 동포들에게도 나눠 줘야지."

"땅이 너무 넓지 않습니까?"

"뭐요? 당신네 나라에 비하면 손바닥만 한 걸 가지고⋯⋯."

정주영의 '내 땅'에 대한 욕심은 끝이 없었던 듯하다. 이 대역사로 그는 대한민국의 지도를 바꾸고 3,300만 평의 개펄을 얻었다. 담수호 면적까지 포함하면 4,700만 평으로, 우리나라 최대 곡창지대인 전북의 김제평야보다 넓다.

영광과 좌절의 서산 간척 사업

방조제 공사가 끝나면서 곧장 제염除鹽 작업(흙 속의 염분을 제거하는 작업)에 들어갔다.

염수의 비중이 담수보다 무거운 점을 이용해 무동력 사이펀siphon 시설을 했다. 그리고 농업용수로 사용할 A·B 지구 인공호수의 염분을 제거하는 한편, 개펄의 염분을 트랙터로 걷어 내고 비와 인공 양수로를 이용해서 토양의 제염 작업을 추진했다.

이 작업은 7년 만에 완전히 마무리되었다.

"계화도에 농사를 짓는 데 13년이나 걸렸어요. 그것도 완전히 실패해서 지금 엉뚱한 사업 논리에 휘말리고 있죠. 우리는 이 땅에 벼를 심어서 한 해 400억 원어치를 거둘 겁니다. 그럼, 이익이 100억 원은 나겠지."

기업가 정주영의 논리는 이렇다. 농사가 공장 운영보다 더 낫다는 사실을 보여 주겠다는 것이었다.

서산 간척지에는 농부 출신 정주영의 애정과 포부가 듬뿍 깃들어 있다. 4,700만 평 농장에 그의 손이 가지 않은 데가 없고, 어디 하나 그의 발길과 손길이 닿지 않은 곳이 없었다.

그는 회고록에서 다음과 같이 밝히기도 했다.

완전한 은퇴를 언제쯤 할 것인지 아직 생각하고 있지 않다. 아직도 할 일이 태산같이 많다. 고향의 소년 시절로 되돌아가 서산농장에서 트랙터를 모는 것이 나의 꿈⋯⋯.

이처럼 서산 간척지는 정주영의 이상향이 펼쳐지는 곳이기도 했다.

그는 서산농장에 가면 이른 아침부터 작업복을 입고 농장에 나가 일하고, 점심이 되면 숙소로 돌아와 식사를 하고 다시 현장에 나가 인부들과 같이 땀을 흘렸다. 그리고 일이 끝나면 인부들과 담소를 나눴다. 그 모습이란 대재벌 총수라기보다는 동네 일꾼 아저씨였다. 소년 시절에 농사짓기 싫어 끈질기게 가출을 꿈꾸던 그가 이때만은 타고난 농부의 기질을 마음껏 발휘했다.

한편 A 지구, B 지구라는 국적 불명의 이름은 1994년부터 각각 '간월호'와 '부남호'라는 우리말 이름으로 다듬어졌다.

서산농장은 비행기로 볍씨와 비료, 농약을 뿌릴 정도로 완전 기계화 영농이 가능해 국내 최고의 경쟁력을 갖추었다. 본격적인 영농을 시작한 1995년 이후 해마다 30만 섬 이상의 쌀을 생산했는데, 이는 당시 국내 쌀 생산량의 3~4퍼센트에 이르는 수치였다. 바다를 메워 옥토로 만들겠다는 정주영의 야심이 천수만을 국내 최고의 쌀 생산지로 탈바꿈시켰다.

이 외에도 서산 간척지 사업은 해외 유휴 장비를 사용하고 연인원 650만 명의 고용을 창출했으며, 홍성과 안면도 사이의 길을 31킬로나 단축해 교통을 편리하게 하는 등 지역 사회 개발을 촉진한 간접 효과도 거두었다.

천수만 일대는 갯벌에 광활한 농지, 너른 호수에 갈대밭이 무성히 펼쳐져 있어 세계 최고의 철새 도래지로 알려졌다. 천수만 현대농장의 가을걷이가 끝나면 간척지 논에는 많은 볍씨가 그대로 남아 있고, 호수에는 작은 물고기가 많이 살고 있어 자연스레 겨울 철새들의 보금자리가 된 것이다.

서산 간척지에는 37만 평 규모의 푸른 목장이 있는데, 이 또한 장관이다. 정주영은 1993년 196마리의 한우를 구입하기도 했다. 목축업을 하려고 한다는 소문에 그는 "살생의 사업이란 없다"고 강변하며, 그 목적은 비밀에 부쳤다. 정주영은 소 떼가 여유롭게 풀을 뜯을 수 있게 현대서산목장에 풀어놓았다. 그래서 현대서산목장에는 드넓은 푸른 목장에 소 떼가 한가로이 풀을 뜯는, 그의 말대로 '이상향'의 꿈이 펼쳐졌다.

이 소 떼는 1998년 '소 떼 방북' 드라마의 주인공이기도 하다. 정주영이 서산목장의 소 떼를 이끌고 1998년 6월 판문점을 지나 평양을 방문하는 역사적인 드라마를 연출하면서 반세기 동안 단절됐던 남북한 교류의 가교 역할을 한 것이다.

그러나 2000년 말, 현대건설은 대북 사업을 추진하는 과정에서 심각한 유동성 위기에 처한다. 서산 간척지를 비롯한 모든 자산을 처분해야 하는 상황에 놓이게 된 것이다.

당시 현대건설 측은 "서산 간척지만은 절대 못 판다"고 버텼지만, 결국 부도를 면하기 위해 어쩔 수 없이 매각해야 했다. "정주영 회장님의 선산을 파는 심정"이라며 아쉬워했을 만큼, 서산 간척지는 현대건설의 상징이었다.

2020년 이후, 서산 간척지는 다시 용틀임하고 있다. 첨단 기술을 적용한 영농 단지를 조성하는 동시에 관광·레저형 기업도시 사업이 진행 중이다. 현대건설은 "황폐한 바다를 옥토로 탈바꿈했던 과거와 같이, 서산 간척지는 이제 자연과 기술이 조화된 기업도시로 탈바꿈할 것"이라고 포부를 밝혔다.

그리고 서산농장에 '정주영 기념관'과 '평화 박물관'이 건립된다. 이는 정주영 회장의 역작과 현대의 정신을 계승하고 발전시키겠다는 의지의 표현이다.

2장

나는
자본가가 아니라
부유한 노동자

●

한국인은 세계에서 가장 우수한 민족

불과 70년 전 한국전쟁으로 폐허가 됐던 대한민국이 경제적 기적을 일구며 선진국으로 도약할 수 있었던 이유는 무엇일까? 오늘날 'K-문화'로 대표되는 한국 문화가 미국, 유럽 등 세계를 선도하는 이유는 무엇일까? 한국 경제, 한국 문화를 규정하는 한국인의 뿌리 깊은 민족적 정체성은 무엇일까?

이에 대한 근본적인 해답을 찾아보고자 한다.

정주영 회장은 경영자로서 많은 해외 기업가나 경제 전문가를 접할 때마다 한결같은 질문을 받았다고 한다.

"대체 아무런 자원도, 자본도 없는 한국이 어떻게 그토록 비약적인 경제 발전을 이룰 수 있었습니까?"

그때마다 정주영은 다음과 같이 답했다.

"그것은 한국인이 세계에서 가장 우수한 민족이기 때문입니다."

그의 말은 허세나 자만심의 발로가 아니었다. 한국인의 우수성은 오늘날 세계가 인정하는 사실이기 때문이다.

그는 한국인으로서 대한민국에 큰 자부심을 느끼고 있었다. 그리고 대한민국의 미래를 긍정적으로 전망했다.

> 과거·현재, 역사·문화로 보나 아시아에서 대한민국보다 우수한 민족은 없다. 10년 20년 노력하면 대한민국은 아시아의 중심 국가가 될 것이고, 또한 대한민국이 세계에서도 빛날 아름다운 국가가 될 것이다.

그 이유는 물론 '한국인의 우수성' 때문이다.

한국인은 세계 어디서든 환영받는다. 한국인은 근면·성실할 뿐 아니라 창의적이고 예의 바르기까지 하다. 이것이 바로 정주영이 강조했던 한국인의 우수성이다. 다시 말하자면, 한국인의 뿌리 깊은 유전적 특성은 근면성, 창의성, 예의 바름으로 귀결된다. 여기에 한국인의 위기 극복 유전자도 추가하고자 한다. 이를 통해 한국인, 한국 경제, 한국 문화를 조명해 보자.

첫째, 한국인은 세계에서 가장 근면한 민족이다.

근면하다는 말은 '개미처럼 열심히 일한다'거나 '주 60시간 노동' 같은 긴 노동시간을 의미하는 것은 아니다. 일에 대한 집중력이나 열정을 의미한다. 이 근면함은 오랜 세월에 걸쳐 형성된 것으로, 한국인의 가장 큰 유전적 특질이라 할 만하다.

이에 대한 근거로 정주영은 "한국인들은 사우디, 미국, 독일 등 세계

곳곳에서 활약하는데 빈손으로 이민 가서 모두 한결같이 잘산다"라고 했다. 또한 "해외 기업이 다 같이 적자를 보는 상황에서도 신통하게 유독 한국인이 있는 기업만 흑자를 기록한다. 알아본 결과, 남들이 꾸물거리는 시간에 한국인은 알아서 자기 일을 처리하고 다음 일을 준비하고 계획한다는 것이다. 그래서 그 기업은 채용 시에는 한국인을 우선 채용하려 했다"라고 말했다.

그의 말처럼 한국인의 근면함은 해외에서도 명성을 떨치고 있다.

앞서 언급한 파독 간호사와 광부들의 이야기다. 그들은 가족과 조국을 위하는 마음으로 열악한 환경에서도 책임감으로 일했다. 근면과 성실함으로 현지 업체와 병원의 인정을 받았다고 한다. 그들 대부분은 한국으로 돌아왔지만 일부는 독일에 남아 식당, 병원, 세탁소 등을 운영하면서 삶의 터전을 일구었다. 그리고 그들의 2세들이 독일 사회에 성공적으로 정착하여 엘리트 그룹으로 한국 교민 사회를 이끌고 있다. 한국인 특유의 근면함과 개척 정신으로 독일에 성공적으로 뿌리내릴 수 있었다.

한국인의 근면함은 외국인들에게 '8282(빨리빨리) 문화'로 알려져 있기도 하다.

예를 들어 한국의 인터넷 속도는 세계 최고이며, 외국에서는 일주일에서 한 달 걸리는 택배가 한국에서는 하루 이틀이면 배달된다. 기본적으로 '느리고 서툰' 서비스는 한국 사회의 치열한 경쟁에서 살아남기 어렵다. 한국의 기업에는 일을 빠르고 신속하게 처리할 수 있는 시스템이 자리 잡고 있다.

둘째, 한국인은 세계에서 가장 창의적인 민족이다.

'창의적'이라는 말은 선천적으로 머리가 좋고, 배우려는 의지나 열망이 강하다는 의미를 품고 있다.

한국의 1세대 창업주들은 초등학교 또는 중학교 학력이 대부분이었다. 광복 직후에는 배울 만한 곳도 변변치 못했다. 세상과 접할 수 있던 수단은 헌책이나 신문이나 라디오 정도가 전부였지만, 기회가 있다면 무엇이든 섭렵하려 했다. 그들은 뛰어난 사업 감각과 현장에서 익힌 기술로 세계 무대에서 당당히 겨루면서 경제를 발전시켰다.

정주영 역시 정규대학을 나오지 못했지만, 박 대통령에게 "나는 신문 대학을 나왔다"고 자랑스럽게 말하기도 했다. 이것은 배우려는 열망과 의지가 바탕이 된 일화이기도 하다(이 부분은 3장의 「나는 신문 대학을 나왔소」에서 후술하겠다).

1970~1980년대 한국의 2세대들은 중·고등학교 졸업 후 산업 현장에 뛰어들어야 했다. 하지만 그들의 배우고자 하는 열정은 1세대 기업인과 비교해도 뒤지지 않았다. 일하는 중에도 악착같이 독학하거나 야간대학에 다니면서 학업을 계속했다. 그렇게 익힌 지식과 기술은 한국 경제 발전에 밑바탕이 되었다.

2세대 부모의 자식에 대한 교육열은 세계에서도 극성맞기로 정평이 나 있다. 그들이 살아온 과정을 돌아보면 자식 교육에 관심을 쏟는 건 어쩌면 당연하다. 과거에는 논도 팔고 소도 팔아서 학비를 마련했는데, 지금의 부모 역시 그에 뒤지지 않는다. 자식 교육에 도움이 된다면 집도 팔고 차도 팔고, 이사도 주저하지 않는다. 대학에 보내고 해외 유학도 보내면서 자신들보다 잘살 수 있게 도와주기 위해 노력을 아끼지 않는다.

이처럼 세대를 걸친 교육에 대한 높은 관심은 한국인 특유의 유전적 특징으로, 세계적으로도 연구의 대상이 될 정도다.

셋째, 한국인은 세계에서 가장 뛰어난 위기 극복 능력을 갖춘 민족이다.

현대그룹 회장으로서 정주영은 숱한 위기를 극복하고 한국 경제의 발전을 이끌었다. 그는 위기 극복 리더십에 대해 다음과 같이 술회한 바 있다.

> 한 기업, 한 국가의 위기 극복, 또는 일대 약진의 계기를 만드는 것은 평범한 기업가, 평범한 국가 지도자에게는 기대하기 어렵다. 현명한 기업가의 창의력과 용기 있는 지도자의 결단이 사리사욕 없이 하나의 공동 목표를 향하여 매진함으로써 얻을 수 있는 열매……

이러한 예는 경부고속도로와 울산조선소 건설 등에서도 찾아볼 수 있다. 만약 그때 지도자의 뛰어난 창의력과 결단이 없었다면 오늘날과 같은 경제적 성공을 기대하기 어려웠을 것이다.

한국인은 위기가 닥쳤을 때 누가 먼저라 할 것 없이 구성원 개개인이 자발적으로 리더가 되어 위기를 헤쳐 나간다. 1997년 IMF 금융위기 때는 국민이 자발적으로 '금 모으기 운동'을 했으며, 2020년 코로나19 대유행 시기에도 수준 높은 위기 대처 능력을 보여 세계의 모범이 되었다.

한국인만의 위기 극복 유전자는 서양의 개인주의와 대비되는 동양의 집단주의적 성향과 단일민족으로서의 단합력과 공동체 의식 때문이라 할 수 있겠다.

넷째, 한국인은 세계에서 가장 우수한 문화를 가진 민족이다.

우수한 문화의 바탕에는 유구한 역사를 통해 터득해 온 한국인의 지혜와 뛰어난 감각이 있다. 한국인은 무武보다는 문文을 숭상하고 물질적 가치보다 정신적 가치를 중시했기에 수준 높은 교양과 예의 바름을 갖추었다. 또한, 평화를 사랑하여 주변국을 침략하기보다는 공동체의 삶과 문화를 발전시키는 데 더욱 매진했다.

과거 그 우수성이 잘 알려지지 않았을 때, 한국인은 열등감에 빠지기도 했다. 가난하고 국력이 약했던 시절에 한국인은 재질은 물론 본성까지 자학했다. 중국, 일본 등 주변국들은 한국인을 나약하고 미성숙한 문화를 가진 민족이라 폄훼하며 우리 주권을 침해하기도 했다.

이에 대해 정주영은 확고하게 선을 그었다.

> 한국인은 태어날 때부터 우수하다. 우리는 5천 년 대대손손 문화를
> 숭상하는 조상의 자손으로, 뛰어난 두뇌를 가지고 선천적으로 지혜
> 롭게 태어난 민족이다.

5,000년이라는 오랜 역사만큼, 한국을 대표하여 세계에 자랑할 수 있는 문화를 열거해 보면 다음과 같다. ① 한국 고유의 전통 의상으로 색상, 맵시, 형태 등의 아름다움을 함께 엿볼 수 있는 한복. ② 과학적인 창제 원리로 개발된, 한국의 문화적 독창성을 가장 잘 보여 주는 한글. ③ 김치, 불고기, 비빔밥, 삼계탕, 떡볶이 등 다양한 식재료와 요리법으로 세계인의 입맛을 사로잡은 한식. ④ 인류무형문화유산으로 등재된 아리랑, 김장 문화 등. ⑤ 1970년대 한국 농촌 사회에서 시작되어 오늘날 아시아, 아프리카 등지에서 세계 빈곤 퇴치의 희망이 된 새마을운동. 이 모든 것이 세계인의 극찬을 받았다.

이제는 K팝, K무비, K드라마 등 K-콘텐츠가 세계를 선도한다. 지난 몇 년간 〈기생충〉, 〈오징어게임〉, BTS 등이 전 세계를 열광시켰다. 순수 한국인에 의해 제작되고, 순수 한국어가 쓰이고, 순수 한국적인 이야기를 담고 있는데도 말이다.

K-콘텐츠의 성장과 함께 한국어, 한국인, 한국 문화 등에 대한 관심도 덩달아 높아져 한국적인 것을 찾는 외국인이 많이 증가했다.

지금의 K 열풍은 영화나 음악 같은 콘텐츠에서 그치지 않는다. K방역, K뷰티, K푸드, K관광, K패션 등 분야를 가리지 않고 전방위로 확대되고 있다.

K는 '한국적인 것'을 상징하는 마크로, K 자가 들어가면 일종의 프리미엄이 붙는다. 외국인들은 K를 '훌륭한' '뛰어난' '멋있는' 등 긍정적인 수식어로 받아들인다. 과거 1980~1990년대에 코리아 디스카운트Korea Discount(한국 관련 주가, 브랜드 등의 가치 저평가를 뜻함)라고 해서 K 마크를 숨기기에 급급했던 시절과 비교하면 상전벽해와 같은 수준이다.

K-문화 열풍은 결코 우연이 아니다. 한국인의 우수성이라는 뿌리 깊은 민족적 특성과 관계있기 때문이다.

오늘날 한국 문화의 세계적인 현상을 반영하듯 "가장 한국적인 것이 곧 가장 세계적인 것"으로 통하고 있다.

나는 자본가가 아니라 부유한 노동자

현대서산농장의 아산 전시관에는 그의 젊은 시절 모습을 보여 주는 다양한 사진이 있다. 그중 하나의 일화를 소개하자면 다음과 같다.

1940년 2월, 서울 아현동에 위치한 아도서비스 자동차 수리 공장에서 회색 작업복을 입은 건장한 남자가 연장을 들고 수리 중인 트럭 밑으로 들어갔다. 그때 직원이 달려와 "사장님, 제가 하겠습니다"라며 만류했다.

그러자 남자가 차 밑에서 고개를 내밀며 말했다.

"왜요? 내가 제대로 못 고칠까 봐 그래요?"

직원이 당황하여 어쩔 줄 몰라 하자, 그는 환하게 웃으며 이어서 말했다.

"바쁜데 나라도 도와야지요. 그래야 일이 빨리 끝나지요. 그러니 걱정 마세요."

그는 바로 20대의 젊은 사장 정주영이었다.

당시 정주영은 50명이 넘는 직원을 둔 어엿한 회사의 사장이었지만, 양복 입고 고객을 만나거나 종업원에게 업무를 지시하는 경영자와는 사뭇 달랐다. 사장의 업무를 하지 않는 시간에는 공장 직원들과 똑같이 일하고 똑같이 퇴근했다.

정주영은 직접 고치고 조립하고 운행하면서 자동차의 구조와 원리를 완벽하게 터득했다. 이 지식과 경험은 향후 현대자동차의 출발에 큰 자산이 되었음은 물론이다.

1982년 5월, 정주영은 워싱턴대학 명예박사 학위 수여식 연설에서 이런 말을 했다.

"저를 세계 수준의 대기업을 경영하고 있는 자본가라고 평가하는지 모르지만, 저는 자신을 자본가라고 생각해 본 적이 없습니다. 저는 노동을 해서 재화를 생산해 내는 부유한 노동자일 뿐입니다. 모든 능력의 한계, 인간 자신이 한계라고 생각하는 모든 것에 도전하는 것이 저에게는 기쁨이며 보람입니다."

누군가는 '자본가가 아닌 부유한 노동자'라는 표현에 반감을 느낄 수도 있지만, 정주영을 잘 아는 사람들은 그의 말이 조금도 허황하지 않으며 거짓이 아니라는 데 동의할 것이다. 위의 사례에서 보듯, 그의 심중에는 노동의 가치에 대한 숭상과 노동자에 대한 동료 의식이 깊이 자리 잡고 있었다.

이 연설에서 밝힌 것처럼 정주영은 적극적인 생각과 진취적인 마음가짐을 지녔다. 무엇이든 필요한 것은 다 배운다는 자세로 살아왔으며, 작은 경험을 살려 큰일을 해내는 데 주저하지 않았다. 그는 자동차를 수리한 경험으로 세계 최고의 자동차기업을 일으켜 세웠고, 발전소 등 플랜트 공사를 하청한 경험과 각종 토목건축 공사를 해낸 경험을 끌어모아 세계 최고의 조선소를 건설했다. 그리고 다시 이 모든 경험을 살려 '꿈의 제국' 사우디 주베일 산업항을 축조했다. 이러한 성취의 과정에서 정주영은 기쁨을 느꼈고, 그 기쁨을 보람으로 삼아 새로운 일에 끊임없이 도전했다.

흔히 "정주영은 무에서 유를 창조한 기업가"라고 한다. 이는 기업가란 모든 것이 잘 갖추어진 상황에서 기업을 운영해 나가는 사람이 아니라, 기업체를 설립하고 조직하고 운영하는 모든 과정에서 온갖 어려움과 위험을 극복하며 기업을 발전시켜 나가야 하는 사람이라는 의미를 내포한 말이기도 하다.

기업을 사고파는 것이 자연스러운 현대에는 얼핏 이해되지 않는 의미일 수도 있다. 이에 대해서는 제5공화국 시절 기업의 인수·합병 과정에 잘 나타나 있다.

1980년 5월, 전두환을 위시한 신군부 세력은 국가보위비상대책위원회(국보위)를 통해서 자동차와 발전소 산업에 대해 기업 통폐합을 단행하려 했다.

경제 산업 구조조정은 전문 연구 기관의 연구 및 검토를 통해 이루어져야 한다. 그러나 당시의 기업 통폐합이 제대로 된 연구 검토를 거쳤을 리 만무했다. 기업 통폐합은 허울 좋은 명분이었을 뿐, 실제로는 일부 기업인과 권력자 간의 나눠 먹기식 야합이었다는 것이 정설이다.

이 통폐합의 핵심은 "현대중공업은 대우에게 넘기고, 대우자동차는 현대에 넘긴다"는 것이었다.

정주영은 이에 반대하며 단호히 말했다.

"나와 김우중 회장은 기업을 발전시켜 온 기본 정신과 과정이 전혀 다르오. 나는 어떤 사업이든 땅을 준비하는 데서부터 말뚝 박고 길 닦아서 그 위에 공장을 짓기까지, 내가 시작하지 않은 것이 없소. 그러나 김 회장은 어떻소. 나처럼 직접 지은 공장이 하나라도 있소?"

이에 정치상인(강력한 재력을 무기로 정치에 개입하거나, 정치적 교섭을 통해 이익을 도모하는 상인)으로 이름을 날렸던 대우그룹 김우중은 매우 불쾌해했다.

"기업가는 꼭 그렇게 말뚝을 박고 공장 세워서 시작하는 게 아닙니다. 오히려 기업 간 인수·합병이 훨씬 신속하고 위험부담도 적습니다. 그렇게 해야 후발 기업이 선발 기업을 따라잡을 수 있지 않겠습니까? 사업 방식이 다르다고 해서 비난해서는 안 됩니다."

정주영은 그의 말에 반박했다.

"그래서 내가 당신과 다르다는 거요. 직접 기업을 일으켜 세우고 돌봐야 애정도 생기는 법이오. 그래서 나는 이날까지 불경기로 어렵다거나 누가 돈을 많이 준다고 해서 중간에 팔아넘긴 기업이 단 하나도 없을뿐더러 실패한 기업도 없는 사람이오. 하지만 김 회장은 어떻소? 당신은 서울역 앞 대우빌딩(현재 서울스퀘어) 하나가 있는데, 그것도 정부 것을 수의계약으로 사서 만든 것 아니오. 게다가 당신은 기업을 일으켜 세운 것이 아니라, 단지 사업 수완이 좋아 경쟁입찰이 아닌 수의계약으로 인수 기업들을 차지했는데 그리고도 나와 같은 기업가라고 할 수 있소? 이제 시국이 변하니까 권력을 업고 또 뭘 어째 보려는가 본데, 나는 그런 식의 기업 경영을 증오하오."

그러자 김 회장은 시인도 부인도 항의도 못하고 꿀 먹은 벙어리처럼 잠자코 있었다고 한다.

정주영은 정치인과의 연줄로 기업을 인수·합병하는 것을 특혜로 여겼다. 기업 간 인수·합병은 순수한 기업 논리로 진행해야 하는데, 여기에 정치가 개입하면 특혜가 된다. 기업이란 권력의 특혜를 받아서도 안 되고, 그런 기업은 지속될 수 없다는 것이 그의 생각이었다.

기업가정신에서 중요한 것은 기업을 경영하는 과정에 노동자의 땀과 같은 열정이 배어 있는지 여부다. 시류에 따라 권력이나 정치인의 요구를 일부 수용한다고 해도 원칙을 벗어나서는 안 된다. 기업가는 신용·정직·성실이라는 가치를 통해 깨끗한 부가가치를 창출해야 한다는 것이다.

정주영은 '특혜'와 더불어 '재벌'이라는 말을 가장 싫어했다.

1970~1980년대 한국 경제의 근대화는 정부와 대기업 중심으로 이루어졌다. 당시 정부는 일부 대기업을 집중적으로 지원하면서 경제개발에 총력을 기울였다. 이 과정에서 소수의 개인 혹은 파벌에 의해 기업이 경영되는 재벌이 형성되었다.

재벌이 한국 경제에 기여한 바는 누구나 공감할 것이다. 재벌을 통해 한국 경제는 수출의 증대, 산업구조의 고도화 등 외형적으로 큰 성장을 이룰 수 있었다. 동시에 소수 파벌에 집중된 부, 대기업과 중소기업 자원 배분의 불균형, 자본가와 노동자 간의 빈부 격차, 문어발식 사업 확장과 부실기업의 양산 등 심각한 부작용을 야기했다. 이 밖에 노동력을 착취하거나 권력과 결탁하기도 하고, 심지어 탈세 등을 통해 비정상적으로 재산을 증식했다는 비난을 받기도 했다. 그래서 '모리배(온갖 방법으로 부당하게 이익을 꾀하는 무리)'라고 불리기도 했다.

한국 경제의 역사에서 재벌은 존경의 대상이기보다 비난과 질시의 대상이었다.

한국의 반기업 정서는 매우 강하다. 재벌이라면 무조건 나쁘다는 인식이 뿌리 깊게 남아 있다. 그래서 노동자와 학생들은 심심찮게 "재벌 해체"를 외치고, 정권이 바뀔 때면 '재벌 때리기'에 나서기도 했다.

이러한 반기업 정서는 재벌에 일차적인 책임이 있겠지만, 기업가정신을 악화시켜 종국에는 국가 경제를 멍들게 하는 요소로 작용하기도 했다.

정주영은 우리나라의 반기업 정서에 단호히 선을 그었다.

"한국 경제는 정부가 경제 발전을 주도했기 때문에 재정 투자나 차관 문제 등에 있어 국가와 기업 간에 불가분의 관계를 맺어 왔습니다. 그러나 이것은 국가와 기업 간의 협력 관계이지 절대 결탁 관계가 아닙니다."

정경 유착과 특혜가 문제라면 그것은 일부의 부패한 권력자와 몰지각한 기업인 잘못이지, 성실하게 기업 활동에 전념하는 경제인 모두를 싸잡아 비판해서는 안 된다는 것이 그의 주장이었다.

그동안 한국 경제는 급격한 발전을 이루면서 상대적으로 기업 윤리나 도덕성을 소홀히 여겼다. 그렇다고 모든 기업과 기업가를 비난해서는 안 된다고 정주영은 말했다.

"기업인치고 종교인처럼 도덕적으로 행동하는 사람은 없습니다. 만일 기업인이 종교인처럼 행동한다면 치열한 세계 경쟁 속에서 살아남을 수 있는 기업인은 없을 겁니다."

정주영은 기업인들이 한국 경제 발전에 기여한 바가 적지 않으며, 그 점은 국민들도 인정해야 한다고 이야기했다. 그리고 기업인이 경제활동에만 전념할 수 있는 분위기가 조성되어야 한다고 주장했다.

"그동안 우리 기업가들은 한국 경제의 발전을 위해 열심히 일해야 했습니다. 전쟁으로 폐허가 되어 아무것도 없는 공간에서 기업을 일으켰고, 아무것도 모르는 상태에서 해외시장을 개척했습니다. 그래서 한국 경제가 이만큼 발전할 수 있었던 거죠."

그는 "종교의 기적은 있어도 경제의 기적은 없다"는 유명한 말을 남겼다.

확실히 한국 경제는 학문적으로나 이론적으로는 도저히 불가능한 일을 해냈다.

"경제의 기적이란 우리 국민의 진취적인 기상과 개척 정신과 열정적인 노력을 바쳐 이뤄 낸 것입니다. 그것은 학문적으로, 이론적으로 밝혀낼 수 없는 정신의 힘입니다. 이것이 기적의 열쇠였던 겁니다."

한국 경제가 눈부신 성장을 이루었던 1970~1980년대, 소위 '한강의 기적'에는 현대가 선구자로서 기여한 바가 적지 않다. 그리고 현대가 이룬 성과 중 대부분이 정주영의 공로라는 것을 부정하는 사람은 없을 것이다. 정주영은 기업 활동으로 국민경제를 이만큼 키워 왔다. 그가 없었다면 한국 경제가 이처럼 발전할 수 없었을 것이다.

전경련 회장은 권력이 임명하지 않는다

전국경제인연합회(전경련)는 1961년 민간경제인들이 자발적인 의지로 설립한 민간단체다. 출범 이후 정부로부터 많은 간섭과 압력을 받았지만, 정주영이 전경련 회장에 취임한 이후로는 한국 최고의 경제 단체로 자리를 굳혔다.

1977년 2월 정주영은 만장일치로 전경련 회장에 뽑힌 후, 1987년 2월까지 다섯 번을 연임했다. 그는 10년 동안 전경련 회장으로 우리나라 민간경제를 주도하며 관료주의에서 벗어나 민간경제인들의 발언권을 강화하기 위해 노력했다. 전경련 내에 기업 규제 철폐 및 완화 기구를 설치해 정책에 반영하고자 했고, 전경련 회장단에 간섭하는 어떠한 정부의 압력에도 초연했다.

특히 그가 전경련 회장을 맡았던 전두환 정권 시절에는 정치권력과의 마찰이 잦았다. "어느 기업이든 내 마음먹기에 달렸다"라거나, "말 안 들으면 공수부대를 투입해 기업을 날려 버리겠다"라는 정치인의 말이 공공연히 나돌던 시기였다. 기업은 정치권에 항의는커녕 반대 표명조차 하지 못했다. 그러나 정주영은 무서운 권력도 아랑곳하지 않고, 기회 있을 때마다 민간 주도 자유경제를 주장했다. 당연히 정부 사람들에게는 눈엣가시 같은 존재였을 것이다.

전두환 정부의 서슬 퍼런 칼날이 정주영에게도 닥쳐왔다. 전경련 회장에서 물러나라는 압력이었다. 그를 퇴임시켜 재계를 권력의 뜻대로 좌지우지하려는 것이었다.

그러나 정주영은 "전경련 회장은 전경련 회원들이 뽑는 것이지, 권력이 임명하는 것이 아니다"라며 정부의 압력을 단호히 거부했다. 실로 겁 없는 사람이라고 전경련 회원들이 감탄했음은 물론이다. 전경련 회원들은 일치단결하여 정주영을 다시 회장으로 추대했다. 그러자 정부도 이것만은 어쩌지 못하고 물러났다.

정주영의 뚝심이 권력의 압박을 물리친 유명한 일화다. 만약 이때 굴복했더라면 재계의 위상은 크게 흔들렸을 것이다.

재계를 좌지우지하려는 전두환 정부의 압력은 그 후에도 계속되었다. 당시 정권은 대기업이라도 비위에 안 맞으면 하루아침에 날려 버리는 무서운 시대였다. 권력자의 눈에 난 기업에는 온갖 압력과 횡포가 가해졌다. 20여 개의 계열사를 두었던 국제그룹이 부실기업 정리라는 이유로 순식간에 공중분해 된 사례가 대표적이다.

그러나 정주영은 무서운 권력에도 굴하지 않고 자신의 소신을 지켰다. 그는 기회가 있을 때마다 정치인, 관료 등을 비롯한 사회 각계각층의 인사들에게 주저 없이 자유기업주의를 피력하고 설득했다.

정주영이 원한 것은 작고 힘없는 정부가 아니었다. 그는 오히려 강하고 공명정대한 정부를 주장했다. 단지 우리 경제도 스스로 알아서 할 만큼 컸으니 이제 그만 '지시 경제'를 끝내자는 것이었다.

이를테면 산업 진흥 정책이나 부실기업 정리 등의 일에 정부가 직접 각 기업을 검토해 '이 기업은 된다, 저 기업은 안 된다. 이 기업은 이것을 해라, 저 기업은 저것을 해라' 하는 식으로 일일이 결정하지 말고, 큰 기준과 윤곽만 정해 주면 나머지는 기업들이 알아서 하면 된다는 것이었다. 일단 이 기준이 서면 기업이 자금 동원 능력, 재무구조 등을 고려해 기준에 맞추도록 노력할 것이다. 그러면 정부가 부실기업을 떠안지 않아도 된다. 그런데 정부의 일도 다 감당하지 못하면서 기업에 이래라저래라 간섭하니 오히려 혼란만 부채질할 뿐이라는 것이었다.

"정부는 정부가 할 일을 하고, 기업은 기업이 할 일을 하면 된다. 다만 민간이 할 일에 정부가 지나치게 개입, 간섭하는 일이 없어져야 한다."

이것이 정주영이 주장한 자유경제주의 철학의 핵심이었다.

그는 또한 정치계와 경제계 간 유착의 고리를 끊지 않고서는 국민경제의 건전한 발전이 불가능하다고 봤다.

개발독재 시대의 정치권력은 기업에 막강한 영향력을 행사했다. 온갖 규제로 기업을 옥죄고, 사업에 대한 인허가권을 쥐고 경영을 임의로 주물렀으며, 마음에 들지 않으면 공권력을 투입해 괴롭히기도 했다. 기업은 자의든 타의든 정치권력에 뇌물이나 비자금을 토해 내야 했다.

정주영은 이에 대해 매우 비판적인 입장을 피력했다.

"우리 기업인은 공장을 짓고 시설을 늘리는 등에도 많은 돈이 필요하다. 그런데 정치인들에게 쏟아야 하는 돈이 더 많을 정도로 비정상적인 경우가 많았다. 돈이 적게 드는 정치가 깨끗한 정치라는 것을 국민이 알게 해야 한다.”

설혹 정치하는 데 어느 정도 돈이 필요하더라도, 도를 벗어난 행위는 허락되어서는 안 된다. 그는 정치가 기업을 협박해서 돈을 뜯어내기 때문에 권력에 기생하는 기업인이 나타나고, 이것이 정경 유착의 원인이 된다고 했다.

정주영은 전두환 정부에 대한 비판과 건의의 강도를 늦추지 않았다.

“아무리 무서운 세상이고, 설령 현대가 곤란에 빠진다고 하더라도 소신 있는 비판과 건의를 하는 사람은 반드시 있어야 한다. 이것은 또한 전체 기업인들을 대표하는 전경련 회장으로서의 책무이기도 하다.”

정주영은 재계의 반기업주의 풍조와도 맞서 싸웠다. 기업의 존재 이유는 이윤 창출이 일차적인 목적이다. 그런데 마치 종교인이나 자선가처럼 행동하는 등 기업 본연의 목적과 관계없는 일에는 확실한 선을 그었다.

이 부분에서 특히 대우그룹 김우중 회장과 의견이 갈렸다. 당시 정주영은 전경련의 명실상부한 리더였고, 김우중은 정치상인으로 전두환 정부 시절 급속도로 사업을 확장하고 있었다. 정권의 눈을 의식한 김 회장은 “기업의 재산은 전액 사회에 환원해야 한다”는 등 사업가로서 튀는 행동을 서슴지 않았다.

정주영은 김우중의 마음에도 없는 발언과 행동에 매우 불쾌해했다. 그를 전경련으로 불러 “그런 식으로 말해서 나중에 모든 책임을 혼자 지겠습니까? 당신은 말이 아니라 행동으로 보여 줘야 합니다”라며 호되게 나무랐다.

결국 대우그룹은 IMF 위기 때 완전히 무너지고, 김우중은 해외로 도

피해 버렸다. 그가 수천억 원대의 비자금을 챙겨 둔 사실은 나중에야 밝혀졌다.

정주영은 이윤을 모두 사회에 환원하라는 주장은 기업의 본질에 어긋난다고 생각했다. 그는 "부의 분배란 정부가 할 일이지 기업이 할 일이 아니다"라는 기업가로서의 소신을 주장했다.

기업가는 기업을 잘 꾸리고, 계속 발전시켜 고용을 증대하고, 기술을 향상해야 한다. 그렇게 해서 국가의 부를 이룩하도록 노력하는 것이 기업에 주어진 본연의 사명이라 했다.

"기업의 사명은 고용을 증대시키고 이익을 내서 세금을 납부해 국가의 살림을 채우는 것이다. 나아가 경쟁적 가격으로 질 좋은 제품을 국민에게 공급함으로써 기업의 과실을 국민 모두에게 골고루 돌아가게 하는 것이다."

이처럼 정주영이 기업과 정치권력에 대해 바른말을 할 수 있었던 것은 기업가로서 철저하게 원칙을 지켰기 때문이다. 좋게 말해 상적이었던 전경련 회원사뿐만 아니라 중소기업도 그를 비판하기보다는 오히려 지원했고, 정계와 사회에서도 그의 말을 귀담아들었다.

정주영이 전경련 회장을 다섯 번 연임했던, 1987년 2월까지 어려웠던 10년의 세월은 민간경제인들의 발언권을 더욱 강화해 한국 경제의 기틀을 다지는 초석이 되었다.

기업은 해외로 나가야 한다

현대건설은 1960년대 초에 우리나라 건설 업계 사상 최초로 해외에 진출했다. 필요에 의해서이기도 했지만, 무엇보다 정권과 결탁해서 성장했다는 오해를 받기 싫어서였다.

해외 건설이나 수출은 정권과 유착해서는 성공할 수 없다. 정권과 유착한 기업은 체질이 그렇게 되어 있어서 국제시장에서는 옴짝달싹하지 못한다. 해외시장에는 뒤에서 돌봐 주는 보호자가 없기 때문이다.

"기업이란 자력으로 성장해야 한다. 정권과 결탁해서 성장한 기업이 있다면, 그 기업은 필연적으로 자연도태 되고 말 것이다."

오늘날 이 말이 시사하는 바는 매우 크다.

이른바 세계적인 기업들은 치열한 경쟁에서 살아남을 수 있는 비법을 터득했다. 적자생존의 현실에서 '혹독한 고난과 시련'을 내부적으로 체질화해 기업의 발전 동력으로 삼은 것이다. 그렇지 않고 '특혜' '이권' 등을 통해 성장한 기업은 반드시 그 대가를 치러야 했다.

다음은 정주영의 현대건설이 우리나라 최초 해외 건설 사업이었던 태국 파타니 나라티왓 고속도로 공사에 어떻게 진출했고, 그 의의는 무엇이었는지 알려 주는 일화다.

쓴 약이 된 태국 고속도로 공사 사업

고령교 복구공사의 악몽에서 겨우 헤쳐 나올 무렵이었다.

1960년 4·19로 새 정부가 들어서면서 현대건설은 '건설 5인조(대동공업, 조흥토건, 극동건설, 현대건설, 삼부토건을 일컫는 말로 정부에서 발주하는 크고 작은 공사를 대형 건설 업체들이 나눠서 가져간다는 의미)'라는 둥 '정경 유착으로 성장했다'는 둥 국민의 지탄을 받았다. 그 당시 큰 공사는 대부분 정부에서 발주했고, 현대건설은 전후 복구공사와 미군 공사 등으로 시공 능력을 인정받고 있었다. 자연히 현대가 정부에서 발주한 큰 공사를 많이 진행하게 되었는데, 이것이 뜬소문으로 퍼져 신문과 항간에 오르내리곤 했다.

정주영은 고생하며 키운 현대건설이 권력과 결탁해서 성장했다고 간단히 매도되고 격하되는 것이 아주 싫었다. 그는 후대에 자력으로 성장했다는 평가를 받고 싶었다. 그리고 좁은 국내시장에서는 조만간 큰 난관에 부딪힐 것이라는 예감이 있었다.

'이대로는 안 되겠다. 새 길을 모색해야겠다.'

그 길이 바로 해외시장을 통해 활로를 개척한다는 것이었다. 해외로 나가면 건설공사는 얼마든지 있을 테고, 정경 유착으로 성장했다는 불명예에서도 벗어날 수 있을 터였다.

1963년 정초 시무식에서 정주영은 현대건설 직원들에게 해외시장 진출의 뜻을 최초로 밝혔다.

'해외 진출'이라는 말에 직원들이 하나둘 술렁이기 시작했다. 정초부터 이 무슨 홍두깨 같은 말인가.

정주영은 술렁거리는 이들을 가라앉힌 다음 이렇게 말했다.

"해외 진출은 경험도 쌓고 기술도 습득할 좋은 기회가 될 것이다. 게다가 외화 획득에도 보탬이 되니 이보다 더 좋은 방법이 있겠는가?"

그렇지만 "그것참 좋은 방법입니다"라고 맞장구치는 사람이 없었다. 누구도 해외에 나가 본 적이 없었기에, 미지의 세계에 대한 두려움은 어찌 보면 당연했다.

한 직원이 말했다.

"우리가 해외에 나가서 어떻게 선진국 기업들과 경쟁할 수 있겠습니까? 우선 경험부터 상대가 안 됩니다."

"우리가 언제 싸워 보기라도 했단 말이냐? 왜 이렇게 기운이 처져 있는 거야?"

정주영은 직원들을 질책했다. 다른 직원이 말했다.

"아무리 그래도 해외 진출은 무리입니다. 어떻게 무슨 수로 해외 진출을 이룰 수 있겠습니까? 우리는 그럴 만한 준비가 전혀 되어 있지 않습니다."

"처음부터 지레 겁먹을 필요는 없어. 호랑이 굴에 들어가도 정신만 바짝 차리면 살아남을 수 있다."

정주영은 해외 진출의 필요성에 대해 다음과 같이 강조했다.

"협소하고 전망도 어두운 국내시장에 이대로 눌러앉아 있으면 죽기를 기다리는 거나 다름없다. 우리나라가, 그리고 현대건설이 살길은 해외시장에 뛰어드는 길 외에 다른 방법이 없어. 더구나 해외에는 일감이 얼마든지 있다. 외딴길이라도 부지런히 가면 반드시 성공하는 법이다."

그는 해외 진출은 선택의 문제가 아니라 생존의 문제라고 했다. 이것을 해내지 못하면 앞으로 영영 발전할 수 없다고 말했다. 그것은 결코 불가능한 일이 아니며, 우리는 꼭 성공해야 하고 성공할 수 있다고 설득했다.

정주영 자신도 해외에 나가 본 적이 전무한 형편이었다. 그러나 시골에서 서울로 올라왔을 때처럼, 신세계에 대한 모험심은 여전히 확고했다.

리더의 설득에 직원들의 얼굴에는 점차 결의의 빛이 감돌았다. 축 처졌던 어깨가 바로 서고 두려움에 찼던 눈빛은 어느새 설렘으로 빛나기 시작했다. 그들은 허공으로 내민 서로의 손을 힘껏 맞잡았다.

1963년 새해 아침의 결의는 해외시장 개척을 다짐하는 것으로 시작되었다. 정주영은 전장에서 늘 앞장서는 확신에 찬 리더였다.

"나는 우리의 저력을 믿는다."

이제 해외시장 진출이라는 새로운 모험과 도전 과제가 눈앞에 놓였다. 해외시장에 대한 정보조차도 감감했던 시절에 외국에 나간다는 것은 총 한 자루 없이 전장 속으로 뛰어드는 것과 다를 바 없었다. 그러나 기업의 발전은 기술혁신에 있고, 그것을 위한 모험이야말로 조직에 활력을 불러일으키는 요소다.

그해 7월, 현대건설은 500만 달러(약 14억 1,700만 원) 규모의 베트남 사이공(현재 호찌민) 상수도 시설 공사 국제입찰에 참여하는 것으로 해외 진출의 시동을 걸었다. 첫 시도는 불발로 끝나고 말았다. 그러나 해외

시장 진출에 대한 정주영의 의지는 누구도 막을 수 없었다.

정주영은 현대건설 외국공사부를 중심으로 해외 건설 시장 동향에 관한 정보 수집에 박차를 가했다. 그런 한편 태국, 말레이시아, 베트남 등 동남아 국가에 중역들을 파견해 시장조사와 수주 활동을 펼쳤다. 1965년 5월에는 태국의 수도 방콕에 현대건설 해외 지점을 설치하고 정세영을 초대 지점장으로 앉혔다. 그리고 1965년 9월 현대건설은 16개 국가의 29개 업체와 겨뤄 마침내 태국 파타니 나라티왓 고속도로 공사를 수주하게 되었다.

현대건설은 이 공사로 국내 건설 업계 사상 첫 해외 진출이라는 기록을 남겼다. 당시 한국방송공사KBS에서 "1962년 건설업법 개정과 함께 역사적인 사건"으로 실황중계를 할 만큼 국민의 지대한 관심을 모았다. 아울러 우리나라 민간 건설 용역의 수출 가능성을 확인한 사건이었으며, 침체에 빠진 건설 업계가 비로소 활력을 찾게 된 계기가 되었다.

태국 파타니 나라티왓 고속도로는 2차선에 길이 98킬로 규모로, 공사 기간은 30개월이었다. 공사비는 522만 달러(약 14억 7,900만 원)로 당시 최고의 금액이었다. 정주영은 이 공사에 최고의 기술진과 노무자들을 파견하고, 현장으로 직접 달려가 직원들을 독려했다.

기후, 풍속, 언어, 법률 등 모든 것이 생소한 땅에서 겪어야 했던 시련은 말로 표현하지 못할 정도였다. 첫 해외 공사는 장비와 경험의 부족, 기술의 낙후성, 공사 관리 체제의 취약점, 게릴라성 호우 등으로 수많은 시행착오를 겪어야 했다. 고령교 이후 두 번째로 공사를 중단해야 한다는 의견이 나왔지만, 정주영은 단호했다.

"현대건설은 대한민국 대표 건설회사다. 만약 공사를 중단해서 바이어들에게 신용을 잃으면 우리 건설 업체들의 해외 진출 길을 막는 셈이니, 그것은 매국적인 행위와 다를 바 없다."

신용을 첫째로 생각했던 정주영은 어떤 어려움이 있어도 기간 내에 공사를 끝마쳐야 한다고 했다.

"실패를 두려워하지 마라. 이 일도 해 보고 저 일도 해 보고, 그래야 발전이 있는 것이다."

정주영은 중단 없이 공사를 진행했다.

현대는 태국 고속도로 공사에서 2억 9,000만 원이라는 막대한 손실을 입었다. 그러나 정주영은 그것을 손실이라 생각하지 않았다. 오히려 성공을 위한 비싼 수업료로 생각했다. 그는 해외 건설에서 장비가 얼마나 중요한가를 배웠고, 현지에 맞는 시방示方(공사 설계 지시에서 도면에 나타낼 수 없는 점을 문장, 수치 등으로 표현한 것으로 품질, 성분, 성능, 정밀도, 시공 방법 등을 나타냄) 기술을 어떻게 적용해야 하는가를 깨달았고, 무엇보다 인적자원이 얼마나 중요한 자산인가를 절실하게 느꼈다고 했다.

정주영은 이때의 실패 경험에 대해 회고록에서 다음과 같이 서술한 바 있었다.

어느 때는 돈으로 잃은 손실보다 더 큰 이익을 남기게 되는 것이 있다. 1차 고속도로 공사에서 우리는 많은 돈을 잃었지만, 신용을 다해 건설공사를 했다는 것과 함께 새로운 경험과 노하우 축적이라는 값진 경험을 쌓게 되었다. 따라서 첫 해외 공사에서의 실패는 현대 건설 근대화의 큰 소득이었다.

현대건설은 그 후 2차 나라티왓 고속도로 공사, 1966년의 베트남 캄란 만준설 공사에서 적지 않은 이익을 냈다. 이러한 경험은 훗날 경부고속도로 신화 창조의 원동력이 되었다.

국내시장은 작지만 세계시장은 넓다

지금은 세계화의 시대다. 상품·서비스·노동·자본 등 세계화의 손이 미치지 않은 곳이 없다. 노벨상을 수상한 미국의 경제학자 제임스 뷰캐넌의 말대로, 세계화는 대륙의 기후나 해양처럼 거부할 수 없는 시대적 대세가 되었다.

우리나라가 국정 운영의 기본 방향을 '국제화·세계화'에 둔 것은 1993년부터다. 그러나 이미 오래전부터 몇몇 선각자에 의해 주창되고 실현되어 왔다. 바로 그 세계화의 주인공으로 주저 없이 아산 정주영을 꼽을 수 있다.

정주영의 현대건설은 일찍부터 중동, 미국 등으로 진출하여 '현다이 선풍'을 일으켰다. 특히 현대의 주력 분야인 자동차·조선·플랜트·전자 등이 당시 국가 기간산업이었다는 점에서 우리나라의 세계화에 얼마나 큰 기여를 했는지 알 수 있다.

또한 앞서 살펴봤듯이 정주영은 우리나라 건설 업계 사상 최초로 해외에 진출하여 '건설 입국'의 큰 뜻을 피웠다. 1965년 태국 도로 공사를 시작으로 괌에 진출했고, 전쟁의 포화를 무릅쓰고 베트남에 진출했으며, 식인종이 있다는 파푸아뉴기니, 인종차별이 심한 호주, 영하 40도의 알래스카 등지에서 온갖 고초를 겪으면서 경쟁력을 키웠다.

당시에 조흥토건과 대동공업이라는 건설 업체가 있었다. 국내에서는 단연 선두를 달리는 건설 업체들이었다. 그러나 박 대통령 이후 우리나라 경제정책이 '수출 주도형'으로 바뀌면서 일대 변혁이 일어났다. 그들에게도 현대건설처럼 해외로 나가 수출도 하고 달러를 벌어 와야 하는 임무가 떨어졌다. 하는 수 없이 그들은 현대건설을 뒤따라 태국, 말레이시아, 중동 등지로 나갔다. 그러나 사람 관리, 물자 수송, 공사 기간 맞추기 등 모든 면에서 참담한 실패를 경험했다. 국가의 보호 체제 속에서 안주하다가 갑자기 해외에 뛰어들었으니, 당연한 결과였다.

이와 달리 현대건설은 일찍부터 해외시장에 뛰어들어 온갖 시련과 고초를 겪으며 성장했다. 정주영은 그런 경험을 원동력 삼아 현대를 세계적인 기업으로 성장시켰다.

"세계적인 기업이란 겪은 시련을 통해 극기심과 인내심을 체질화해서, 그것을 기반으로 성장하는 기업이다. 기업이란 자유경쟁 체제에서 경쟁함으로써 생명력을 더할 수 있다."

정주영은 경쟁자를 만나면 이길 수도 있고 질 수도 있다고 했다. 이기면 이기는 대로, 지면 지는 대로 또 다른 방법을 연구해야 발전할 수 있다.

시장을 확대하는 것도 마찬가지다.

"우리나라 기업 중에는 다른 경쟁 업체들의 시장 진입을 필사적으로 막는 기업도 있었다. 어떤 품목은 자기만 해야지 다른 업체가 뛰어들면 시장이 좁기 때문에 함께 쓰러지고 만다고 생각했다."

현대가 자동차 사업에 진출할 때도 그랬다. 지금은 없어진 기업이지만, 당시 신진자동차는 "현대 때문에 국내 자동차 업체 다 망하게 생겼다"라며 권력을 끼고 현대의 자동차 사업 진출을 저지하려 했다.

당시에는 그들의 말도 틀리지 않았다. 그때 국내 자동차 시장은 기껏해야 몇만 대 수준이었다. 오히려 독점이 효과적일 수 있었다. 그러나 정주영은 "한국 시장은 좁지만 세계시장은 넓다"는 신념이 있었다.

"국내에 많은 동종의 경쟁자들이 나오는 것은 다소 문제가 있을지 모르지만, 국제시장이라는 넓은 시야를 통해 바라보면 그런 문제쯤은 아무것도 아니다."

그는 이러한 신념을 바탕으로 자동차산업에 뛰어들었고, 우리나라 최초의 독자적인 자동차를 개발했다. 그리고 이 자동차를 미국에 수출하는 신기원을 열었다. 자동차 후진국이었던 우리나라가 자동차의 본고장인 미국 시장에 진출하리라고 감히 누가 상상이나 할 수 있었겠는가. 현대자동차의 미국 시장 진출은 정주영의 세계화 정신의 백미를 보여 주었다.

그는 세계 진출의 의미를 회고록에서 다음과 같이 강조했다.

우리 경제가 선진국 수준에 도달하려면 세계시장에 뛰어들어 부를 가진 나라와의 거래로 부를 끌어들여야지, 좁은 나라에서 가난한 사람들끼리의 거래로는 가난의 악순환에서 벗어날 수 없다.

정주영의 세계화 정신이란 진취적 기상과 개척 의지를 의미한다. 그것은 선진국과 당당히 겨뤄 이길 수 있는 자신감이자, 우리가 나아가야 할 크나큰 포부이기도 하다. 그는 무모하리만큼 강한 도전 정신으로 세계시장 개척을 표방했다.

선진국에서 하다 남은 일을 찾으려 한다든가, 우리가 너무 뒤처져 있다고 하여 출발조차 하지 않는다는 등의 패배주의에 젖어서는 영원히 선진국을 따라잡을 수 없고 가난에서 헤어날 수도 없다. 선진국들이야 자기들이 다 하고 모자라는 부분만 우리가 해 주기를 바라겠지만 그렇게 해서는 절대로 발전할 수 없다.

1990년대에 들어서면서 세계 경제는 냉전 종식에 따른 구공산권 경제의 개혁·개방화 물결로 새로운 국면에 접어들었다. 이러한 추세에 발맞추어 정주영은 구소련 등 북방 국가들과 적극적인 경제외교를 펼칠 것을 주장했다.

1990년 6월 국빈 자격으로 소련을 방문해 시베리아 개발의 중요성을 역설하기도 했다. 정주영이 소련의 고르바초프 대통령을 만나고 돌아온 한 달 후인 1990년 9월 30일, 노태우 대통령이 소련을 방문해 역사적인 한·소 수교가 이루어졌다.

세계화에 대한 정주영의 구상은 경제적으로, 또한 외교적으로 우리나라의 세계화를 10년은 앞당겼다. 기업가로서 국제 문제에 정확한 식견과 감각을 가졌다는 데 전문가들마저 감탄했다고 한다. 그는 정규교육을 받지 않았고 외국어를 잘한다거나 외교력을 배우지도 않았지만, 탁월한 세계화 정신을 지녔던 것이다.

정주영의 천부적인 세계화 감각은 민간외교 활동에서도 커다란 획을 그었다. 1981년 9월 바덴바덴에서의 활약상이 대표적인 사례다. 이때 그는 올림픽유치위원장이라는 막중한 임무를 맡고 독일 바덴바덴으로 직접 날아가 '88 올림픽 유치'라는 민족적 금자탑을 이룩했다.

나눔 경영을 실천하라

기업의 목적이 이윤 추구에 있는 만큼, 기업이 본래의 목적과 직접적인 관계가 없는 공익을 위해서도 배려해야 한다는 주장에는 이견이 있을 수 있다. 한때 기업의 복지 재단 운영, 기부 등의 사회 공헌 활동은 돈 많은 기업의 사치로 인식되기도 했다.

요즘은 상당수 기업이 사회복지 재단이나 문화 재단 등을 운영하지만, 과거에는 유명무실하게 간판만 달고 있거나 영리를 목적으로 운영되는 일이 많았다. 하지만 1977년 정주영이 세운 '아산사회복지재단'은 진정한 나눔 경영의 본보기다.

1975년 10월, 정부에서는 기업의 사회적 책임을 강조하는 사회 분위기를 반영해서 105개의 기업공개 대상을 선정했다. 그때 우리나라 최고의 기업이었던 현대건설이 기업공개를 하지 않은 것에 무수한 비난이 일었다. 그러나 정주영의 생각은 달랐다.

"기업공개를 하면 일부 돈 있는 사람들이 투기로 이익을 볼 것이 뻔하다. 현대건설의 이익은 가난한 사람들과 나누는 것이 대의에 맞다."

1977년 7월, 정주영은 현대건설 창립 30주년을 기념해 현대건설 주식의 50퍼센트인 500억 원을 출연해서 아산재단을 설립했다. 지금의 가치로 따지면 수조 원에 달하는 천문학적인 금액이었다.

아산재단은 이 기금을 단순히 나누지 않고 취약 계층을 위해 쓰일 수 있게 배려했다. 분배를 보편적 의미가 아닌 생산적·선택적 의미로 봤던 것이다.

정주영은 아산재단의 창립 취지를 다음과 같이 말한 바 있다.

"사람이 먼저 건강해야 가정과 사회, 국가가 건강해진다. 무수히 많은 건강하고 유능한 사람들이 모여 창조한 현대의 재산을 사회에 돌려주는 것은 현대를 있게 한 사회에 대한 보답이요, 현대의 책임이다."

아산재단이 착수한 첫 사업은 농어촌 지역의 병원 건립 및 의료 시혜였다. "우리 사회의 가장 불우한 이웃을 돕는다"는 재단의 설립 취지에 따라 제일 먼저 의료 분야에서 복지사업을 시작했다. 당시에는 극히 일부의 국민만 의료보험의 혜택을 받고 있던 터라, 근대화의 소외 계층이었던 농어촌 주민을 위한 의료 혜택은 요원한 일이었다. 이에 아산재단은 벽지에 대규모 종합병원을 건립해서 양질의 의료 혜택을 제공하기로 했다.

벽지의 의료 사업은 국가 정책 사업으로 이루어져야 하는 사안이라 민간 기업의 공익 재단으로는 감당하기 어려운 일이었다. 아무리 큰 기업이라 하더라도 이러한 복지사업에 손을 댔다가는 대규모 적자를 피할 수 없기 때문이다.

벽지 병원 설립에 대해 대부분 부정적인 반응을 보였다. 국민들 역시

"아산재단 설립은 그저 정부의 기업공개 방침을 피하기 위한 하나의 편법에 지나지 않는다"고 현대건설을 따가운 시선으로 바라보았다.

그러나 정주영은 정성스러운 마음으로 묵묵히 자신의 뜻을 펼쳐 나갔다. 아산재단은 계획대로 현대적 의료 시설이 전무했던 정읍, 보성, 보령, 영덕, 홍천, 강릉 등 농어촌 지역 8곳에 대규모 종합병원을 건립했다.

벽지에 세워진 병원들은 개원과 동시에 유례없는 대성황을 이루었다. 벽지 주민에게는 비교적 저렴한 비용에 양질의 의료 혜택이 제공되었고, 극빈자에게는 무료 진료를 실시했다.

정주영의 벽지 병원 사업은 당초 예견했던 대로 막대한 적자를 면할 수 없었다. 하지만 그는 "지금은 현대건설 주식 50퍼센트가 아산재단의 기둥이지만, 차차 내가 영향력을 행사할 수 있는 회사의 주식은 많든 적든 전부 아산재단에 기증할 생각"이라고 말하며, 병원의 적자에 도움을 주는 일에 전혀 인색함이 없었다.

그리고 그는 재단 산하 지방 병원들을 비롯해 우리나라 의학 발전의 중추적 역할을 할 세계적 수준의 병원이 필요하다는 판단에 따라 서울중앙병원(현재 서울아산병원)을 건립했다.

아산재단은 일선의 사회봉사 실천가를 대상으로 시상을 하고, 시상식에는 수상자를 비롯한 동료들을 초청해 축하연을 열기도 했다.

이와 관련하여 아산재단 이사장이었던 정주영 회장과 이사회 의료 자문위원이었던 L 교수와의 재미있는 일화가 있다.

정주영은 축하연에서 애창곡이라고 할 수 있는 〈가는 세월〉〈친구야 친구야〉 등을 비롯해 최신 유행가까지 가사 한번 틀리는 법 없이 끝까지 불렀다. 그 모습에 감탄한 L 교수가 물었다.

"회장님, 그런 노래는 언제 배우셨습니까?"

"젊은이들 사이에 유행하는 노래잖아. 따라 부르다 보면 저절로 알게 되는 거야."

"저는 젊은 사람 노래는 도저히 못 따라 부르겠던데요."

"생각이 짧아서 그래. 젊은이들과 함께 어울려서 얘기도 해 보고 노래도 따라 불러 봐. 그럼, 젊은이들과 같은 생각을 하게 되는 거야."

회장의 충고에 L 교수는 적잖은 충격을 받았다. 한마디로 젊은이들과 함께 어울리면서 머리를 젊게 한다는 것이었다. 노는 자리에서조차 배우고 새로운 아이디어를 충전하는 것 같았다고 했다.

몇 곡 계속해서 노래한 다음 정주영은 자문단에게 마이크를 돌렸다.

"교수님들 노래도 들어 봅시다."

모두 도망갈 지경이었다. 누구도 그의 뒤를 이어 노래할 엄두를 내지 못했다. 이럴 때면 운 없게도 L 교수가 마이크를 떠안아야 했다.

L 교수는 원래 노래를 잘 못했다고 한다. 초등학교 학예회에서 노래를 부르고 내려오는 등 뒤로 "보기보다 노래를 못하는군"이라던 교장 선생님의 목소리가 들렸다. 그 후로 더더욱 입을 봉하게 됐고, 다시는 노래를 부르지 않겠다고 다짐했다.

L 교수는 곤혹스러워하며 정주영에게 말했다.

"앞으로 절 이 자리에 부르지 마십시오."

"왜?"

"자꾸 노래를 부르라니 도저히 못 하겠습니다."

"너무 잘 부르려니까 그러는 거야. 나도 음치야. 그냥 편하게 불러 봐."

L 교수는 강제로 떠밀려 마이크를 잡았고, 누군가의 도움을 받아 겨우

겨우 노래를 끝내고야 자리에 돌아올 수 있었다.

"잘 불렀어. 아주 잘 불렀어. 많이 늘었어."

정주영은 박수를 치며 격려했다. 교장 선생님이 얼어붙게 했던 노래를 그가 녹여 준 셈이다. 이런 분위기가 너무 좋았던 L 교수는 자문 역할뿐만 아니라 축하연에도 적극적으로 참석했다고 한다.

정주영은 재단 사업에 관한 논의에도 직접 참여했다. 재단의 인사 문제, 숙련된 전문의 확보 문제 등에 대해 이사들의 의견을 존중하면서 모든 일을 투명하게 진행하고자 했다.

그는 또한 재단의 세부적인 문제를 우리 사회 전반에 걸친 문제와 연계해 폭넓게 논의하는 것을 좋아했다. 그때마다 남들이 미처 생각하지 못한 점을 지적해서 이사들의 감탄을 자아냈다.

L 교수는 "회장님이 이사회에서 결정된 사항을 실행에 옮기는 과정에서 보여 준 과감한 추진력은 그가 왜 큰 사람인지 저절로 느끼게 했습니다"라고 회고하기도 했다.

아산재단이 그동안 추진해 온 사회복지사업은 기업의 역할에 대한 사회적 공감을 얻는 데 큰 힘이 되었다고 L 교수는 회고했다.

"농어촌 벽지 의료 사업은 아산재단이 선택한 복지사업으로서는 가장 적절한 것이었습니다. 왜냐하면 이것은 당시 국가도 손대지 못했던 사안이었기 때문이죠."

미국이 카네기, 포드, 록펠러 재단 등을 통해 '나눔'이라는 자본주의의 따뜻한 가치를 이끌어 가는 것처럼, 우리나라도 아산재단을 통해 건강한 한국 자본주의를 발전시키는 것이 정주영의 소망이었다.

교육은 미래를 위한 투자 사업

기업은 인재의 힘으로 성장한다. 인재를 확보하고, 인재의 능력을 향상하려면 지속적인 교육이 필요하다. 교육을 미래를 위한 투자 사업으로 보는 이유다.

1960년대에는 이러한 인식이 부족해 교육에 관심을 두는 기업이 거의 없었다. 하지만 정주영은 기업가로는 드물게 교육의 중요성을 깊이 인식하고 있었다. 그는 삶을 통해 터득한 지혜와 경험을 바탕으로 우리나라가 지향해야 할 교육의 비전을 제시하기도 했다.

우리나라는 천혜의 자연 자원이 없는 대신, 천혜의 인재가 있기 때문에 인재 활용을 얼마나 잘하는지에 따라 현재와 미래가 결정된다고 정주영은 생각했다. 그래서 교육 발전을 위해 헌신적으로 투자하고자 했다.

그가 우리나라 교육 사업을 이끌었던 방향은 다음 세 가지로 요약된다.

- 지역사회교육 운동을 통한 열린 교육 실시
- 울산 지역에 인재 양성을 위한 직업훈련소 및 학교 설립
- 아산재단을 통한 다양한 장학 사업 시행

정주영은 제일 먼저 민간 주도의 지역사회교육 운동을 통해 열린 교육의 장을 만들려고 했다. 지역사회교육 운동이란 학교를 지역 주민에게 개방해서 교육적 활용도를 높이고 지역사회 발전을 도모하는 운동이었다.

이 운동의 시초는 미국 대사관에서 〈터치 차일드To Touch A Child〉라는 영화를 국내에 소개하면서부터다. 미국의 미시간주 프린트시에서 실제 있었던 사례를 담은 28분짜리 다큐 영화다. 주요 내용은 '방과 후 갈 곳 없는 아이들을 위해 학교 시설을 개방하고, 학교를 지역 주민을 위한 교육의 장으로 삼는다'는 것이었다.

이 영화를 관람한 후, 간담회에서 정주영은 다음과 같이 말했다.

"나는 단양에서 시멘트 공장을 경영하고 있는데, 직원들을 위해 공장 안에 각종 문화·복지시설을 갖추고 있습니다. 하지만 근무시간 후에는 모두 문을 닫아 놓고 있죠. 단양 지역 주민 대부분이 현대 직원 가족인데도 개방할 생각을 못 했습니다. 이 영화를 보고 내일 당장 모든 시설을 지역사회에 개방하라고 지시하겠습니다."

이 운동의 취지에 따라 1969년 1월 24일 지역사회교육협의회(지교협)가 공식 출범했다. '굳게 닫힌 교육의 문을 활짝 연다'는 이념에서였다. 그리고 두 달 후인 1969년 3월 '지역 주민을 위한 학교'를 지향하는 서울

재동초등학교가 문을 열었다. 이어 혜화, 길현에서도 주민을 위한 취미 교실, 어린이 방과 후 활동 등을 시작했다.

지교협에는 학계·교육계 외에도 정치인, 기업가, 언론인 등 각계각층의 관심과 참여가 이어졌다.

지교협 출범 당시의 일화다.

지교협의 제안자였던 강우철 이화여대 교수는 "회장님이 오셔서 바자 열기 테이프를 끊어 주면 참 좋겠다"라는 뜻을 정주영에게 전했다. 그때 는 경부고속도로라는 대역사가 진행 중이었던 터라 그는 대전에 내려가 야 한다며 난색을 보였다. 대신 바자의 성공을 빌어 주겠노라는 말에 강 교수는 그런대로 만족하고 있었다.

그런데 다음 날 아침 9시 50분쯤 테이프를 막 끊으려는 찰나, 정주영 이 영부인 육영수 여사와 함께 왔다는 것이 아닌가. 강 교수는 너무 놀라 면서도 반가워 대문까지 나가 그를 맞았다.

"아니, 어떻게 오실 수 있었어요?"

"응, 새벽 4시에 대전에 들렀다가 곧장 이리로 왔지. 지교협 출범식에 내가 빠질 순 없잖아요."

정주영은 호쾌하게 웃으며 대답했다.

"너무 바쁘신 분이라 못 오실 줄 알았어요."

"오는 내내 늦을까 봐 얼마나 가슴 졸였다고요. 마침 테이프를 끊기 전 이니, 시간에 딱 맞춰 온 것 같네."

그는 늦지 않은 것에 소년처럼 기뻐했다고 한다.

정주영과 육영수 여사의 참여 속에 지교협 바자회는 성대하게 마무리 되었다.

정주영은 지교협이 전국적 지회를 두고 명실상부한 지역사회교육으로 나아갈 수 있게 노력을 기울였다. 사재를 털어 열악한 학교 시설을 개선하고, 전국의 교실을 찾아가 학생과 교사를 대상으로 강연하기도 했다.

그는 1969년 지교협의 초대 회장을 맡은 이후 1994년까지 무려 25년간 역임하면서 지역사회교육 운동의 선구자 역할을 했다.

또한 정주영은 지역 거점 기업의 인재를 육성할 수 있는 직업훈련소 및 대학 설립에도 앞장섰다.

1960~1970년대 울산 지역은 자동차, 조선소, 중공업 등 한국적 자본의 싹이 트던 시기였다. 이러한 분야는 자본 및 기술 집약적 산업인 동시에 노동 집약적 면모까지 모두 갖춘, 대표적인 고부가가치 산업이다.

정주영은 "기업이 발전하려면 가장 귀한 것이 사람이고, 자원이나 기술은 그다음"이라며 인재의 중요성을 강조했다. 당시 울산 지역은 인구가 적고 대학도 없었기에 인재 확보가 쉽지 않았다. 그는 기업 내부에 직업훈련원, 기술교육원 등을 두어 인적자원 개발에 힘썼다.

주목할 것은 정주영이 울산대학교와 울산과학대학교 등을 설립하여 미래 인재 육성에도 적극적으로 투자했다는 점이다. 1970년 공과대학으로 시작한 울산대학교는 현장에 바로 투입할 수 있는 고급 기술 인력의 양성이 목표였다. 박정희 대통령도 큰 관심을 보여 두 차례나 방문하는 등 많은 지원을 했다고 한다. 울산대학교는 영국의 샌드위치 시스템 Sandwich System을 최초로 도입했는데, 현장실습과 이론교육을 병행하는 산학 협력의 교육 모델이었다. 울산과학대는 고급 기술 인력과 현장 기능 인력 사이에서 교량 역할을 할 중견 기술 인력의 필요성에 따라 1973년에 설립되었다. 이후 1976년에는 울산 동구 지역에 현대청운중학교와 현대청운고등학교, 1977년에는 현대중학교, 1978년에는 현대공업고등학교를 개교했다. 또한 1984년에는 울산 및 서울 강남 지역에 현대고등학교가 잇따라 세워졌다.

정주영의 교육에 대한 열정은 직접 썼다는 창학 정신에서 엿볼 수 있다.

"젊은 시절, 어느 학교 공사장에서 돌을 지고 나르며 바라본 학생들은 학교교육을 제대로 받지 못한 나에게 한없이 부러움과 동경의 대상이었다. 그때 이루지 못했던 배움에 대한 갈망이 여기에 배움의 주춧돌을 놓게 하니, 비로소 젊은 날 나의 꿈 하나가 결실을 맺게 되었다. 향학에 불타는 젊은이들이 이 배움의 터전에서 담담한 마음을 가지고 개척의 정신과 창조의 능력을 갈고닦아 세계의 빛이 되기를 믿는다."

마지막으로 정주영은 아산재단을 통해 다양한 장학 사업에도 힘썼다.

아산재단은 의료 분야에서 복지사업을 진행한 것처럼, 또 다른 복지사업의 일환으로 교육 분야에서 장학 사업을 추진했다.

아산재단 창립 이후부터 매년 학업성적이 우수한 학생 및 영세 근로자 자녀, 사회복지단체 학생 등에게 장학금을 지원했다. 우수 인재 양성과 교육 기회의 불평등 해소를 위해 경제적으로 어려운 학생들이 학업을 계속할 수 있게 지원한 것이다.

당시 아산재단의 장학금 수혜자 중 한 명이 다음과 같이 소감을 밝혔다.

"아산재단이 창립한 1977년 그해, 아산 장학생 선발은 대한민국에 엄청난 반향을 일으켰습니다. 하긴 장학금이라는 개념부터 뭔지 모르던 시절이었으니, 아산재단의 장학 증서 수여식이 유명 언론사들의 머리기사를 상식할 정도였죠."

아산재단은 장학금 규모를 밝히지 않았지만, 당시 최고였던 5·16 장학금(현재 정수 장학금)을 넘어설 정도였다고 한다. 인재들이 학업에만 전념할 수 있도록 배려한 것이다.

교육에 대한 투자는 미래 인재 양성에 힘이 되고, 그 인재는 기업 발전의 주역으로 활동하는 게 순리다. 이런 관점에서 정주영의 교육에 대한 투자는 매우 높이 평가해야 한다.

그와 함께 지교협에 참여했던 당시 서울 YWCA 박순양 총무는 다음과 같이 회고했다.

"25년간 지교협 수장으로서 재벌 기업가의 모습과는 전혀 다른, 탁월한 교육자의 모습을 수도 없이 목도했다."

●

나는 노동자들을 좋아한다

우리나라 노사 관계에서 가장 크게 지적되는 문제가 '갑질'이다. 산업 현장에서, 혹은 하나의 공장 내에서도 누군가는 갑의 입장에서 지배해야 하고 누군가는 을의 입장에서 지배당해야 한다는 주장이 자연스럽게 받아들여진다. 이 주장에 따르면 갑과 을은 서로 대등한 인격적 주체가 아니라 주인과 노예 같은 종속적 관계다. 노동은 하나의 생산수단에 불과하고, 노동자에게는 인격이 허락되지 않는다. 따라서 노동은 언제나 낭비할 수 있고 대체할 수 있는 소모품에 불과하다.

"을은 갑의 지시에 무조건 따라야 한다"라든가, "갑의 이익을 위해 을에게는 최소한의 인격만이 허락된다", 혹은 "갑이 싫으면 을이 떠나라" 등은 갑질의 대표적인 문구다.

기본적으로 노사 관계는 상호 의존적이며 협력적이어야 하지만, 실제 산업 현장에서는 잘 이루어지지 않는다. 노동자는 을의 입장에서 저임금, 비인격적인 대우, 위험한 작업환경, 부당 해고 등에 노출되어 있다. 그래서 파업이나 태업, 사업장 폐쇄 등 단체 행동으로 권리를 주장하기도 한다.

만약 노사 관계를 위와 같은 갑을 관계 또는 종속 관계로 보는 기업가나 경영자가 있다면 '재벌'이나 '악덕 기업주'라는 비난을 피하기 어려울 것이다.

정주영 회장은 자신을 자본가가 아닌 노동자라 부르곤 했다. 평소에도 소탈하고 꾸밈없는 모습을 보이는 일이 잦다. 그의 모습을 보면 과연 노사 관계를 대립과 갈등으로 이해하는 재벌 회장 혹은 노동력을 착취하고 노예처럼 부리는 악덕 기업주라고 생각할 수 있을까?

정주영은 노사 관계에 대해 소신에 입각한 뚜렷한 원칙이 있었다. 그는 "나는 그들(노동자)을 좋아한다"고 말할 만큼 스스로 노동자라 불리는 것에 거부감이 없었다.

그는 회고록에서 다음과 같이 밝히기도 했다.

> 나는 기회와 시간이 허락하는 한 기능공들과 어울려 허물없이 팔씨름도 하고 술잔도 나누곤 했다. 도시락을 못 싸 오는 기능공들이 안쓰러워 점심 제공을 맨 처음 시작한 곳도 우리 '현대'. 나는 시골서 살면서 배고픈 경험도 해 보았고 도시에서 막노동도 해 보았던 터라, 노동자들의 어려움을 누구보다 잘 이해하고 있다. 나는 그들의 단순함과 우직함을 좋아하고, 또 그 순수함을 신뢰한다.

이처럼 정주영은 노사 관계를 대립과 갈등, 종속 관계가 아닌 협력과 평등의 관계로 보았다. 여러 사람이 알다시피 그는 노사 관계에 대해 깊은 경륜과 지식을 갖춘 경영자였다.

새벽의 남대문시장에서 리어카를 끌고 가는 낯모르는 이들에게 한없는 연대감과 애정을 느낀다는 정주영의 말에서 느낄 수 있듯이, 그는 언제나 열린 마음으로 노동자를 이해하려고 했다. 한국 경제가 이만큼 발전한 데는 열심히 일한 노동자의 공이 컸음을 항상 강조했다. 노사 관계에서는 '노사 간 화합의 정신'이 가장 중요하다고 역설했다.

이 '노사 화합의 정신'은 '신용 제일주의'와 함께 정주영 경영 철학의 쌍벽을 이룬다고 할 만하다. 노사 간 원만한 합의는 기업의 이익과 직결될 뿐만 아니라 산업사회에 미치는 영향 또한 지대하기 때문이다.

1977년 3월 13일. 사우디 주베일 공사 현장에서 노사분규라 규정할 수 있는 사태가 일어났다. 대규모 공사답게 하루 3,000명이 넘는 노동자가 일하는 터라 작업환경이나 노무관리에 신경을 쓸 여력이 없었다. 그러던 차에 화물 운전사들이 집단으로 들고일어난 것이었다.

"모두들 집합!"

"감히 우리를 무시해?"

"저것들 모두 부숴 버려!"

성난 덤프트럭 운전사 40~50여 명이 현장 사무실에 돌멩이를 던져 유리를 깨고 기물을 닥치는 대로 부수었다. 현대 직원들은 겁에 질려 피신해 버리고, 사무실 소장은 노동자들의 돌과 각목 세례를 당하는 일이 벌어졌다. 여기에 해상 공사 노동자들까지 가세해 세력이 더욱 커졌다. 사태는 점점 악화되고, 현대 직원늘과 노농자들이 서로 대치하는 상황에 이르렀다. 급기야 사우디 정부에서 군부대를 출동시켜 폭력 시위자에게 발포하겠다고 통보해 왔다.

사건은 정주영 회장에게 급히 보고되었다.

"대체 어떻게 된 일이야?"

비서관이 대답했다.

"화물 운전사들이 폭동을 일으켰습니다. 계획된 파업은 아니지만, 참가자가 점점 늘고 있습니다."

"파업? 뭣 때문에 그래?"

"임금에 대한 불만 같습니다. 근처 동아건설 운전사들이 2배 이상의 임금을 받는다는 소문이 돌고 있습니다. 그래서인가 봅니다."

"그럴 리가 없을 텐데……."

정주영 회장은 고개를 설레설레 저었다. 그는 노동자들의 임금을 최고로 보장하고 있다고 굳게 믿었다. 그래야 생산성이 향상되기 때문이다. 평소에도 "노동자들은 자신이 생각하는 임금 수준이 되기 전에는 절대 100퍼센트 자기 능력을 발휘하지 않는다"라고 했다.

그는 직접 현장으로 달려가 사태 파악에 나섰다.

노사 양측의 입장을 들어 본 결과 사안은 이랬다. 현대 덤프트럭 운전사들이 정해진 시간대로 일하고 급여를 받는 반면, 동아건설에서는 개인이 일하는 만큼 임금을 받고 있었다. 이에 일부 동아건설 운전사들이 하루 16시간씩 일하면서 높은 임금을 받아 갔다. 이것이 "동아건설 운전사들이 우리보다 배 이상 높은 임금을 받아 간다"라는 소문으로 잘못 전해졌다. 현대 화물 운전사들의 불만이 커졌고 사기가 떨어졌다. 그래서 사보타지Sabotage(적극적으로 업무를 방해하거나 원자재 또는 생산 시설을 파괴하는 노동쟁의의 하나)에 들어갔던 것이다.

그러나 사태의 직접적인 원인은 다른 데 있었다. 당시 현장 관리자가 트럭을 느리게 운행하던 운전자와 실랑이 중에 화가 나 헬멧으로 그의 머리를 때렸다. 이에 운전사들은 인격까지 무시당했다는 생각에 분노가 폭발했다. 이 감정이 도화선이 되어 폭력 사태로까지 번졌던 것이다.

사건의 내막을 알게 된 정주영 회장은 직접 노동자 측과 협상에 나섰다. 그리고 2시간도 안 돼 협상장을 나왔다.

그는 노사 양측에 "인간은 감정의 동물입니다"라는 말을 시작으로 사건에 관해 설명했다.

"우리 현대 직원이야 시간에 쫓겨 답답한 마음에 그랬겠지만, 머리를 맞은 당사자는 자존심에 상처를 입었겠지요. 고향을 떠나 힘들게 일하는 상황에서 현대 직원들은 현장 노동자들을 존중하며 애로 사항에 적극 귀를 기울여야 합니다. 노동자들이 지시를 따르지 않는다고 막무가내로 대하면 그들은 반발할 수밖에 없습니다. 이번 폭력 사태 역시 현대 직원과 노동자 간의 감정싸움이 원인이었던 겁니다."

아울러 노동자들에게도 당부의 말을 잊지 않았다.

"노동자분들도 낯설고 힘든 이곳에서 개인의 이해득실보다는 국가의 이익을 먼저 생각해 주십시오. 아울러 여러분의 불만 사항은 노사협의회를 통해 적극 처리해 나가겠습니다."

정주영의 중재 아래 주베일 사태는 큰 불상사 없이 끝났다. 현대 직원은 노동자들에게 사과했고, 노동자들도 농성을 풀고 현장으로 복귀했다. 비 온 뒤에 땅이 굳듯, 이후 노사 간 소통을 가로막던 불신이 사라지고 화물 운전사들은 업무에 매진했다. 그 결과 업무 효율은 더욱 높아졌다고 한다.

이 사건은 그동안 사각지대에 있던 노사 관계를 되돌아보게 하는 계기
가 되었다.

사건 이후 정주영은 주재 현대 직원들에게 자신이 직접 기초한, 다음
과 같은 일곱 가지 인력 관리 지침을 시달했다.

- 모든 관리자와 노동자는 평등하다. 노동자를 인격적으로 대하고 고운
  말을 써라.
- 노동자이기 전에 나와 같은 기분, 감정을 가진 평등한 인간이라는 점을
  명심하라.
- 인간은 누구나 자기 발전과 자기실현 욕구가 있다. 명령만 하기보다 동
  기부여를 해서 노동자들이 일을 스스로 하도록 유도해야 한다.
- 항상 성실한 대화를 하고 노동자들의 생활에 관심을 기울여라.
- 관리자 자신이 노동자라고 생각하며 작업을 지시하고, 노동자가 가치
  있는 일을 하고 있다는 점을 깨닫도록 유도하라.
- 관리자의 인격적 결함이 작업장의 분위기를 좌우한다는 것을 명심하
  고, 자기의 마음을 닦는 관리자가 되도록 하라.
- 관리자는 권위 의식을 버리고 평등한 시각으로 대화와 설득을 통해 일
  을 처리하며, 언제나 책임감을 가지고 모범적인 행동을 해야 한다.

이러한 정주영의 인력 관리 지침은 사우디 주베일 공사에서 노사 화합
으로 나아가는 이정표가 되었다.

세계 제일의 노사 관계를 만듭시다

한국 노동운동의 서막은 경제 근대화가 한창이던 1970년대라 할 수 있다(일제강점기에도 노동자들이 노동조합을 결성해 일제의 부당한 수탈에 대항하기도 했으나, 이는 국가 주권과 관련된 문제이지 노사 간 문제라 할 수 없다). 1970년의 전태일 열사 분신 투쟁과 1979년의 YH 여공 사건 등은 노동운동에 큰 불씨를 일으켰다. 이전까지는 방화, 분신자살 등 개별적 혹은 산발적 투쟁이거나 일부 노동운동가에 의해 소그룹으로 전개되는 경우가 대부분이었다. 그마저 국가가 강력하게 규제하고 탄압했던 터라 노동운동이 설 자리는 많지 않았다.

본격적인 노동운동은 현대 노동조합에 의해 시작되었다. 그중 가장 많은 2만여 명의 조합원이 가입되어 있으며, 가장 활발하게 노동운동을 주도하는 곳이 바로 현대중공업 노동조합이었다.

현대중공업은 1973년 12월 울산시 동구 일대의 100만 평 대지에

'(주)현대조선중공업'이라는 이름으로 처음 출발했다. 이듬해 6월 노사협의회를 발족하고 본격적인 노사 관계의 시작을 알렸다. 그러나 당시 대형 선박 건조 경험 없이 무리하게 사업이 추진되었던 터라 노동자들은 곧 열악한 노동환경에 처했다. 저임금, 최장 시간 노동, 위험한 노동환경 등 노동권조차 보장받지 못한 채 일해야 했다. 이것은 현대중공업만의 상황이 아니었다. 1970년대 대부분의 기업에서 노동자들이 처했던 근대화의 그림자였다.

현대에서 노사분규가 발생할 때마다 사람들은 이런 질문을 했다.

"군대로 따지면 2개 사단이 넘는데, 저 많은 노동자의 집단행동을 어떻게 막을 수 있을까?"

한국의 노동조합은 군대를 방불케 할 만큼 조직적이고, 노조원 개개인의 열정은 세계에서 둘째라면 서러울 정도였다. 세계적으로도 유례가 없을 정도로 치열하게 노동운동이 전개되었다. 노동자를 강압적으로 억압하면 오히려 역효과를 불러왔다.

1987년 '6·29 선언'과 '7·8월 노동자 대투쟁'을 계기로 노동운동은 전환점을 맞이했다. 이때를 전후로 노조 설립 같은 단체행동이 가능해졌다.

7·8월 노동자 대투쟁의 시작은 현대엔진 노동자들이었다. 그들은 "임금 15퍼센트 인상과 근로조건 개선"을 구호로 파업에 들어갔다. 그리고 7월 5일, 노동자 101명이 뜻을 모아 '현대엔진 노조'를 결성하고, 초대 위원장으로 권용목을 선출했다. 다음 날 울산 시내에 모여 노조 결성 대회를 열자 1,000여 명의 노동자가 몰려들었고, 6일 만에 노동자 전원이 노

조 가입 신청서를 냈다. 이는 한국 노동운동 역사에서 노동자에 의한 노동조합 설립의 출발점이 된 사건이다.

현대노조 7·8월 노동자 대투쟁 주요 일자

1987. 7. 5.	현대엔진 노조 설립
1987. 7. 15.	미포조선 노조 설립
1987. 7. 18.	노사협의회 개최 및 합의
1987. 7. 21.	현대중공업 노조 결성 (8.14 이형건 집행부 구성)
1987. 7. 24.	현대자동차 노조 결성
1987. 7. 27.	현대중전기 노조 결성
1987. 8. 1.	현대정공 노조 결성
1987. 8. 7.	한국프랜지 노조 결성
	정주영 언론 인터뷰
1987. 8. 8.	현대그룹 노조협의회 결성 (의장 권용목)
1987. 8. 16.	사업장 폐쇄
1987. 8. 17.	노동자 3만 명 가두시위
1987. 8. 18.	노동자 6만 명 공설 운동장 행진

이 소식은 울산의 현대 계열사 전체에 번졌다. 곧이어 7월 15일 미포조선소, 7월 21일 현대중공업, 7월 24일 현대자동차, 8월 1일 현대정공에서 차례로 노동조합이 결성되었다.

여기저기서 노조가 결성되었다는 소식에 깜짝 놀란 현대중공업 사측은 노사협의회를 개최해 갈등 봉합에 나섰다. 이것이 7월 18일 이형건 2대 집행부와 정주영 회장 간의 합의였다.

이 합의 내용은 다음과 같았다.

> 첫째, 현대중공업의 자유민주노조는 앞으로 외부 세력과 결탁하지 않는다.
> 둘째, 회사 측은 자유민주노조를 현대중공업의 실질적이고 합리적인 대표
> 가 될 수 있도록 지원하고, 임금 인상 등의 현안을 협의한다.
> 셋째, 노사 양측은 현대중공업 발전에 상호 협력하여 최선을 다하고, 가장
> 모범적인 노동조합으로 발전하는 데 상호 협력한다.

그러나 현대 노동자들은 정주영과 노사협의회 간부들을 불신해 대표성을 인정하지 않으려 했다. 결국, 현대중공업과 현대자동차 노동자들은 농성과 조합원 총회를 통해 합의 내용을 파기하고 강경 노조를 설립했다.

이 사실을 접한 정주영 회장은 크게 화를 냈다고 한다. 그래서 자신을 찾아온 노동자 대표들을 향해 소리쳤다.

"너희들, 빨간 머리띠에 '투쟁' '쟁취' '타도'라는 그 머리글자가 뭐냐? 너희들이 노동자 대표들이야 빨갱이들이야?"

"우리는 노동자들의 순수한 열정을 모아 노조를 결성했습니다. 민주적 노조에 빨갱이란 있을 수 없습니다."

"나는 노사협의회에서 노사가 함께할 수 있는 노조를 설립하고 합의했어. 그런데 그걸 왜 갈아 치웠어? 대화를 하자는 거야 뭐야?"

"우리는 노동자들이 직접 참여하는 우리만의 노조를 원합니다. 현대그룹 노동자들을 대표하는 노동자 조합을 인정해 주십시오."

"내 눈에 흙이 들어가기 전에는 노동자 단체를 인정할 수 없다."

정주영은 차갑게 등을 돌렸다. 노동자 대표들도 지금으로선 회장과 대화가 어렵다는 것을 알고 강경한 입장으로 돌아섰다.

그렇다고 그가 노조를 인정하지 않은 것은 아니었다. 합법적인 노조가 결성되지 않는 한, 현대 계열사의 노조를 인정하지 않겠다는 것이었다. 지금의 강경 노조는 과격 노동단체이자 사회주의와 연계되어 있다는 강한 불신이 깔려 있었다. 그래서 이들을 배제하지 않으면 기업의 장래가 위험하다고 생각했다.

정주영은 8월 7일 언론과의 인터뷰에서 합법적인 노조에 대한 견해를 밝혔다.

"합법적 노조란 과반수의 지지를 받으며, 사회·정치적 변혁을 추구하지 않는 순수한 노조를 말하는 것입니다. 이런 단체가 성립되지 못할 경우 휴업이 장기화할 가능성도 없지 않죠. 그러나 위험부담에도 이 시기에 단단한 각오를 하고 임해야만 기업을 살릴 수 있습니다."

인터뷰가 있고 얼마 지나지 않은 8월 16일, 정주영은 현대중공업을 비롯한 6개 사에 사업장 폐쇄 조치를 내렸다. 노동자 측의 파업에 맞서 사용자 측에서 내릴 수 있는 가장 강경한 조치였다. 사실상 극단적인 대립을 선언한 것이다.

정주영 회장과 노동자 사이의 신뢰에 최초로 금이 가고 말았다. 이로써 그의 경영 일대기에서 항상 강조했던 '노사 화합의 정신'에 흠이 생겼다.

한편, 금강개발과 한국프랜지를 마지막으로 울산 지역 현대 계열사 전체에 노조가 들어섰다. 울산의 11개 노조는 권용목을 의장으로 한 현대그룹 노조협의회를 결성하고, 곧바로 본격적인 연대 투쟁에 나섰다. 난항을 거듭하고 있는 상황을 극복하기 위해 전 계열사 노동조합이 연대해야 한다는 취지였다.

한번 불붙은 노동자들의 투쟁은 쉽게 가라앉지 않았다.

사업장 폐쇄 다음 날인 17일, 현대중공업 앞에 3만여 명의 노동자들이 모여 가두로 진출했다. 이어서 18일에는 6만여 명의 현대 노동자 및 그 가족들이 운집해 '재벌 정주영 및 족벌 체제 타도'라고 쓴 플래카드를 태우는 화형식을 하고, 공설 운동장으로 행진했다. 덤프트럭, 지게차, 샌딩머신 등의 중장비를 앞세운 노동자들의 시위 대열은 무려 4킬로에 이르렀다.

울산에서 시작된 불길은 전국을 휩쓸었다. 마산·창원·거제를 거쳐 대구·경북·광주·전남·강원으로, 대기업에서 중소기업으로, 금속·화학·섬유·버스·호텔·병원·백화점 분야로 활화산처럼 번져 나갔다.

1980년대 노동조합 조직 및 쟁의 행위 주요 지표

	노동조합		노동쟁의			임금 근로자 (천 명)
	조합원 (천 명)	조직률* (%)	발생 건수	참가자 수 (천 명)	손실 일수 (천일)	
1980년	948	14.7	206	49	61	6,464
1985년	1,004	12.4	265	29	64	8,104
1986년	1,036	12.3	276	47	72	8,433
1987년	1,267	13.8	3,749	1,262	6,947	9,191
1988년	1,707	17.8	1,873	293	5,401	9,610
1989년	1,932	18.6	1,616	409	6,351	10,389

*조직률은 조합원 수를 임금 근로자 수로 나눠 백분율로 나타낸 수치

출처: 통계청, 『한국통계월보』 각호

7·8월 노동자 대투쟁 기간에 발생했던 파업은 3,311건이었고, 참여자만 122만 명에 이르렀다. 10인 이상 사업체 노동자의 약 37퍼센트가 파업에 참가했다. 참여율 및 규모 면에서 세계 노동운동 역사에서도 유례를 찾아볼 수 없을 만큼 대단했다.

노동자들의 연대 파업으로 인한 기업의 절망감은 이루 말할 수 없을 정도였다. 기업의 기반뿐만 아니라 자칫 국가 경제의 붕괴로 이어질 수도 있다는 위기감마저 들었다. 전경련에서는 비상 대책 회의가 열렸으나 공권력 행사 외에 뾰족한 대처 방안을 내놓지 못하고 상황을 지켜볼 수밖에 없었다.

그룹 비서관이 정주영에게 물었다.

"회장님, 파업이 전국을 휩쓸고 있습니다. 시간이 지나도 진정될 기미가 보이지 않습니다."

"허허허, 갈수록 점입가경이구먼."

정주영은 쓸쓸히 웃었다. 그 역시 사태가 이렇게 악화되리라고는 생각지 못했다. 울산은 이제 돌이킬 수 없는 역사의 다리를 건너고 있었다.

"일부 기업 측의 과욕도 있지만, 노동자들도 누울 자리 보고 누워야지. 옛날에 나는 주는 대로 받고 시키는 대로 일했는데, 요즘 노동자들은 틈만 나면 파업이다 투쟁이다 해서 어떻게 기업이 살아남을 수 있겠어요."

"파업으로 회사의 손실이 눈덩이처럼 커지고 있습니다. 이대로 내버려두어도 괜찮을까요?"

"그럴 수밖에요. 지금 들어오는 것은 비난과 폭력뿐이고, 내가 나선들 뭘 할 수 있겠어요. 폭풍우와 홍수 속에 무작정 뛰어나가 설치다가 공연히 휩쓸려 떠내려가는 어리석은 일은 하지 않는 게 좋아요. 모든 일은 순리대로 해결해야지. 한번 폭풍우가 지나면 평온한 날이 올 겁니다. 노동자들이 다시 돌아오는 그때는 먼저 상처 입은 마음 보듬어 줘야지. 그래야 합니다."

정주영 회장과 현대 강경 노조 사이는 애증 관계라고 한다. 노조는 자신들을 인정하지 않는 그를 '재벌' '천민 자본가'라 몰아세우며 '화형식'을 가질 만큼 극한 감정을 보였다. 그러면서도 자신들의 요구가 받아들이지 않을 때면 제일 먼저 정주영을 찾아가 담판을 요청했다. 아무리 강경 노조라도 왕회장을 존경할 수밖에 없었다. 노동자의 입장을 가장 잘 대변해 주었던 것이 바로 그였기 때문이다.

정주영은 자신과 노동자들의 사이를 부부 관계로 비유했다.

"한국의 노사 관계는 부부 관계에 비유할 수 있습니다. 부부가 서로 아끼고 존중하는 가정이 행복할 수 있듯, 법률에 근거한 계약을 준수하고 상호 간의 존중을 기초로 협력하는 노사는 기업과 국가 발전의 원동력이 되고 상생할 수 있는 바탕이 됩니다."

울산의 총파업은 매년 해를 넘기지 않고 되풀이되었다. 1989년 여름, 현대 계열사들은 한 달째 극렬한 파업 중이었다. 언론에서는 현대의 손실액이 100억이니 200억이니 하면서 노조 파업에 심한 우려를 나타냈다.

누가 이를 전하면서 "회장님, 노동자들의 파업 때문에 고생이 많으시겠습니다"라고 위로의 말을 건넸다.

그러자 정주영은 "고생은 무슨 고생을요. 노동자들이 고생했지요. 연일 잠도 못 자고 먹는 것도 변변치 않았을 테니까요"라며 노조를 위로했다고 한다.

그는 이어서 이렇게 말했다.

"사람들은 내가 그들을 버렸다고 하지만, 다 내 자식들이나 마찬가지이지요. 많은 노동자가 구속되고 희생되었다는데 내가 얼마나 마음이 아팠겠어요."

한편, 현장 기자로부터 그 말을 전해 들은 한 노조 간부가 빈정거리며 말했다.

"왕회장이 그런 말을 했다고요? 그게 어디 진심에서 우러나온 말이겠습니까, 비꼬는 거지요."

"아닙니다. 회장님은 절대 그럴 분이 아닙니다. 회장님은 진심으로 여러분을 걱정하고 계십니다. 여러분이 파업을 멈추고 일터로 복귀하기를 진정으로 바라십니다."

모두 기자의 말에 동의했다. 그러자 강경 노조 간부들도 숙연해졌다고 한다.

현대중공업의 파업이 광란의 지경에 이른 때였다.

노동자들은 야구방망이, 삽, 쇠 파이프 등으로 조선소와 공장을 닥치는 대로 깨부수는 등 폭력을 행사했다. 관리자들마저 도망가 공장은 텅 빈 상태였다. 빨간 머리띠를 두른 3,000여 명의 노동자가 "재벌 현대 타도" "왕회장 물러가라" 등의 피켓을 들고 파업을 벌였다.

노동운동의 본질과 목적에서 벗어난 폭력적인 시위였다. 이를 불법 시위로 규정한 정부는 공권력을 투입해 노동자들을 해산하고, 주동자 강세 연행을 시도했다. 노동자들은 각목과 쇠 파이프를 휘두르며 완강히

저항했다. 곳곳에서 노동자의 신음이 들리고, 노동자가 휘두른 무기에 맞은 경찰의 피가 사방으로 튀는 등 현장은 아수라장이었다. 부상자와 희생자가 속출했다.

정주영 회장은 울산의 파업 현장으로 달려갔다. 측근들은 극구 만류했으나, 그는 직접 나서야 한다는 책임감에 현장을 찾았다. 사측 협상단과 함께 밀실에서 노조 대표들을 만나 대화할 예정이었다. 그러나 건물 밖의 시위자들은 '밀실 야합 반대'를 외치며 정주영 회장이 시위자와 직접 대화해야 한다고 요구했다.

성난 시위자들 앞에 선다는 것은 지극히 위험한 일이었다. 그들이 분기를 참지 못해 달려들기라도 하면, 자칫 큰 불상사가 일어날 수도 있는 일이었다.

야유와 조소가 터지는 등 무질서가 최고조에 달할 무렵, 정주영 회장은 파업 현장에 당당히 모습을 드러냈다. 그는 연단에 서서 마이크를 잡고 세계 제일의 노사 관계를 역설했다.

"여러분, 우리는 세계 제일의 조선소를 만들었습니다. 이만한 발전을 이루는 데 여러분의 희생과 공이 너무나 컸습니다. 세계 제일의 조선소를 만들었듯, 세계 제일의 노사 관계를 만듭시다. 반드시 그럴 수 있습니다."

한때 강성 노조의 대명사였던 현대중공업 노조는 1995년 6월 '무분규'를 선언한 후, 지금까지 이 기조를 유지하고 있다. 기존의 투쟁 중심에서 벗어나 노사 상생과 협력이라는 노동운동의 새로운 패러다임으로 나아가는 셈이다. 이에 사측도 적극적으로 화답해 업계 최고 수준의 복지과 고용 안정을 약속하고 있다. 정주영 회장이 강조했던 노사 간 신뢰를 바탕으로 한 '세계 최고의 노사 관계'가 형성된 것이다.

오늘날 현대중공업이 조선 업계의 글로벌 불황 속에서도 세계 1위의 자리를 굳건히 지키는 이유다.

정주영과 박정희

1977년은 우리나라가 연간 수출액 100억 달러(약 4조 8,000억 원) 달성을 이룩한 역사적인 해로 기록된다. 1962년 수출입국이라는 가치를 지향한 이래 계획된 20년이라는 목표 연도를 4년이나 앞당겨 실현했다.

'연간 수출액 100억 달러 돌파'의 의미는 대단한 것이었다.

1962년의 최빈국 수준에서 당당히 세계 랭킹 25위라는 수출 강국의 반열에 올라서게 되었으니, 실로 괄목할 만한 성장이었다. 수출 100억 달러를 이뤄 낸 것은 아시아에서 일본에 이어 두 번째였다. 그러나 눈에 보이는 경제적 성과 외에 '우리도 할 수 있다'는 국민적 자부심을 얻은 것이 가장 큰 성과였다.

한국 경제를 언급할 때 빼놓을 수 없는 인물이 바로 박정희와 정주영이다. 그들은 닮은 점이 많은 지도자였다.

박정희와 정주영 둘 다 농사꾼의 아들이었다. 그러나 가난을 탈피하려면 농사만 지어서는 안 된다고 생각했다. 배를 만들고, 중화학 공장도 짓고, 공장에서 만든 물건을 수출해야 근대화의 꿈을 이룰 수 있다고 생각했다.

그들은 경제 논리와 조국 근대화의 염원이 서로 같았다. 또한 무슨 일이든 '하면 된다'고 여기는 긍정적인 사고와 뚜렷한 목적의식이 같았으며, 소신 있게 결행하는 강력한 실천력이 같았다.

출신 배경, 목표 의식, 확고한 신념 등이 같았던 만큼 박 대통령은 기업가 중에서는 정주영을 가장 믿고 신뢰했다고 한다.

현대의 성장이 박 대통령 덕이라는 주장도 어느 정도 일리가 있지만, 분명히 짚고 넘어가야 할 점이 있다. 정주영이 박 대통령에게 특혜를 받았다기보다는 조국 근대화라는 공감대가 형성되는 과정에서 숙명적으로 연결될 수밖에 없었다는 점이다.

1945년 광복 이후, 한국은 정치·경제적으로 민주주의와 시장경제를 표방하기는 했으나 제대로 된 시스템 없이 극도로 혼란스러운 상황이었다. 외국자본에 의지해서 근근이 버티던 경제 인프라마저 한국전쟁을 거치면서 완전히 쑥대밭이 되고 말았다. 나라가 이처럼 위기에 빠졌는데도 정치권은 권력과 명분 싸움에만 치우쳐 있어 국민은 나날이 암울하기만 했다.

당시 한국의 상황을 취재하던 해외 언론들은 "한국에서 민주주의가 소생하거나 경제가 발전하기를 기대하는 것은 쓰레기통에서 장미꽃이 피기를 기대하는 것과 같다"는 등의 비관적인 기사를 쓰기도 했다.

물론 기자들이 반드시 정확한 통찰력을 바탕으로 기사를 쓰는 건 아니지만, 해외 언론에 비친 한국의 비참한 모습이 여과 없이 투영된 내용이라고 할 만하다.

정치적 안정과 경제 발전에 대한 국민의 바람은 요원하기만 했다. 이를 해결하기 위해서는 대한민국을 이끌 강력한 지도자가 필요했다. 이때 5·16 군사 정변으로 정권을 잡은 박정희는 유신헌법을 만들어 18년 동안 장기 집권을 한다.

박정희 대통령처럼 공과가 분명한 지도자도 드물다. 그를 두고 한쪽에서는 '근대화의 영웅'이라 하고, 다른 한쪽에서는 '독재자의 표상'이라 한다.

박 대통령에 대한 정주영 회장의 평가는 분명했다.

"대통령에는 세 가지 부류가 있어요. 하나는 있어야 할 대통령, 또 하나는 없어야 할 대통령, 마지막으로 있는지 없는지조차 모를 대통령이 그것이지요. 우리 국민은 지도자 복이 지지리도 없는 불행한 국민입니다. 우리나라 대통령 중 그만한 대통령이 또 어디 있겠습니까? 정치적 평가야 어쨌든, 강력한 리더십으로 한국 경제를 이만큼 끌어올렸다는 사실이 중요합니다."

5·16 군사 정변으로 한국의 정치·경제는 큰 변화를 겪었다. 박정희가 장기 집권하는 동안 한국 경제는 비약적으로 발전했지만, 그만큼 희생된 가치 역시 컸다.

이에 대해 정주영은 다음과 같이 밝힌 바 있다.

"박 대통령이 정권을 잡은 과정이나 장기 집권은 바람직하지 못한 것입니다. 그래도 한국 경제를 근대화시킨 공적은 누구도 부정해서는 안 됩니다. 사실 민주주의를 싫어하는 국민이 어디 있겠습니까. 경제가 발전해야 민주주의가 발전할 수 있습니다. 먹고사는 문제도 제대로 해결하지 못하면서 민주주의만을 고집하는 것은 거지에게 투표권을 던져 주는 것이나 마찬가지이지요. 그건 진정한 민주주의와는 거리가 먼 유사 민주주의일 뿐입니다. 경제 발전 없이 민주주의를 이룩한 나라는 세계에서 유례를 찾아볼 수 없습니다."

여기에도 만만치 않은 반론이 있다.

"경제와 민주주의를 동시에 발전시킬 수도 있지 않았겠는가?"

그러나 북한의 군사적인 위협은 둘째 치고, 나라가 좌우로 분열되어 사회 혼란이 극에 달한 상황이었다. 무엇보다 경제적 궁핍에서 벗어나는 일이 시급했다. 경부고속도로나 울산조선소 건설 사례 등에서 알 수 있듯이, 대부분 패배 의식에 젖어 뭘 하겠다고 하면 일단 반대하고 보는 식이었다.

한번은 울산조선소 기공식에 참석한 박 대통령이 조선소 건설을 반대하는 주민들을 보고 정주영에게 물었다.

"울산조선소를 짓는다는데 마을 사람들이 왜 데모를 합니까?"

"땅값이 떨어질까 하는 우려 때문이지요."

그러자 박 대통령은 마을 주민들을 직접 찾아가 이렇게 당부했다.

"여러분의 자제들이 바다에 나가 풍랑과 싸워 가면서 어렵게 고기를 잡다가 불행한 일을 당하기도 하는데, 이 조선소가 건설되면 앞으로 모든 사람에게 좋은 일이 될 테니까 적극 협조하기를 바랍니다."

또 한번은 술자리에서 부총리가 박 대통령에게 "조선소, 그거 어디 되겠습니까, 제가 보기에는 안될 것 같은데요"라고 했다.

이에 박 대통령은 크게 노하면서 들고 있던 술잔을 그의 얼굴에 퍼부었다.

"부총리가 그런 말을 하면 어떡합니까? 아무리 어려운 일이라도 꼭 될 것이라고 격려라도 해야지. 생각 없이 하는 그런 말들이 바로 일을 어렵게 만든다는 거 모르시오? 앞으로 그런 소리가 또다시 내 귀에 들어오면, 그땐 각오하도록 하시오. 아시겠소?"

박 대통령의 서릿발 같은 호통에 술자리는 단번에 얼음판이 되었다고 한다.

이처럼 박 대통령의 경제 발전에 대한 집념은 무서울 정도였다.

정주영은 박 대통령이야말로 한국 경제의 설계자이자 구상자이며, 또한 실현을 독려하는 감독자였다고 말했다.

"박 대통령은 보통 정치가로는 할 수 없는 일을 했습니다. 우리나라는 6·25 이후 폐허 속에서 기술, 자본, 근로 경험 등 모든 것이 제대로 갖추어지지 않은 상황이었죠. 따라서 해외에서 차관을 들여와 경제를 발전시키도록 구상한 겁니다."

처음에는 매판자본을 들여온다고 말이 많았다. 그러나 당시 우리나라 기업들은 국제금융시장에서 차관을 구해 올 만한 신용이 없었다. 그래서 박 대통령은 정부가 빚보증을 설 테니 기업인들이 열심히 노력해서 한국 경제를 근대화하자고 제안했다.

"가장 싸고 가장 좋은 제품을 가장 빠르게 만들어라."

이것이 박 대통령의 경제철학이었다.

자본도 기술도 없는 나라가 남들처럼 평범한 노력만 해서는 선진국 100년의 역사를 따라잡지 못한다. 그들을 따라잡으려면 더 많이 일하고, 더 열심히 생각하지 않으면 안 된다는 것이었다.

기업은 사업계획서를 정부에 제출했고, 정부는 빚보증이라는 위험을 무릅쓰면서 기업을 지원했다. 만약 사업 자금을 빼돌리거나 사업에 실패한 기업인이 있다면 한강에 빠져 죽을 각오를 해야 했다. 실제로 사업에 실패해서 한강에 뛰어든 기업가도 있었고, 부정부패에 빠져 교도소에 갇힌 기업가도 있었다. 기업인들은 오직 경제 발전이라는 하나의 목표에 전념했다. 박 대통령 시절 한국 경제의 근대화 전략은 이렇게 시작되었다.

정주영이 박 대통령과 처음 인연을 맺은 것은 1960년대 초, 제2한강교 (현재 양화대교) 건설 문제 때문이었다. 당시 한강에는 제1한강교(현재 한강대교)와 광진교 두 개의 다리가 있었으나, 한국전쟁 때 모두 폭파된 상태였다. 따라서 새로운 다리 건설이 필요했다.

박 대통령은 이 국가적 사업에 정주영만 한 기업가가 없다는 것을 이미 알고 있었다.

정주영과 현대건설에 주어진 과제 역시 '가장 싸고 가장 튼튼하게 가장 빨리' 한강 다리를 놓는 것이었다. 박 대통령의 말처럼 현대건설은 1962년 6월 착공을 시작해서 2년 6개월 만인 1965년 1월 25일에 폭 18미터, 길이 1,053미터의 한강 다리를 준공했다.

여러 다리를 조사한 결과, 제2한강교는 가장 튼튼한 다리로 인정되어 그 후 당인리 화력발전소에 무거운 기계가 들어올 때 그곳으로 이동했다고 한다. 결국 현대건설은 박 대통령의 주문대로 가장 싸고 가장 튼튼하게 가장 빨리 한강 다리를 건설한 것이다.

이후 정주영은 경부고속도로, 울산조선소 건설 등 박 대통령과 한국 경제의 운명을 함께했다.

정주영이 기억하는 박 대통령은 '소신과 신념에 찬 지도자'였다.

박정희는 경제 발전을 이뤄야 한다는 확실한 신념이 있었다. 우리나라 경제의 기본 골격은 박 대통령 시절에 갖추어졌다고 해도 과언은 아닐 것이다. 그리고 국민에게 "우리도 잘살 수 있다" "우리도 하면 된다"는 확신을 불러일으켰다.

●

100퍼센트 확신 외엔
1퍼센트의 불안감도 없습니다

1981년 9월 30일, 독일 남부 날씨로는 보기 드물게 화창한 아침이었다. 정주영의 얼굴도 하늘만큼 밝아 보였다.

"하늘이 축복의 문을 먼저 열었습니다. 오늘이 바로 기적을 여는 날입니다."

올림픽 홍보 단장인 이원홍 KBS 사장이 아침 인사를 전하며 말했다.

"보기 드문 좋은 아침입니다. 하늘이 도울 거요."

오늘은 결전의 날이다. IOC 총회는 1988년 하계올림픽대회 개최지로 일본의 나고야와 한국의 서울 중 한 곳을 선택할 것이다.

그날 아침 올림픽 유치 단장인 정주영은 바덴바덴 교외 민가에서 조찬회를 마련하고 우리 유치 대표단과 실무자들을 초청했다. 김치, 된장 등을 서울에서 직접 공수해 와 오랜만에 고향 맛에 취하게 해 주었다. 당시 만찬에 초대된 인물은 유창순, 이원경, 이원홍, 조상호, 김운용, 그리고 그의 아들 정몽준 등이었다.

정주영이 말했다.

"어떻습니까. 우리가 이길 거 같습니까? 예상대로 표가 나오겠습니까?"

"우리가 이길 겁니다. 최악의 경우라도 5표 내지 6표 차이로 이깁니다."

"그래야지요. 그래야 통일이 앞당겨지지요."

정주영은 미소를 지으며 대답했다. 그러나 그의 심정은 전장에 나서는 장수의 마음과도 같았다. 그날의 조찬회에는 그 어느 때보다 긴장감이 감돌았다.

당시 우리나라가 일본을 제치고 올림픽을 유치한다는 것은 전혀 불가능해 보였다. 유치 경쟁도 2년이나 늦게 시작한 데다 한국은 남북으로 갈라진 분단국가였다. 그 무엇보다도 한국은 정치적·경제적으로 선진국이었던 일본과 비교 대상이 아니었다. 한마디로 모든 면에서 일본에 상대가 안 되는 게임이었다. 발표 전날 실시한 각국 기자단 모의 투표에서도 서울보다 나고야가 우세하다는 결과가 나왔다. 일본은 올림픽 유치를 당연지사로 알고 샴페인과 축포를 잔뜩 준비해 온 터였다.

그러나 우리 대표단은 바덴바덴에서 온갖 어려움과 역경 속에서도 하나가 되어 밤낮으로 노력하지 않았던가. 진인사대천명이다. 정주영을 비롯한 유치 단원 모두 이 말을 굳게 새겼다.

1988 하계 올림픽을 서울에서 유치하겠다는 논의가 시작된 것은 박 대통령 집권 말기부터였다. 박 대통령은 올림픽 유치를 개발도상국에서 선진국으로 부상하는 계기로 삼고자 했다. 더구나 늘 경쟁자로 염두에 두었던 일본이 또다시 올림픽을 유치하려 했기 때문에 더욱 가만히 있을

수 없었다.

박 대통령은 이 뜻을 각료들에게 강조했다.

"일본은 벌써 올림픽을 두 차례나 치렀는데(1964년 도쿄 하계올림픽대회, 1972년 삿포로 동계올림픽대회), 이제 우리나라도 올림픽을 치를 때가 되었소. 1988년 올림픽을 서울에서 열고 우리도 할 수 있다는 것을 세계만방에 알립시다."

급기야 1979년 초, 박 대통령은 직접 대국민 호소문을 발표하기에 이르렀다.

그러나 그해 10월 10·26 사건을 맞았고, 이후 정국은 극도의 혼란과 공포 분위기 속에서 1980년을 맞았다. 이때부터 올림픽에 관한 논의가 꼬이기 시작했다.

서울시를 비롯해 전두환 정부는 1988년 올림픽에 필요한 제반 시설 및 인프라를 구축할 수 없을 것으로 보고 유치 불가를 통보했다. 심지어 국무총리까지 '올림픽 망국론'을 주장할 정도였다. 그렇게 올림픽 신청 백지화가 진행되었다.

그들은 올림픽 회의론자들이었다. 우리는 절대 일본을 이길 수 없으며, 올림픽을 치르면 나라가 망한다고까지 했다.

당시 집권자들의 회의 내막은 대략 이렇다.

"올림픽이라… 그거 가능해?"

"그게 어디 가능하겠습니까? 망신만 당하지 않으면 다행입니다."

그러나 IOC 측에서 올림픽 조사단까지 파견해 개최 여건을 살펴본 상태에서 유치 신청 철회란 있을 수 없는 일이었다. 우리 대표단이 서울을 떠날 때 정부로부터 들은 얘기는 "제발 망신만 당하지 말고 오도록 하라"

는 것이었다.

올림픽 유치 대표단이 독일의 바덴바덴에 도착한 것은 1981년 9월 중순이었다. 현지 여론은 마치 우리가 금기의 땅에 발을 들여놓은 것처럼 혹독했다. IOC 관계자와 세계 언론은 한국 대표단을 향해 "Fuck up Korea(얼간이 한국)"라든가, "Get out!(올림픽에서 중도 하차하라!)" 등 온갖 험한 말을 쏟아 냈다. 심지어 우리나라에 IOC 위원이 한 명 있으니, 투표에서 한 표는 확보할 것이라고 비아냥댔다. 한국의 대표단은 시작부터 풀이 죽었다.

이때 정주영은 올림픽 유치 단장이라는 중책을 맡고 곧장 바덴바덴으로 날아갔다. 그는 존재만으로도 대표단에 힘이 됐다. 그의 언행에는 조금의 불안함도 없었기 때문이다.

정주영은 다음과 같은 말로 대표단을 안심시켰다.

"나는 무슨 일을 하든 '된다는 확신 90퍼센트와 반드시 되게 할 수 있다는 10퍼센트의 자신감' 외에 안 될 수도 있다는 불안감은 단 1퍼센트도 갖지 않습니다. 우리는 바덴바덴에서 반드시 이길 것입니다."

"대한민국은 몰라도 현대는 안다"는 말처럼, IOC 위원이나 기자들뿐만 아니라 글로벌 기업의 대표들도 '현대 정주영'이라면 주저 없이 만나기를 원했다. 구미에서 온 특파원들은 특히 더했다. 정주영이 어딜 가든 일거수일투족이 화제가 되었다. 이처럼 국제 행사에서 주도적으로 활동을 할 수 있는 사람은 대한민국에서 오로지 그밖에 없었다.

정주영은 구미 특파원들에게 이러한 질문을 많이 받았다.

"후진국 한국이 선진국 일본과 경쟁해서 이길 수 있겠습니까?"

"한국은 분단국가로 지금 북한과 휴전 중인데, 과연 언제 전쟁이 터질지 모르는 나라에서 올림픽 유치가 가능하겠습니까?"

"쿠데타로 집권한 독재국가에서 올림픽을 치르는 게 이치에 맞을까요?"

그런 질문을 받을 때면 정주영은 정치와 관련된 발언은 전혀 하지 않고, 올림픽에 대한 확고한 의지만을 강조했다.

"저는 올림픽 유치를 위해 이곳에 왔습니다. 우리나라가 일본에 질 것 같다고 다들 말하는 분위기지만, 저는 우리가 진다는 생각은 하지 않습니다. 우리나라는 반드시 이길 겁니다. 세계를 깜짝 놀라게 할 겁니다.

그는 기업 경영에서 보여 주었던 담대한 마음과 자세로 구미 특파원들을 설득했다.

그때 그가 보여 준 치밀한 계획과 추진력, 그리고 궂은일을 마다하지 않고 솔선수범하는 지도력 등은 '올림픽 유치의 대들보'로서 손색이 없었다.

정주영은 낮도 밤도 없이 유치 활동에 힘썼다. 새벽 4시에 일어나 전략회의를 주재하고, 득표 상황도 점검했다.

IOC 위원이 있는 곳이면 새벽이고 밤중이고 가리지 않고 달려갔다. 숙소든 식당이든 별장이든 찾아가지 않는 곳이 없었다. 회의장 밖을 종일 지키고 서 있던 것도 한두 번이 아니었다. 그리고 밤이면 다시 모여 활동 상황을 점검했다.

득표 전략에서 주효했던 방법은 각국 IOC 위원에 관한 세밀한 신상 파악, 경쟁 유치국의 활동 성향 등을 분석해서 개별 로비를 한 것이었다.

한국을 제일 반대하는 위원 중 북한 대표가 있었다. 북한은 대한민국 서울에서 올림픽을 치를 경우 북한의 격이 떨어질 것을 우려했다. 정주영은 김유순 북한 IOC 위원에게 먼저 다가가 인사하고 서울 올림픽 유치의 당위성을 설명했다.

"올림픽은 일본이 아닌 우리 땅에서 해야 합니다. 그러려면 서울과 평양이 같이 협력하는 것이 중요합니다."

"그래야지요. 올림픽은 우리 민족이 사는 데서 해야지요."

북한 대표도 정주영에게 인사를 하고 답했다.

"만약 88 올림픽을 유치하면 내 사비를 들여서 판문점에 10만 관중이 들어설 수 있는 경기장을 지으려 합니다. 그래서 남북 선수가 함께 훈련하고 함께 입장할 수 있게 하겠습니다. 이렇게 남북이 경제뿐만 아니라 스포츠와 문화도 교류하고 사람도 왕래할 수 있으면 합니다. 그래야 통일이 앞당겨지지요."

"좋은 말씀이십네다. 꼭 그럴 날이 있을 겁네다."

진심이 담긴 말에 그렇게 차갑게 굴던 김유순도 이때만은 정주영의 손을 맞잡고 응대해 주었다고 한다.

다음 날에는 한국 담당 올림픽위원인 월터 정과 같이 선진국에 비해 상대적으로 덜 주목받던 중동 및 아프리카 지역 올림픽위원들을 찾아 인사를 나누었다.

"올림픽은 세계 평화와 평등의 정신으로 치러지는 국제 행사입니다. 선진국에서만 개최하지 말고 개발도상국에서도 개최할 수 있도록 서울을 지지해 주십시오."

그들도 공감을 표했다.

"지당한 말씀입니다. 개발도상국인 서울에서 개최하면 그 의미가 배가 될 겁니다."

정주영은 IOC 위원들에게 정성이 담긴 꽃바구니를 하나씩 보내기도 했다. 유럽에 파견된 현대그룹 직원 가족들이 정성껏 만든 꽃바구니였다. 이튿날 회의를 마치고 로비에 모여 있던 IOC 위원들은 앞다퉈 꽃에 대한 감사의 인사를 했다. 한국인의 아름다운 마음씨에 감탄했다고 했다. 일본은 최고급 일제 손목시계를 선물했지만 감사 인사는 없었다. 비싼 선물보다 정성을 선물한 전략이 위원들의 마음을 움직였던 것이다.

나고야의 선풍은 점차 힘을 잃어 갔다.

수없이 반복해서 연습한 IOC 총회 청문회도 성공적이었다. 국립영화제작소와 KBS가 공동 제작한 15분짜리 한국 소개 영화는 빌딩이 숲을 이루고, 백화점 아케이드에 외국인 쇼핑객이 넘치고, 한국의 고유문화가 어우러진 영상을 내보냈다. 한국을 아시아의 변방국 정도로 알던 IOC 위원들은 깜짝 놀랐다고 한다.

"저게 서울이라고? 도쿄나 LA와 다를 바 없지 않나?"

"한국이 언제 저렇게 발전했지?"

"한국은 독재국가인 줄 알았는데, 저건 활기찬 민주주의 국가 모습 아닌가?"

이러한 찬사가 단상에까지 들릴 정도였다.

마침내 1981년 9월 30일 오후 4시, 사마란치 IOC 위원장이 "쎄울 꼬레아!Seoul Korea!"를 선언하는 순간 우리 대표단은 환호성을 지르며 서로를 감싸 안았다. 정주영 역시 단원들을 감싸 안으며 감격의 눈물을 흘렸음은 물론이다.

이 장면은 '바덴바덴의 기적'으로 회자되었다. 우리나라가 일본을 이기고 올림픽을 유치해 오리라고 생각한 사람은 아무도 없었다. 그러나 우리나라가 일본을 52 대 27이라는 압도적인 표 차이로 이기는 통쾌한 장면이 연출되었던 것이다.

대한민국 전역에 이 소식이 전해졌다. 2002년 월드컵의 감격처럼, 서울·부산·광주·제주 등 TV로 가슴 졸이며 지켜보던 대한민국 국민도 함께 감격의 눈물을 흘렸다.

정주영은 올림픽 회고록에서 다음과 같이 감회를 밝혔다.

> 바덴바덴의 기적은 갖가지 애로 속에서도 전 단원들이 하나로 단합하여 불철주야로 노력하여 얻은 최고의 승리였다. 만약 우리가 그때 유치에 성공하지 못했더라면 지역별 순환 개최 원칙에 따라 20세기 안에 올림픽 유치가 불가능했을 것이다.

1988년에 열린 제24회 서울 올림픽은 역대 올림픽대회 중에서도 가장 성공적인 대회로 기록되고 있다. 16년 만에 동서양 선수단이 모두 참가해서 인류의 갈등과 불화를 해소시켰음은 물론이고, 세계 평화의 새로운 전기를 마련했다. 아울러 한국의 전통문화와 한국 경제의 발전된 모습을 세계에 보여 줄 수 있었다. 한국의 국제적 위상에도 크게 기여했음은 물론이다.

●

현대와 삼성, 정주영과 이병철

한국 현대사를 들여다보면, 급변하는 역사를 주도했던 라이벌 관계가 있다. 이들은 어떤 때는 맞수로 치열하게 경쟁하다가도, 어떤 때는 동업자로 공동의 목표를 위해 협력하며 역사의 발전을 주도했다.

한국 정치사에서 유명한 라이벌 관계는 박정희와 김대중이다. 한 대통령은 '산업화의 강력한 지도자'였고, 한 대통령은 '민주화의 유려한 지도자'였다. 두 대통령이 정치적 라이벌 관계로 업적을 쌓으면서 우리나라는 '근대화'와 '민주화'를 이루어 나갈 수 있었다.

한국 경제사에서 유명한 라이벌 관계를 꼽으라면 단연 아산 정주영과 호암 이병철을 들 수 있다. 이 두 거인은 현대와 삼성의 라이벌 관계만큼이나 곧잘 비교되곤 한다.

우선 비교되는 점이 성장 배경이다.

정주영은 가난한 농부의 장남으로 태어났으며, 학력도 촌마을의 소학교를 다닌 것이 전부였다. 그는 가난에서 벗어나기 위해 네 번의 가출을 시도했다. 맨손으로 서울에 와서는 강한 자립심과 부지런함으로 신화를 창조해 낸, 대표적인 자수성가형 인물이다.

그러나 이병철은 땅 많은 부자의 막내로 태어났다. 어려서부터 부잣집 도련님으로 성장했고, 성인이 되어서는 동경 유학까지 다녀왔다. 나중에는 물려받은 큰 재산을 밑천으로 기업을 일으킨, 대표적인 엘리트형 인물이다.

이들은 성장 배경만큼 성격도 대조적이었는데, 정주영이 호쾌하고 시원한 대장부라면 이병철은 섬세하고 깔끔한 모범생이었다.

정주영은 막걸리에 순두부와 김치를 즐기고, 노동복을 입고 노동자와 함께 땀 흘려 일하는 등 서민적이었다. 이에 반해, 이병철은 고급 요리를 즐기고 명품 옷을 즐겨 입는 등 타고난 재력을 과시했다.

두 사람의 차이는 골프를 치는 습관에서도 확연히 드러났다. 골프 치는 모습을 보면 그 사람의 성격 및 사업 기질이 잘 나타난다.

정주영은 일주일에 한 번쯤 골프를 즐겼다. "골프는 건강관리에 매우 좋다"는 것이 그의 지론이었다. 그는 장타에 대한 욕심으로 호쾌한 스윙을 했다. 그러나 아쉽게도 빗맞는 경우가 많았다고 한다. 그래도 제대로 맞을 때는 엄청난 장타가 나왔는데, 그러면 기뻐하며 "이것이 내 진짜 실력"이라고 은근히 자랑했다. 함께 골프를 즐기던 박태준 전 포항제철 회장이 "회장님은 골프 스타일도 중후장대형"이라고 농담할 정도였다.

정주영은 득점에 연연하지 않고 호탕하게 골프를 즐기는 편이었다. 그러다 보니 내기 골프에서는 지는 경우가 많았다. 그러면 다음번에 꼭 이겨 보겠다고 이 궁리 저 궁리를 했는데, 그 모습이 순박한 시골 소년 같앉다고 한다.

골프는 흔히 술자리로 이어졌는데, 정주영은 주법까지도 중화학공업 방식이었다. 술이 얼근해지면 흥을 돋우기 위해 항상 제일 먼저 마이크를 잡았는데, 음정이나 박자보다는 신바람 나는 창법을 중요시했다. 그의 노래가 시작되면 술자리는 일순간에 흥겨운 자리로 돌변했다.

이에 반해 이병철은 일주일에 두세 번 골프를 즐겼다. "골프를 알아야 비즈니스가 보인다"는 지론에 의한 것이었다. 그는 전문 골퍼들에게 개인 교습을 받았다. 이론 지식만 해박한 것이 아니라 실전에도 강했다.

이병철은 골프의 원리와 원칙을 잘 아는 골퍼였다. 자신에게 엄격했고 복장도 완벽했으며, 골프에 대한 준비 및 마무리 역시 철저했다. 함께 라운딩하는 사람들이 "이 회장님의 골프 매너는 최고"라고 칭찬할 정도였다.

그는 승부에서도 철저했다. 골프에서의 패배는 곧 비즈니스에서의 패배라고 생각했다. 한 번 지기라도 하면 그 원인을 철저히 분석하고 다음 시합을 벼르곤 했다. 특히 재계 라이벌이었던 정주영에게 지는 것을 매우 싫어했다. "다른 사람에겐 몰라도 정주영만은 꼭 이겨야 한다"고 말하곤 했다. 한편, 정주영은 "강사에게 많은 수업료를 지불해 배우면서도 실력은 별로다"라며 은근히 이병철의 실력을 깎아내렸다고 한다.

사업뿐만 아니라 일상에서도 라이벌 의식이 대단했음을 알 수 있는 대목이다.

이들의 골프 습관은 사업 방식에도 그대로 반영되었다. 정주영이 호쾌한 풀스윙을 즐겼던 것처럼, 현대는 건설·조선·중공업·자동차 등 중후장대형 산업으로 승부를 걸었다. 그는 "위험부담을 회피하지 않는 모험이야말로 기업을 발전시키는 원동력"이라고 했다. 금액이 큰 것, 이익이 큰 것을 좇는 사업 방식이 이를 반영한다. 그는 고비를 만나도 위험을 즐기 듯 정면 돌파했다.

반면 이병철이 섬세한 컴퓨터 스윙을 즐겼던 것처럼, 삼성은 반도체·전자·합섬·제당 등 경박단소형 산업에 집중했다. 그는 "기업은 위험부담을 최소화하는 안정적인 바탕을 통해 성장하는 것"이라고 했다. 사전 시장조사와 손익 분석을 통해 사업에 대한 치밀한 검토가 이루어졌다. 그리고 시장 가능성과 미래가 확보된다고 여겨지면 끝까지 승부를 봐야 직성이 풀렸다.

이병철의 기업가정신은 1969년 삼성전자 설립에서 잘 나타난다. 그는 전자산업이야말로 기술과 노동력, 부가가치, 수출 전망 등 여러 면에서 우리나라 경제 실정에 꼭 맞는 산업이라고 생각했다. 수십 차례 일본을 방문하며 전자산업에 대한 가능성을 확인하고 3년간의 철저한 시장조사와 분석 끝에 삼성전자를 설립했다. 이러한 원칙은 과거의 실패에서 교훈을 얻은 것이었다.

이병철의 첫 번째 사업은 정미소였다. 쌀값이 내릴 때는 사고, 오를 때는 파는 방법으로 상당한 돈을 모을 수 있었다. 하지만 중일전쟁으로 빈털터리가 되고 말았다. 그는 실패를 돌아보며 앞으로 지켜야 할 사업 원칙을 만들었다.

"사업에는 국내외 정세에 대한 통찰이 있어야 하고, 무모한 과욕과 투기는 지양돼야 하며, 직관력의 연마를 중시해야 하고, 실패할 때를 대비해 제2·제3의 대안을 마련해야 한다."

그 후 이병철은 대구에 '삼성상회'를 설립했다. 삼성이라는 상호에서

삼三 자는 한국인이 가장 좋아하는 숫자로 '크고 많고 강하다'는 바람을 나타내고, 성星 자는 하늘의 별이라는 뜻으로 '하늘의 별과 같이 크고 많고 강한 기업'이 되길 바라는 의미에서 '삼성'이라 지었다고 한다.

반면에 '현대'라는 상호는 정주영이 자동차 수리 공장을 할 때, "현대를 지향하여 보다 발전된 미래를 살아보자"는 의도에서 비롯되었다.

정주영은 "해 보기나 했어?"라는 말을 즐겨 했다고 한다. 이 말은 해 보지도 않고 불가능하다고 생각하는 사람들에게 던지는 정문일침 같은 따끔한 충고였다. 그는 현대자동차에서도, 울산조선소에서도, 사우디 주베일에서도, 현대전자 설립 때도 불가능하다고 지레 겁먹은 사람들을 질책하며 단호한 결단을 내렸다.

정주영의 일생은 '불가능에 대한 도전'이었다고 해도 과언이 아니다. 남들이 할 수 없다며 손 놓은 것을 그는 '무슨 일이든 반드시 성공한다'는 불굴의 신념으로 기어이 성공시키고 말았다.

이병철은 "아무도 따라오지 못하게 하라. 1등만이 살길이다"라는 말을 자주 했다고 한다. 삼성의 일등주의는 여기에서 비롯되었다.

1960년대에 현대와 삼성의 경쟁 1라운드가 시작되었다. 현대가 건설 및 조선업에서 큰 성공을 거두는 동안, 삼성의 발걸음은 평범했다. 1960년대까지 삼성은 제당업과 모직물 분야에서 어느 정도 성공을 거두었지만, 더욱 크게 성장하기 위해서는 새로운 사업에 투자해야 했다. 그래서 이병철은 1969년 1월 삼성전자를 설립했다.

선발 기업과의 경쟁에서 우위를 확보하고, 미래 선도형 기업으로 나아가기 위해서는 엄청난 투자가 필요했다. 이병철은 삼성전자를 국내 최대의 종합 전자 업체로 키운다는 방침에 따라, 경기도 수원시 매탄벌(현재 수원시 영통구 매탄동 부근)에 45만 평의 공장 부지를 확보해 국제 규모의 전기·전자 콤비나트kombinat(기술적 연관성이 있는 공장이나 기업을 한 지역에 모아 놓은, 기업 집단)를 조성했다.

이로써 '현대=중후장대형' '삼성=경박단소형'이라는 체질이 갖추어졌다.

1970년대에 삼성은 현대의 성공에 크게 자극받아 조선 사업 및 중공업 분야에 뛰어들었다. 그러나 이때의 투자는 대부분 일본 기업에 재정 지원 및 기술 협조를 받아서 이루어진 것이었고, 그마저도 거의 실패로 끝났다. 이로 인해 삼성은 한국 재계에서의 위치까지 흔들리는 어려운 입장에 처하기도 했다.

어찌 보면 이때까지는 건설업·조선업·중공업·자동차 등의 분야에서 현대의 행보가 두드러졌기에 삼성의 완패로 기록될 수도 있을 것이다.

하지만 1980년대는 이병철의 선견지명 및 기업가정신이 돋보이는 시기였다.

신용 제일주의와 인재 제일주의

1980년대에 이병철은 전자 제품의 수출 한계와 중공업 부문에서의 실패를 절감하고 반도체 산업에 집중투자하기로 결정했다. 현대가 자동차와 중공업에서 큰 성공을 거두는 사이, 삼성은 반도체라는 새로운 산업에 모험을 걸었던 것이다.

이병철은 일본이 반도체, 컴퓨터 등의 고부가가치 및 하이테크 산업으로 성공적인 산업 전환을 한 것에 깊은 인상을 받았다. 일본은 1973년 1차 오일쇼크 이후 산업구조를 반도체 등 경박단소형으로 재편하면서 세계 최고의 경제 대국이 되었다.

"과연 우리가 반도체로 성공할 수 있을까?"

1980년대 초 이병철은 고민에 고민을 거듭했다. 지금 반도체를 시작하면 10년 전부터 시작한 미국과 일본의 기술 수준을 따라갈 수 있을까? 엄청난 투자 재원은 감당할 수 있을까? 제품 사이클이 매우 빠른데, 과연 그 위험을 감당할 능력이 있을까?

이후 이병철은 반도체 산업의 가능성을 확인하기 위해 여러 차례 일본을 방문하고, 수많은 국내외 전문가를 만나 의견을 들었다. 접할 수 있는 관련 자료는 모조리 읽었으며, 입수하지 못한 자료는 백방으로 수소문해서 구하기도 했다. 이러한 지식을 바탕으로 그는 1987년쯤이면 세계 반도체 시장이 420억 달러(약 33조 2,766억 원)의 대규모 시장으로 성장할 것이라 예상했다.

그리하여 1983년 3월, 이병철은 반도체 사업에 투자한다는 공식 발표를 했다.

1984년, 이병철은 256케이 반도체 칩 생산 시설을 마련하기 위해 국제금융시장으로부터 1억 4,000만 달러(약 1,158억 원)의 차관을 끌어들였다. 국내에서는 자금 동원이 쉽지 않았기 때문이다. 이 금액은 건설 이외의 목적으로는 한국 기업이 외국에서 빌린 가장 큰 액수였다.

1980년대 삼성의 반도체 사업 진출은 한국 경제사에서 높이 평가받아야 한다. 이때 이병철의 치밀한 준비와 과감한 결단력이 없었다면, 오늘날 삼성 반도체의 신화는 불가능했을 것이다. 현대가 자동차 분야에서 그러한 것처럼, 삼성이 반도체 분야에서 세계 최고의 경쟁력을 자랑하고 있다는 사실이 이를 뒷받침한다.

정주영과 이병철의 경영 방식에서 눈여겨볼 점은 '신용 제일주의'와 '인재 제일주의' 철학이다. 흔히 돈이 더 많은 돈을 벌어들인다고들 하지만, 그들은 돈을 벌어들이는 것은 돈이나 권력이 아니라는 점을 항상 강조했다.

정주영은 "신용이 작은 사업을 시작하게 하고, 작은 사업으로 다진 신용이 다시 중소기업으로, 중소기업이 대기업으로 성장할 수 있는 원동력"이라고 생각했다. 신용이 중요하다는 것은 강조할 필요도 없이 당연한 사실이지만, 그는 이것을 몸소 실천하면서 현대 왕국을 건설했다.

이병철 인재 제일주의 철학으로 기업을 경영했다. 그는 "기업은 곧 사람이며 모든 일의 중심 또한 인재"라는 것을 강조했다. 인재 양성을 위한 투자는 기업의 장기 발전에 반드시 필요한 요소 중 하나라는 것이었다.

1956년, 이병철은 우리나라에서는 최초로 공개 채용 방식을 통해 직원을 뽑았다. 당시만 해도 대부분의 기업이 경영주의 친인척을 채용하거나 가족이 사업을 도맡아 처리하는 풍토였기 때문에 이 같은 방식은 큰 화제가 되었다. 삼성의 인재 제일주의 경영 철학을 다시 한번 확인할 수 있는 사례다.

"나는 족벌 경영이 번성하는 사례를 본 적이 없다. 기업이란 모름지기 업무 수행 능력을 기준으로 선별한 임직원들로 구성해야 하는 것이다."

그는 1980년 전경련 회합에서 이렇게 연설하기도 했다.

"나는 내 인생을 통틀어 인재를 모으고 육성하는 데 80퍼센트의 시간을 보냈다. 삼성이 발전한 것도 유능한 인재를 많이 기용한 결과다."

그렇다고 정주영이 신용 제일주의라고 해서 인재를 소홀히 했다거나, 이병철이 인재 제일주의라고 해서 신용을 소홀히 한 것은 아니다. 단지 그들이 기업 경영에서 크게 강조했던 점이 각각 '신용'과 '인재'였다는 것이다.

정주영과 이병철은 특유의 열정과 경영 능력으로 성공을 이루어 냈지만, 둘 다 시련을 딛고 성공한 기업가라는 공통점이 있다.

앞서 이야기했듯이, 정주영은 많은 실패를 겪어야 했다. 자동차 수리 공장이 화재로 전소되는 아픔을 겪었고, 1950년대 고령교 복구공사에서도 참담한 실패를 경험했다. 이후에도 무수한 시련과 실패를 겪었다.

이병철이라고 실패가 없었겠는가? 그는 부친에게 물려받은 돈을 밑천으로 1930년대 말 도정업에 뛰어들어 큰돈을 벌었다. 여기에 막대한 은행 융자까지 끌어들여 김해평야의 전답 200만 평을 구입했으나, 성공을 눈앞에 두고 중일전쟁 발발로 은행 대출 회수 조치가 취해지는 바람에 졸지에 몰락한다. 우여곡절 끝에 국수 장사와 양조장으로 재기한 이병철은 무역업으로 도약하기 시작했으나, 이번에는 6·25 전쟁이 터지면서 전 재산을 날리고 알거지 신세가 된다. 이후 설탕 제조업에 뛰어들었으나 또다시 좌절을 거듭해야 했다.

화려한 성공 이면에는 실패의 기록이 있다. 그러나 정주영과 이병철은 그것을 실패라 생각하지 않고, 반면교사 삼아 성공의 밑거름으로 썼다.

정주영과 이병철은 거인의 발걸음으로 한국 경제를 이만큼 끌어올린 주역으로 평가받는다.

그렇다면 누가 더 훌륭하고 존경받는 기업가인가.

2019년 한국갤럽이 조사한 '한국인이 좋아하는 기업인' 순위를 보면, 정주영 현대그룹 창업자가 24퍼센트로 1위를 차지했다. 이어서 이건희, 이재용, 이병철 삼성가의 인물들이 15퍼센트, 6퍼센트, 4퍼센트로 2위, 3위, 4위였다. 다음으로 구본무(전 LG그룹 회장), 유일한(유한양행 창업자) 순이었다.

한국인이 좋아하는 기업인으로 여전히 정주영이 회자되는 이유는 자수성가했다는 이유 외에도 올림픽 유치, 현대자동차의 미국 시장 진출, 소 떼 몰이 방북 등 한국 경제사 속 영화 같은 이야기의 주인공이기 때문일 것이다.

18년 전인 2004년 국내 CEO를 대상으로 한 조사에서도 '가장 존경하는 기업인'으로 24.2퍼센트를 차지한 정주영이 1위에 올랐다. 이어서 이병철, 이건희, 유일한 순이었다. 그리고 CEO에게 가장 중요한 덕목으로는 결단력이 43.3퍼센트로 가장 많았고 성실성, 도전 정신, 친화력, 카리스마 등이 뒤를 이었다.

그러나 '좋아하는 기업인' 혹은 '존경하는 기업인' 순위는 시대에 따라 평가가 다르기 때문에, 이것으로 누가 더 훌륭한 기업가라고 단언할 수는 없다.

누가 훌륭한 기업가인가 하는 문제는, 누가 더 탁월한 기업가정신을 발휘했는지 여부로 판단할 수 있다.

정주영은 맨땅에서 시작해 말뚝을 박고 기업을 일으켰다는 점에서 기업가정신의 백미를 보여 줬다고 할 만하다. 반면에 이병철의 기업가정신은 시장에 대한 철저한 조사 및 행동을 특징으로 한다는 점에서 21세기형 모델로 평가받고 있다.

정주영은 1915년생이고, 이병철은 1910년생이다. 정주영은 생전에 이병철을 재계 선배로 깍듯이 모셨다고 한다. 부부 동반 모임이 있으면 언제나 이병철에게 윗자리를 양보하고, 자신은 옆자리에 앉았다. 재계의 라이벌로 경쟁하면서도 서로 존중하는 관계였음을 알 수 있다.

따라서 누가 더 훌륭한 기업가인지 따지기보다 두 기업가의 주도로 우리나라의 산업구조가 경박단소형 산업과 중후장대형 산업으로 적절한 균형을 이루면서 발전했다는 사실이 더 중요하다.

금강산 개발은 필생의 사업

정주영의 고향은 강원도 통천, 지금은 갈 수 없는 북한 땅이다. 그는 회고록에서 고향을 이렇게 표현했다.

강릉에서 바다를 끼고 북으로 곧장 쭈욱 올라가면 속초·화진포·고성·통천읍이 있고, 바로 그 위에 관동팔경 중에서도 으뜸으로 치는 해금강 총석정이 있다. 그리고 그다음에 나오는 것이 송전해수욕장이다. 솔밭이라는 이름 그대로 키 작은 다복솔이 온통 뒤덮이고, 푸르른 바다를 끼고 끝없이 이어진 새하얀 모래밭, 봄이면 온통 붉게 피어나는 산기슭의 진달래들, 명사십리 해당화보다 더 화려한 해당화……

정주영이 태어난 마을은 여기에서 걸어서 1시간 반쯤이면 닿는, 감나무 숲이 많은 아산리다.

고향을 아름답고 간절하게 표현한 것으로 보아, 정주영은 고향을 매우 그리워한 듯하다. 그는 같은 고향 사람이라도 만나면 똑같은 말을 되풀이했다.

"어려서 고향 떠나오기 전 그 마을 뒷산에 조그만 소나무 하나를 심어 놓았지요. 그 소나무가 60년이 지난 지금은 얼마나 큰 나무로 자랐는지 꼭 가 보고 싶습니다."

금강산 개발 사업은 정주영 필생의 염원이기도 했다. 그는 오래전부터 이 프로젝트를 마음에 두고 있었다. 이것은 정주영 경영 드라마의 마지막 하이라이트였다.

정주영은 왜 금강산 개발 사업을 '필생의 사업'으로 여기며 애착을 가졌을까? 다음의 세 가지를 이유로 들 수 있을 듯하다.

첫 번째는 개인적 이유로, 고향에 대한 순수한 그리움에서 비롯되었을 것이다. 수구초심首丘初心(여우가 죽을 때 자기가 살던 굴 쪽으로 머리를 둔다는 뜻)이라고 하듯, 고향을 그리워하는 마음은 누구에게나 있다. 실향민이었던 정주영은 고향을 매우 그리워했고, 눈감기 전에 고향에 꼭 가 보고 싶어 했다.

두 번째는 경제적 이유로, 경제인의 안목으로 금강산의 경제적 가능성을 엿본 것이다. 개혁과 개방을 거부하는 북한의 폐쇄적인 조치로 그동안 금강산 개발 사업은 기초적 수준에 머물러 있었다. 정주영은 천혜의 경관을 자랑하는 금강산을 세계적인 관광지로 개발하겠다는 야심 찬 포부가 있었다.

마지막으로 애국·애족 정신을 들 수 있다. 정주영은 평생을 기업 활동에 헌신하면서 "국가와 민족의 발전과 번영을 추구한다"는 사업 보국의 이념을 내세웠다. 그는 금강산, 즉 북한을 개발하는 것이 통일을 앞당기는 지름길이라 생각했다.

정주영은 금강산을 고향 또는 명승지로서의 가치 이외에도 민족의 발전과 통일을 위해 '반드시 개발되어야 할 우리의 땅'으로 생각했다.

금강산 개발 사업에 대한 열망은 정주영이 올림픽 유치 위원장으로 바덴바덴에서 활약했을 때로 거슬러 올라간다. 당시 그는 북한 대표와 만나 잠시 이야기를 나눈 적이 있었다.

"나는 강원도의 한 마을에서 출생했으며, 생전에 한 번이라도 고향에 가 보고 싶고 아름다운 금강산 관광 개발도 연구해 보고 싶습니다."

"그럼 그렇게 하시죠."

"그러나 우리는 남북으로 분단되어 있어서 가고자 해도 갈 수가 없습니다."

"꼭 그러실 날이 있을 겁네다. 그때는 우리가 환영하겠습네다."

그때의 말이 씨가 되었는지 정주영은 1987년 7월 북한으로부터 첫 번째 초청을 받았다. 그러나 당시 안기부에서 "신분 보장이 어렵다"는 이유로 그의 방북을 허락하지 않았다. 두 번째 초청장을 받은 것은 1988년 7·7 선언 직후였다. 이때도 아직 이르다는 이유로 방북이 미뤄졌다. 그러다가 서울 올림픽 직후인 1989년 1월, 북한 노동당 서열 4위인 허담의 초청으로 분단 후 44년 만에 처음으로 고향 땅을 밟을 수 있었다.

당시 북한 방문은 함부로 감행하기 어려운 일생일대의 모험이었다. 테러, 인질 납치 등을 서슴지 않았던 북한이 만에 하나라도 그를 인질로 붙잡아 두고 "정주영이 고향에서 늙어 죽겠다고 한다"고 해 버리면 끝이 아닌가. 따라서 무엇보다 신분 보장이 우선되어야 했다.

정주영은 모험을 단행했다. 다섯째 아들인 정몽헌을 비롯해 김윤규 등의 핵심 임원들과 함께 도쿄와 베이징을 거쳐 평양으로 갔다. 거기서 김일성도 만나고 고향 통천도 방문했다.

"고향 강원도 통천 땅이 많이 변했던가요?"

"예, 고향 마을은 모든 것이 변해 있었지요. 하지만 옛날의 다섯 그루 감나무는 나이만 몇십 년 더 먹은 채 그대로 있었습니다."

정주영은 언론과의 인터뷰에서 고향에 대해 이렇게 회고했다. 그는 북한 측 인사들과 9박 10일의 일정을 함께하며, 비록 남과 북이 동족상잔의 전쟁을 하고 계속해서 적대 관계를 유지해 왔지만 아무리 이념과 체제가 달라도 '한 민족 한 뿌리'임을 느꼈다고 했다.

그는 첫 번째 북한 방문을 단순한 여행으로 여기지 않았다. 경제 전문가답게 금강산 개발 사업에 몰두하는 열정을 보였다. 금강산을 세계적인 관광지로 개발하는 일은 그의 능력이라면 분명히 가능한 국가적 사업이 될 것이었다.

정주영 일행이 금강산을 둘러볼 때, 북한 안내원이 금강산의 비경을 설명했다. 이를 가만히 듣던 정주영은 순간순간 웃으며 받아넘겼다.

"그 옆에 장안사라는 절이 하나 있었는데, 지금은 한국전쟁으로 불타고 주춧돌만 남아 있다지요. 그때 그 자리가 지금도 그대롭니까?"

"저기서 조금 더 올라가면 촛불 모양을 한 바위가 있지요. 어렸을 적에 친구들과 같이 금강산에 놀러 갔을 했을 때 거기에 앉아 쉬곤 했습니다."

그는 고향을 떠난 지 반세기가 흐른 뒤에도 바위와 계곡은 물론 오솔길까지 정확히 기억하고 있었다.

그러자 북측 관계자가 놀라서 "금강산에 대한 것은 회장 선생님께 더 말씀드릴 것이 없겠습네다" 하고는 설명을 생략해 버리는 촌극이 벌어지기도 했다.

정주영은 북한 측과 금강산 개발 사업을 협상하면서 정치적 문제는 배제하는 것을 원칙으로 삼았다. 북한 측이 미군 철수나 팀스피릿 훈련 등 정치적 문제를 들고나오면 "정치는 정치하는 사람들한테 맡기고 우리는 경제 얘기만 합시다"라며 말머리를 돌리거나, "나한테는 그런 권한이 없어요. 쓸데없는 일로 시간 낭비하지 말고 금강산 개발 이야기나 합시다"라고 피했다.

북한과의 협상에서 정주영이 가장 중요하게 생각했던 부분은 수송 경로와 교통 문제였다. 이때 그는 다음과 같은 사항을 주장하고 관철했다.

"모든 인력 및 장비·자재의 수송 경로는 해상과 육로로 하되, 육로로 할 경우 판문점이나 동부 군사분계선을 통과해야 한다."

군사분계선 통과가 없는 금강산 공동 개발 사업은 아무런 의미가 없었다. 그는 군사분계선 통과를 우리 민족이 합일로 나아가는 출발의 상징으로 생각했다. 북한 측은 두 달 후에 정주영 일행이 다시 방문해 주기를 원했고, 정주영도 그러겠다고 약속했다.

그러나 약속은 지켜지지 못했다. 경색된 남북 관계 때문에 북한에 갈수도, 북측과 대화도 할 수 없었다.

당시 대북 사업은 정권의 대북 정책에 큰 영향을 받았다. 전두환, 노태우, 김영삼 등은 "북한과의 관계에서는 포용 정책이 중요하다"고 주장하면서도 "이 지구상에서 절대 믿어서는 안 되는 땅이 북한"이라는 등 엄청난 혼란의 연속이었다. 따라서 대북 사업은 크게 위축될 수밖에 없었다.

정주영이 북한에 가서 열흘에 걸쳐 진지하게 협의해 온 '금강산 공동 개발 협정서'는 단순한 희망 사항이 되어 버렸다.

그는 회고록에서는 다음과 같이 했다.

비록 그 약속은 지켜지지 못했지만, 그 후로도 북한에서는 여러 경로를 통해 나를 불렀다. 나는 북한과의 '금강산 공동 개발 협정서'는 언젠가 이루어질 것으로 믿고 기다리고 있다.

사실상 이때까지는 금강산 공동 개발이라는 시나리오의 밑그림을 그려 놓은 정도였다.

●

평양 가는 날 돼지꿈 꿨지요

정주영 현대그룹 명예회장님

조선민주주의인민공화국에서는 바야흐로 평화의 시대를 맞이하여 금강
산 공동 개발 사업을 비롯한 북남 간의 경제협력 활성화를 희망합니다.

_1997년, 11월. 광명성경제협력연합회장 김봉익

북한 측에서 정주영에게 위와 같은 공문을 전해 온 것은 8년 후인
1997년 11월이었다.

'광명성경제협력연합회(현재 민족경제협력연합회)'란 김정일의 아호(광
명성)를 따서 1996년에 설립된 남북한 경제협력 단체였다. 이 연합회는
대남 교류 사업에서 남북이 통하는 '최고의 실세 라인'으로, 북측이 얼마

나 정주영의 방북에 관심을 쏟는지 알려 주는 것이었다.

당시 우리나라는 대선 분위기가 한창이었던 때라, 현대는 비선 라인을 통해 베이징에서 북한과 서로의 입장을 확인하는 정도에 머물러 있었다.

그런데 김대중 정권이 들어서면서 대북 정책은 "정치 문제와 경제 문제는 분리하여 추진한다"는 정경분리 원칙에 따라, 정주영의 금강산 개발 사업도 무르익게 되었다.

1998년 초, 정주영은 공식 석상에서 이러한 의지를 강하게 피력했다.

"여기에 오기까지 8년을 기다려야 했습니다. 나는 꼭 판문점을 통해 북한에 갈 겁니다. 그리고 금강산 공동 개발을 비롯한 남북 간 경제 교류에 내 여생을 바치겠습니다."

1970년대 사우디 주베일에서, 1980년대 독일 바덴바덴 및 미국에서, 1990년대 초 구소련의 모스크바 등에서 세계를 무대로 기적을 이루었던 그가 마지막으로 한민족의 숙원인 '남북통일' 사업을 선택한 것이었다.

1998년에 정주영이 연출한 경영 드라마는 영화 속 마지막 장면 같은, 최고의 하이라이트였다. 이때 세계는 그를 향해 다시 한번 경탄을 금하지 못했다.

그가 약속대로 평양을 방문한다면, 과연 어떤 방법으로 방문할 것인가가 최대의 관심거리였다. 사람들은 정주영이 엄청난 돈거래로 북한의 환심을 사리라 생각했지만, 그는 "북한과 자본주의식 상거래는 절대 없을 것"이라고 강조했다.

정주영은 서산목장에 들어가 대북 사업을 구상했다. 그는 어려운 결단을 내릴 때 종종 서산목장에서 사색에 잠기곤 했다. 그와 함께 서산목장에 간 사람은 정몽헌, 김윤규 등 대북 사업의 핵심 측근 몇 명뿐이었다.

　정주영은 서산의 바다가 보이는 간척지의 푸른 목장에서 그가 키운 소 떼가 한가로이 풀을 뜯는 모습을 볼 때마다 고향으로 돌아간 듯 마음이 편안했다. 그는 "저 평화로운 풍경을 보아라. 저 풍경이야말로 순수 자연의 고향"이라고 말하기도 했다.

　정주영은 가난했던 어린 시절의 고향 풍경을 잊지 못했다. 그 모습은 그의 가슴속 깊이 파고들어 남아 있었다.

　강원도 통천은 눈이 많이 내리는 곳이었다. 한번 내리기 시작하면 1미터 이상 쌓이곤 했다. 이른 봄이면 아이들은 눈 쌓인 풍경을 내려다보기 위해 추지령 언덕길로 달려갔다.

　해발 1,000미터가 넘는 추지령 마루턱은 4월에도 눈이 전혀 녹지 않아 겨울 동안 트럭 길로 뚫어 놓은 눈 터널이 그대로였다.

　눈 터널을 지나면 하얀 설경이 한눈에 보이는 언덕이 나온다. 추지령 언덕 위에서 바라보면 화양 땅의 눈 덮인 광야가 햇빛을 받아 찬란하게 펼쳐진다.

　그 장엄한 풍경은 아이들의 입에서 "야아!" 하는 탄성이 절로 나오게 했다. 추지령 언덕에서 내려다보는 설경은 눈꽃보다도 아름다웠다.

　정주영은 측근들에게 "어릴 적 가난이 싫어 소 판 돈을 갖고 무작정 상경한 적이 있다. 그 후 나는 묵묵히 일 잘하고 참을성 있는 소를 성실과 부지런함의 상징으로 삼고 인생을 걸어왔다. 이 황소들은 나의 분신과도 같은 것"이라고 말했다. 그만큼 정주영과 소의 인연은 각별했다.

　"이제 그 한 마리가 천 마리가 되어 빚을 갚으러 꿈에 그리던 고향 산천을 찾아간다. 나는 저 소 떼를 이끌고 북한에 갈 것이다."

이 말을 전해 들은 현대건설 직원들은 깜짝 놀랐다고 한다. 이날을 위해 지금까지 준비해 왔다는 사실을 깨달았기 때문이다. 서산목장에서 소를 키우기 시작했을 때 정주영은 "살생의 사업이란 없다"고 말하며, 그 이유에 대해서는 침묵했다.

사실 자본주의식 상거래에 익숙하지 않은 북한과 돈으로 거래하는 것은 이치에 맞지 않는 점이 있었다. 게다가 돈보다 신용을 더 중시하는 정주영의 경영 철학으로 봤을 때도, 돈으로 북한의 환심을 산다는 것은 그의 신념에 맞지 않는 일이었다.

'소 떼 몰이 방북 선언'은 아무나 할 수 있는 일이 아니었다. 오직 경제 19단 정주영만이 할 수 있는 담대한 묘수였다.

그의 묘수는 북한의 마음을 사로잡았다. 정주영은 그의 뜻대로 서산목장의 소 500마리와 함께 북한을 방문하게 되었다.

1998년 6월 16일, 45대의 트럭이 '통일 소' 500마리를 싣고 일렬로 늘어서서 판문점을 통과했다. 사료를 실은 트럭과 승용차 등 10여 대까지 합쳐 소 떼 방북 행렬은 무려 1킬로에 이르는 장관을 연출했다. 정말이지 세계적인 빅 이벤트였다. 각국의 언론은 이 소식을 전 세계에 빠르게 전했다.

소 떼 500마리와 함께하는 정주영 명예회장의 방북은 전쟁과 총격전, 도끼 만행 등으로 얼룩진 비무장지대의 긴장을 완화하는 상징이 될 것.

_미국, 『워싱턴포스트』

> 동서 냉전의 마지막 상징인 한반도에서 민간인으로서는 처음으로 판문점을 통해 북한으로 들어간 것은 남북 모두에게 큰 행운이자 축복.
>
> _일본, 『요미우리신문』

> 미국과 중국 간의 핑퐁외교가 세계 최초의 스포츠 외교였다면, 정주영 명예회장의 소 떼 몰이 방북은 세계 최초의 민간 황소 외교로 기록될 것.
>
> _영국, 『인디펜던트』

세계적인 석학이자 문명 비평가인 프랑스의 기 소르망은 이 소 떼 드라마를 두고, '1991년 베를린장벽이 무너진 이래 20세기 마지막 전위예술'이라는 최고의 찬사를 보내기도 했다.

정주영의 소 떼 몰이 방북은 자본주의나 공산주의 같은 정치적 의식이라고는 찾아볼 수 없는, 순수한 의미의 교류라고 불러야 할 것이다.

1998년 6월 16일 오전 9시, 정주영은 여느 때처럼 감색 양복에 갈색 외투를 입고 흰색 중절모를 쓴 채로 모습을 드러냈다. 소 떼 몰이 방북은 국내 언론을 넘어 BBC, CNN 등을 통해 전 세계에 생중계되고 있었다.

그는 판문점 앞에서 이렇게 말했다.

"어릴 적 고향을 떠나 서울로 찾아들 때 무작정 이 길을 통해 달려왔었지요. 이제 소 떼를 몰고 고향을 방문하니 매우 감격스러워요. 황소걸음이라도 통일의 날이 다가오길 바랍니다."

한 기자가 물었다.

"회장님, 황소 500마리 몰고 가시는데 간밤에 소 꿈이라도 꾸지 않으셨나요?"

"소 꿈이 아니라 돼지꿈 꿨습니다."

정주영의 말은 위트가 넘치면서도 온 국민의 가슴을 설레게 했다. 그는 환영을 받으며 판문점을 통과해 북한으로 갔다.

북한의 중앙통신도 정주영의 방북 소식을 전했다.

"정 회장 일행이 따뜻한 동포애의 지성을 담아 마련한 소들을 가지고 왔다. 북측 관계 일꾼들이 정 회장 일행을 판문점에서 혈육의 정으로 따뜻하게 영접할 것이다."

대남 흑색선전이나 일삼던 북한방송에서 이런 내용의 보도가 나온 것은 극히 이례적인 일이었다.

그로부터 4개월 후인 1998년 10월 27일, 정주영은 다시 501마리의 소 떼를 이끌고 재방북했다. 그리고 당시 북한의 김정일 국방위원장을 만나 금강산 관광 및 개발 사업을 성사했다. 이로써 10년 동안의 꿈이 이루어진 것이다.

3장

결단은 칼처럼
행동은 화살처럼

새도 부지런해야 좋은 먹이를 잡는다

세계적인 기업가는 대부분 부지런하다. 그들의 하루는 새벽에 시작된다. 왜 일찍 일어나는가 하면, "오늘 할 일을 생각하니 너무 즐겁고 행복해서" 잠자리에서 낭비할 시간이 없다는 것이다. 그들은 남들이 단잠에 빠져 있는 사이 벌써 하루 일을 시작한다.

또한 세계적인 기업가들은 앉아서 쉬는 일이 거의 없다. 깨어 있는 시간에는 항상 생각하고 행동한다. "왜 그토록 열심히 일하는가?" 질문을 받으면, 그저 "일하고 싶어서"라는 대답을 할 뿐이다. 그리곤 행복한 미소를 짓는다. 이쯤 되면 보통 사람들은 "완벽한 일중독에 빠졌다"라든가, "드디어 일에 미치고 말았다"고 기절초풍한다. 그러나 기업가들의 생각은 다르다. 그들은 낙천적으로 웃으며 이렇게 반문한다.

"내가 미친 게 아니라 당신이 게으른 거야."

이것이 세계적인 기업가들의 하루다. 일이 곧 삶이고, 행복이다. "게으

른 사람치고 부자는 없다" "일에 미치지 않고서는 성공하기 힘들다" "성
공하고자 한다면 제일 먼저 부지런해라"는 그들의 말은 부지런함이야말
로 성공의 첫째 요인임을 알려 준다.

정주영의 삶의 자세에서 가장 강렬한 인상을 주는 것은 그가 누구보다
부지런하다는 점이다. 보통 사람이 하루를 그저 그 시간만큼 산다면, 그
는 하루를 열흘 혹은 백일만큼 사는 듯하다. 남들이 열흘 혹은 백일 걸
려 할 수 있는 일을 하루아침에 끝내 버리곤 했기 때문이다. 그러니 그가
성공한 것은 어쩌면 너무나도 당연한 일이었다.

정주영은 자신의 부지런함이 선천적으로 타고난 것이라 했다. 그는 게
으름을 혐오하고, 가만히 앉아 한가하게 시간 보내는 것을 답답해했다.
게다가 그날 할 일에 대한 기대와 흥분 때문에 새벽 일찍 일어나는 버릇
이 붙었다는 걸 보면, 타고난 부지런함이 어느 정도인지 짐작할 수 있을
것이다.

정주영은 생각도 부지런하고 행동도 부지런하다. 훨훨 날아 동에 번쩍
서에 번쩍한다는 표현이 적당할 것이다.

한번은 수행하던 비서가 그의 발걸음을 도저히 따라갈 수가 없어 "회
장님은 어디서 그런 힘이 나오세요?"라고 물었다.

"이봐, 자네는 아직 살아갈 날이 많으니 슬슬 다녀도 되지만 나는 얼마
남지 않았네. 그러니 더 뛰어다녀야지."

또 한번은 어떤 기자가 "회장님은 왜 그리 부지런하게 사시는지요?"라
고 물었다. 그러자 정주영은 "일찍 일어나는 새가 좋은 먹이를 잡듯, 남보
다 한 발짝 부지런하면 얻는 것도 많습니다"라고 대답했다.

"새도 부지런해야 좋은 먹이를 잡는다"는 말에서 그가 부지런하게 움

직이는 이유를 엿볼 수 있다.

부지런한 습관 때문에 생긴 일화도 많다.

울산조선소 준공 당시, 승용차와 함께 새벽 바다에 추락했다가 구사일생으로 구조된 사건도 그중 하나다. 울산조선소 건설을 위해 해외로부터 수천만 달러의 차관을 끌어와야 했으니, 만약 그때 잘못되었다면 "정주영이 태산 같은 빚 때문에 어디론가 증발했다"고 두고두고 회자되었을 것이다.

새벽 바다 추락 사건

1973년 11월의 어느 날, 정주영은 새벽 3시에 잠에서 깼다. 밖에서는 세찬 비바람이 몰아치고 있었다. 정주영은 울산조선소 공사 현장으로 손수 지프차를 몰았다. 아직 캄캄한 밤중이었고 비바람이 거세게 몰아쳤지만, 어서 일하고 싶은 마음으로 충만해 전속력으로 차를 몰았다. 비바람 때문에 시야를 확보하기 어려웠지만, 매우 익숙한 길이었던 터라 운전에는 자신이 있었다.

평소보다 한 시간 더 걸린 네 시간을 꼬박 달려 울산조선소에 도착했다. 그는 안도의 한숨을 내쉬었다.

그때 갑자기 전방에 바위가 불쑥 나타났다. 전날까지만 해도 없었던 바위였다.

"앗!"

찰나에 일어난 일이라 그는 외마디 비명을 질렀다. 급브레이크를 밟으며 핸들을 틀었으나, 그만 차가 전복되고 말았다. 지프차는 울산 바다로 풍덩 빠져 버렸다.

차는 수심 12미터의 바닷속으로 빠르게 가라앉았다. 불현듯 이대로 죽을지도 모른다는 불안감이 스쳤다. 잠시 정신이 몽롱해지려는 순간, 정주영은 자기 자신을 다짐시켰다.

'침착하자. 여기는 내 집 마당처럼 훤히 아는 현장 앞바다고, 더구나 나는 차 박사가 아닌가.'

깊은 바닷속으로 가라앉는 지프차 속에서도 정주영은 당황하지 않으려 했다. 문이 안 열리면 차 유리를 깨고 나가면 된다고 생각했다. 그는 수압 때문에 꿈쩍도 하지 않는 차 문을 있는 힘을 다해 밀쳤다. 한 번, 두 번… 몇 번의 시도 끝에 간신히 문을 열 수 있었다.

그러나 차 안으로 밀려드는 물살에 벌렁 뒤로 나자빠졌다. 머리에 육중한 통증이 느껴지고 차가운 바닷물의 기운이 온몸으로 퍼졌다. 그는 다시 한번 침착해야 한다고 자신을 다독였다. 차 안에 물이 다 차기를 기다렸다가 천천히 문밖으로 나와 수면 위로 떠올랐다.

여전히 비바람이 몰아치는 해안은 아주 깜깜했다. 정주영은 차가운 물살을 헤치며 간신히 안벽에 다다랐다. 그리고 마침 콘크리트를 치기 위해 설치한 철근 하나를 용케 붙잡았다. 후려치는 파도 때문에 철근을 움켜잡은 팔이 떨어져 나갈 것 같았다. 그는 극심한 통증을 온몸으로 견디며 200미터쯤 떨어진 초소를 향해 소리쳤다.

마침 회장의 차가 갑자기 없어진 것을 보고 이상하게 생각한 경비원이 회장을 찾다가, 그 소리를 듣고 냉큼 달려왔다.

"누구요?"

"이놈의 자식들! 누군지 알아서 뭐 해! 어서 밧줄 가지고 와!"

정주영은 냅다 호통쳤다.

"밧줄요? 밧줄이 어디 있습니까?"

당황한 경비원은 물에 빠진 그에게 오히려 밧줄이 어디 있는지 물었다. 정주영은 화가 머리끝까지 치밀었지만 우선 구조되는 것이 급해 얼른 밧줄 있는 곳을 말해 주었다.

초조하게 시간이 지나갔다. 물에 빠진 5분여의 시간이 마치 한 시간처럼 느껴졌다.

구사일생으로 살아난 정주영은 그대로 주저앉고 싶었지만, 회장으로서 그런 나약한 모습을 보이고 싶지 않았다. 그는 태연한 척 걷다가 뒤늦게 달려온 임직원들에게 농담처럼 말했다.

"물속이 참 시원하더군!"

그는 죽을 고비를 넘긴 뒤에도 의연했다.

울산조선소는 하루가 다르게 변모했다. 하룻밤 새에 임시 판자 초소가 시멘트 건물로 바뀌고, 울퉁불퉁한 자갈길이 아스팔트가 깔린 포장도로로 둔갑했다.

그 시절의 노동자들은 하나의 목표를 향해 하나의 사명감으로 눈물겹게 분투했다. 2,000명이 넘는 임직원이 365일을 거의 쉬지도 않고 작업을 해낸 것이다.

정주영 역시 잠도 거의 자지 않고 현장을 지휘했다. 서울에서 울산으로, 울산에서 서울로, 아침이건 새벽이건 가리지 않고 현장을 찾아 노동자들을 독려하고 함께 일하기도 했다.

인간의 정신적 힘은 눈에 보이지 않지만, 바로 그 보이지 않는 힘이 울산조선소의 기적을 이룩했다.

정주영은 서울에서 울산으로 갈 때, 새벽 4시면 어김없이 출발했다고한다. 이른 시간, 새벽닭을 깨우듯 길을 나선 그는 남대문 근처를 지날때마다 감회에 젖었다.

"새벽 4시, 남대문 근처를 지나노라면 어느 부부가 그날 팔 물건을 리어카에 싣고 가는 풍경을 볼 수 있다. 남편은 앞에서 끌고 아내는 뒤에서밀며 지나가는 풍경을 보노라면, 나도 모르게 목이 뜨끈하게 아파져 오곤 했다. 얼마 안 되는 하루 벌이를 위해서도 저토록 필사적으로 열심인데……. 삶이란 엄숙한 선서와도 같은 것이다. 나는 그들에게 마음에서우러나는 유대감과 존경심을 많이 느꼈다."

이 말은 한국 경제의 고난과 굴곡의 현장에서 우리에게 들려주는 살아 있는 증언과도 같은 것이다.

매사에 부지런하면 어려움이 없다

농부의 아들인 정주영은 자신의 뿌리 같은 어린 시절을 다음과 같이 회고한 바 있다.

"아버지께서는 어려서부터 나를 일등 농사꾼으로 만들기 위해 새벽 4시면 깨워 시오 리 떨어진 그 먼 곳으로 데리고 가셨다. 농토에 도착하면 동녘 하늘이 부옇게 밝아 온다. 그곳에서 온종일 허리를 펴지 못하고 일해야 했다. 부모님으로부터 물려받은 그 부지런함은 나의 일생에 가장 은혜로운 교훈이자 오늘의 나를 있게 한 첫째가는 유산이다."

정주영은 아버지 밑에서 아침 일찍 일어나는 습관, 사람은 모름지기 부지런해야 한다는 것, 검소와 검약 등 인생의 섭리를 배웠다. 맨주먹으로 성공 신화를 이룩하기까지, 그의 이력에는 부지런함으로 이루지 못한 것은 아무것도 없었다.

서울에서 막노동하다가 쌀가게 배달꾼으로 취직한 정주영은 타고난 성실함과 부지런함으로 주인에게 가게를 넘겨받았다. 이때 '전심전력을 기울여 성실히 일하면 무슨 일이든 반드시 성공한다'는 사실을 깨달았다.

정주영의 회고록에는 부지런함에 관한 언급이 많다.

"인생의 부지런함으로 부지런히 생각하고 부지런히 움직이고 부지런히 노력해라." "하루 부지런하면 하룻밤 편안히 잠들 수 있고, 한 달 부지런하면 생활의 향상을 볼 수 있다. 그리고 일 년 부지런하면 인생의 발전을 이룰 수 있다." "부지런한 사람에겐 반드시 좋은 행운이 찾아온다."

부지런함의 결과는 기하급수적으로 집대성된다는 것을 그는 체험으로 터득했다.

언젠가 한 기자가 "회장님은 하루 24시간을 어떻게 보내는지" 인터뷰하고 싶다고 했더니, 정주영이 대뜸 "그럼 4시에 오세요"라고 말했다고 한다. 그때 외에는 시간을 낼 수 없다는 것이었다. 깜짝 놀란 기자가 "네? 오후 4시가 아니라 새벽 4시요?"라고 묻자, 그는 "새벽 4시가 아니라 아침 4시입니다"라고 대답했다.

결국 기자는 어쩔 수 없이 새벽 4시에 인터뷰를 했다. 그다음 회사에 출근해 '이제 점심시간이 됐겠지' 생각하며 시계를 보았더니, 맙소사! 아직 출근 시간도 안 되었더라고 푸념을 늘어놓았다 한다.

정주영은 새벽 4시에 일어나서 신문 또는 책을 읽거나 서산농장, 미국, 일본 등으로 전화한다. 서산농장에 전화를 하면 "비가 왔는가?" 하고 묻는다. 농장에 비가 와야 농사가 잘되기 때문이다. 비가 왔다고 하면 "음, 좋아" 한마디로 만족감을 표시하지만, 비가 오지 않았다면 직원들은 애꿎은 원망 소리를 들어야 한다.

미국, 일본, 영국 등에 전화하는 이유는 자식들의 유학 이야기를 듣고 해외 사업에 대해 논의하기 위해서다. 이때 정주영은 사업 보고를 듣기도 하고, 사업 방향을 지시하기도 한다. 그리고 남은 시간에는 테니스, 골프 등 운동을 즐긴다.

정주영은 단 한 시간도 소홀히 보내는 법이 없었다. 부지런함은 자기 자신에 대한 믿음이자 성실성을 의미한다.

이와 같은 철학은 현대그룹 사훈에 담긴 기업관에도 잘 나타난다. 정주영이 직접 지었다는 현대그룹의 사훈은 '첫째가 근면, 둘째가 검소, 셋째가 친애'다.

"기업인은 근검과 절약, 근면과 성실, 그리고 창조와 개척으로 청부淸富 (깨끗한 부가가치)를 창조해야 합니다. 청부의 근원과 기업인의 생명력은 신용, 정직, 성의라 하겠습니다. 정직과 성의가 있는 기업에 신용이 있고 신용이 있는 곳에 기업의 발전이 있습니다."

물론 정주영도 짧은 시간에 많은 것을 성취하고자 하는 욕심으로 앞뒤 생각 없이 달려든 적도 있었다고 한다. 기업가는 순간의 오판으로 몇십억 혹은 몇백억의 손해를 볼 수도 있기에 피곤할 때는 중요한 결정을 안 하는 것이 좋다. 급한 성미 때문에 일을 추진하다가 화를 내거나 상대방의 의견을 무시하기도 했다. 그로 인해 때로는 많은 사람을 슬프고 불행하게 만들기도 했다고 한다. 그는 "성질이 급하다는 것이 나의 가장 큰 단점"이라고 말했다. 그럴 때면 어린 시절 서당에서 글 배울 때를 회상하곤 했다.

정주영은 자택 1층 응접실 한쪽에 「풍교야박」이라는 시를 걸어 두었다고 했다.

달은 지고 까마귀는 우는데

하늘 가득 서리가 내리네

풍교에는 고깃배 등불을 마주하여

시름 속에 자고 고소성 밖 한산사에는

한밤의 종소리 객선에 이르네

당나라의 시인 장계가 한산사의 종소리를 듣고 지었다는 시다. 지금은 일본인들이 중국을 침략했던 당시 학살의 만행을 인정하고 뉘우치는 의미에서 한산사를 찾아 불공을 드린다고 한다. 한산사는 중국과 일본의 '화해와 협력'을 상징하는 것이니, 정주영은 이 시를 읊으며 하루하루에 대한 경건한 성찰과 겸허한 자기반성을 이루었으리라.

이 외에도 정주영의 응접실에는 박정희 대통령이 써 주었다는 휘호 '청렴근淸廉槿(청렴하고 부지런함)' '일근천하무난사一勤天下無難事(매사에 부지런하면 세상에 어려움이 없다)'라는 글귀가 있다. 액자에 넣어 걸어 놓을 만큼 소중하게 보관하던 것으로, 이 말은 오늘날 많은 경영자의 경영 이념 및 행동 철학이 되고 있다.

새벽 4시 사건의 기자가 정주영에게 이런 질문을 했다.

"만약 회장님께서 지금 기업가가 아니라면 무엇이 되셨을까요?"

그러자 그는 "아마 문필가가 됐을 거요"라고 1초의 주저함도 없이 대답했다고 한다. 찢어지게 가난한 생활 속에서도 문학을 사랑했던 소년 정주영. 만약 그가 연장 대신 펜을 들었다면, 어쩌면 '최고의 기업가' 대신 '최고의 문필가'가 되었을지도 모른다.

●

시련은 있어도 실패는 없다

'성공학'의 반대 개념으로 '실패학'이라는 과목이 있다. 미국의 MBA뿐만 아니라 국내 경영 대학원에서도 교과과정으로 채택하고 있는데, 기업 운영의 '성공 사례'가 아닌 '실패 사례'를 분석하고 이를 교훈 삼아 성공에 이르는 방법을 찾는다.

기업가라면 여러 번의 실패를 겪기 마련이다. 그 원인은 다양하다. 과욕이나 경험 미숙, 혹은 변화에 미처 대응하지 못했기 때문에 비롯되기도 한다. 이때 실패를 어떻게 바라볼 것인가에 따라 기업의 운명이 좌우된다.

"시련은 있어도 실패는 없다"는 정주영의 말처럼, 그의 성공 신화에는 '시련'이라는 단어가 꼬리표처럼 따라다닌다. 이 시련의 가장 큰 본보기가 바로 '고령교 복구공사' 아니었을까. 이때 그는 다음과 같이 말했다.

"좌절과 실패의 순간에도 소중한 가르침을 발견할 수 있고, 뜻을 이룰 때라도 실패의 뿌리가 생길 수 있으니 하루하루의 성과에 일희일비할 필요는 없다."

1953년 의욕적으로 시작한 고령교 복구공사에서 정주영은 계절에 따른 낙동강 수심의 변화, 열악한 장비와 시설, 예기치 않은 홍수, 극심한 인플레이션이라는 4중고로 참담한 실패를 경험했다. 가족과 동료들은 공사를 중단하자고 했으나 그는 "신용이 최우선"이라며, 전 재산을 처분한 끝에 공사를 완공할 수 있었다. 계약 금액이 5,478만 환圜(환은 1953년 1차 긴급통화조치로 1962년까지 사용되던 통화 단위. '1환= 100원'. 다만, 이때의 원은 1945부터 1952년까지 쓰인 화폐 단위. 1962년 2차 긴급통화조치에서 지금 쓰는 새로운 원으로 대체해 10환은 1원으로 교환되었다)이었고 적자는 이보다 1,000만 환이 많은 6,500만 환이었다. 정주영은 이 공사의 적자로 빚더미에 올랐다. 그 빚을 갚는 데만 20여 년이란 세월이 걸렸다고 한다. 아무리 긍정적인 그라도 이때만은 절망적인 심정이었을 것이다.

정주영은 "고령교 공사는 일생에서 가장 쓴 맛을 안겨 준 공사였다. 또한 기업인으로서의 내 삶에서 가장 큰 교훈을 얻었다"라고 말했다.

그러나 그는 이 공사를 '완전한 실패'로 여기지 않았다. 성공을 위한 시련의 과정으로 보았다. 실패란 끝이 아닌 연기된 성공이다. 지금의 고난은 내일의 큰 성공을 위한 과정으로 볼 수도 있다.

정주영이 고령교 복구공사를 마무리한 과정을 잘 살펴보면 '시련을 성공으로 만드는 방법'을 찾을 수 있다.

실패와 시련의 고령교 복구공사

미8군 공사로 건설업의 기반을 닦은 현대건설은 정부의 복구공사에도 적극적으로 뛰어들었다. 다소의 적자를 예상하고 조폐공사의 부산 동래구 사무실과 건조실 신축 공사를 수주하여 1953년 10월 착공했다. 그러나 이 공사는 1차 긴급통화조치령으로 인한 극심한 인플레이션 때문에 막대한 적자를 보았다.

정주영은 고령교 복구공사에 큰 기대를 걸었다. 고령교는 대구와 거창을 잇는 교량으로, 전후 복구공사로서는 최대 규모였다. 공사 금액도 5,478만 환이나 되었다. 이는 당시 정부에서 발주한 공사 금액 중 최고로 높은 가격이었다.

그러나 공사는 처음부터 난항이었다. 교각은 기초만 남았고, 상부 구조물은 완전히 파괴되어 물에 잠긴 채였다. 말이 복구공사지, 거의 모든 것을 새로 만들어야 했다. 오히려 신축 공사가 나을 판이었다.

장비도 부족한 데다 인력에 의존해 원시적인 방법으로 박아 놓은 교각은 홍수에 쓸려 가 버리기도 했다. 착공 후 1년이 지났는데도 교각을 1개도 박아 넣지 못했다. 게다가 물가는 120배나 치솟아 기초 건자재 가격, 노임 등도 덩달아 뛰어올랐다.

현대건설은 이미 조폐공사 공사에서 무려 7,000만 환이라는 막대한 적자를 본 상태였기에 상황을 감당할 여력이 없었다. 회사는 그야말로 파산 직전이었다. 공사장 인부들은 임금을 내놓으라며 파업하기 시작했고, 사무실에는 매일 빚쟁이가 성난 벌 떼처럼 몰려와 아우성을 쳤다.

아무리 어려운 상황이 닥쳐도 낙관적이었던 정주영도 이때만은 암담했다. 그렇다고 이대로 나자빠져 버릴 수는 없는 노릇이었다.

그는 동생들과 관계자들을 모아 사태 수습 방안을 논의했다.

"방도가 없다. 내 몸을 팔아서라도 공사를 마무리 지어야겠다."

"조상 차례 지낼 집 한 칸은 있어야 합니다. 우리가 집을 내놓을 테니 형님 집은 그대로 두십시오."

"그렇다면 집 대신 초동의 자동차 수리 공장이라도 내놔야겠다."

정주영은 가진 것을 있는 대로 다 처분해서 자본금 1억 환을 마련했다. 이것으로 고령교 공사에 박차를 가했다. '사업은 망해도 다시 일어설 수 있지만 신용은 한 번 잃으면 그것으로 끝장이다'는 생각에서였다.

고령교 공사는 최악의 상황 속에서 당초 계약보다 2개월 늦게 완공되었다. 공사가 끝난 후 현장 장비를 철수할 기력조차 없었다. 정주영은 마음이 울적했다. 두 번의 적자 공사로 엄청난 빚더미에 앉게 된 것이다.

정주영은 『채근담』 가운데 한 구절을 떠올렸다.

"고심이 있는 중에 늘 마음을 기쁘게 하는 멋을 얻을 수 있고, 뜻을 이룰 때 문득 실의의 슬픔이 생겨나게 된다."

그는 스스로 마음을 다독였다. '너무 슬퍼하지 말자' '비싼 수업료를 냈다고 생각하자' '이 고난은 언젠가 전화위복이 될 것이다'.

정주영은 이를 악물었다. 이대로 주저앉아 인생의 실패자가 될 수는 없었다.

그는 상운 소속 목선 3척과 자동차 수리 공장을 처분해서 현대건설을 다시 일으켜 세우려 했다. 그리고 잡지 제작에 몰두하던 정인영을 복귀시켰다. 아울러 고령교 공사의 실패 원인이 장비 부족이라고 생각해서 이를 해결하기 위해 노력했다.

고령교 복구공사는 정주영에게 분명 전화위복이 되었다. 1954년부터 미국 원조 자금으로 전쟁 복구공사가 활발히 진행 중이었고, 정부에서도 엄청난 적자를 보고도 신용을 지킨 현대건설을 모르는 체하지 않았다.

1957년 한강 인도교 공사 때의 일이다.

이 공사를 두고 당시 업계 1~2위를 다투던 조흥토건과 흥학공작소 간의 치열한 입찰 경쟁이 벌어졌다. 서로 양보하지 않고 흑색 비난전을 이어 갔다. 현대건설은 이 고래 싸움에 끼지도 못하고 사태를 조심스럽게 관망하는 처지였다.

그러던 어느 날, 정주영은 흑룡이 여의주를 물어다 주는 꿈을 꾸었다. 이보다 더 큰 꿈이 어디 있을까 싶었다. 용꿈은 분명 길조요, 여의주는 대박을 암시하는 것이 분명했다.

과연 두 건설 업체가 공사를 놓고 피 터지게 싸우다 그만 함께 나가떨어지자, 어부지리로 현대건설에 자동 낙찰되는 놀라운 일이 벌어졌다. 한강 인도교 공사는 고령교 이후 최대의 공사였기 때문에 경쟁사들도 모두 놀랐다.

정주영은 이 공사에서 40퍼센트나 되는 이익을 냈다. 언론 매체에서 현대건설이 자주 언급되며 국내 5대 건설 업체로 급부상하기도 했다.

"내가 살아 있는 한 시련은 있어도 실패는 없다"는 신념의 실현을 암시하는 고령교 복구공사였다.

●

긍정적인 사고에는 실패가 없다

인생에는 좋은 일도 있고 나쁜 일도 있게 마련이다. 좋은 일만 계속 일어나면 더 이상 바랄 게 없겠지만, 곳곳에 고통이라는 함정이 도사리고 있는 것이 문제다.

나쁜 일이란 곧 인생의 고통이요, 스트레스이기 때문에 피할수록 좋다.

"아휴, 나는 왜 이리 되는 일이 없지? 운명이 나를 비켜 가기라도 하나봐."

세상은 사람들이 쏟아 내는 불평불만으로 한순간도 조용한 법이 없다. 불행하게도 우리 인생의 많은 부분이 나쁜 일로 채워져 있다. 그것을 긍정적으로 받아들인다면 매일매일 행복할 것이고, 부정적으로 받아들인다면 지옥과 같을 수밖에 없다.

똑같은 조건이나 똑같은 일에 부딪혀도 어떤 이는 찌푸리고 어떤 이는 웃는다. 자부심과 자기 긍정이 강한 사람은 "지금의 시련은 나를 크게 만든다"는 생각으로 그 어려움을 극복하기 위해 최선의 노력을 다하지만, 매사에 부정적인 사람은 "이 시련은 내 것이 아니다"라며 그것을 피하기에 급급한 나머지 모든 잘못을 남의 탓으로 돌려 버린다.

이처럼 긍정적인 사람과 부정적인 사람 사이에는 큰 차이가 있다.

긍정적인 사람은 위기에서도 '이 일은 반드시 가능하다'는 생각으로 돌파구를 찾기 위해 연구하고 노력한다. 그들은 매사에 창의적이고 열정적이다. 그들에게 위기는 곧 기회이기도 하다. 반면 부정적인 사람은 일이 조금만 어려워도 그것이 불가능하다고 생각한다. 그들은 매 순간이 불평불만으로 가득 차 있다. 그래서 좀처럼 기회가 오지 않는다. 기회가 없으니 발전도 없다.

긍정적 사고를 하는 사람이 성공한다는 것은 전혀 새로운 말도 아니고, 무슨 궤변도 아니다. 닥치는 일마다 불가능하다고 생각하는 사람에게 가능한 것은 한 가지도 없다. 세상일이란 모두 가능하다고 생각하고 가능한 목표를 향해서 노력하는 사람만이 성공을 창조해 낼 수 있는 것이다.

정주영은 항상 "긍정적인 사고에는 실패가 없다"는 말을 강조했다. 이어지는 '정주영식 낙천주의'에 관한 일화는 그가 어려움이나 위기에 어떻게 대처했고, 어떻게 성공으로 이끌었는지 보여 준다.

정주영식 낙천주의

정주영은 매사에 낙천적이고 긍정적이었다. 어린 시절부터 어떤 처지에서도 불행하다고 생각해 본 적이 없었다. 항상 그때그때 나름대로 만족하며 행복하게 생각하려고 노력했다.

아주 피곤하게 일하고 나면 잠을 달게 잘 수 있어 좋고, 일을 많이 하면 배가 고파져서 밥맛이 좋아져서 좋고, 오랫동안 뙤약볕 아래서 일하다가 잠시 나무 그늘로 들어서면 서늘한 바람이 마치 극락 같은 행복감을 안겨 주어 좋다고 생각했다.

그는 지난날 인생의 소회에 대해 회고록을 통해 다음과 같이 밝혔다.

> 지난날을 돌아보면 생활도 어려웠고 일도 많았지만, 매일매일을 희열과 흥분 속에서 살았다. 궂은일이면 궂은일대로 그것을 극복하는 기쁨으로, 좋은 일이면 그것을 즐기는 마음으로 항상 그때마다 나름대로 만족하고 행복을 느끼곤 했다.

정주영은 뜨거운 폭양 아래서 농사지을 때나, 공사판에서 막노동할 때나, 쌀가게 점원으로 일할 때나, 내면은 한결같이 행복했고 모든 고통은 기쁨으로 승화되었다. 고령교 공사 당시 회사의 부도를 막기 위해 밤낮없이 일수, 월수 돈을 구하러 다녔지만 누구를 원망해 본 적은 없었다. 남을 탓하고 원망해 봐야 득이 되는 일이 없음을 알았던 것이다.

어떠한 곤경도 극복할 수 있다는 신념과 밝은 내일에 대한 낙관적 확신이 없었다면 오늘의 현대그룹이 있었을까? 정주영은 "긍정적 사고야말로 시련을 극복하고 성공으로 안내하는 강력한 힘"이라고 말했다.

"사람은 누구나 자기 문제를 스스로 해결할 수 있는 능력을 가지고 있다. 그런데도 이를 해결하지 못하는 것은 자기 능력으로 해결하는 데 힘

쓰기보다 세상을 부정적으로 보면서 불평과 원망, 증오로 시간을 허비하기 때문이다."

울산조선소 역시 긍정적인 사고에서 출발했기 때문에 지을 수 있었다.

정주영이 6,000만 달러(약 186억 원)의 차관을 얻기 위해 영국에 갔을 때의 일이다. 그는 버클리은행 측에 한국이 조선소 사업을 하려고 하니 돈을 빌려 달라고 했다. 그러나 "한국이라는 나라는 그렇게 큰 배를 만들어 본 일도 없고, 배를 만들 만한 기술자도 없으니 안 된다"고 거절당했다.

정주영은 세계 최고의 배를 만들 수 있다고 버텼다. 그가 하도 막무가내로 버티자, 버클리은행에서는 영국 대사관을 통해 한국의 관련 기관에 조회를 했다. 그들이 첫 번째로 알아본 곳은 대한조선공사였는데, 답변은 '불가능하다'였다.

답을 받은 버클리은행은 정주영에게 말했다.

"당신의 조국에서조차 조선공업을 주관하는 것이 불가능하다고 회답해 왔는데, 어떻게 돈을 빌려 줄 수 있겠소?"

그러나 정주영은 전혀 이상할 것이 없다는 듯 말했다.

"모든 일은 가능하다고 생각하는 사람만이 해낼 수 있는 것이오. 만약 한국의 조선공사가 이 일이 가능하다고 생각했으면 그들이 직접 하려고 나섰을 것이오. 그러나 그 사람들은 해 보지도 않고 불가능하다고 생각했기 때문에 그렇게 말할 수밖에 없었던 것이오. 하지만 나는 그것이 가능하다고 생각하는 사람이니 다시 한번 서류를 검토해 주시오."

확신에 찬 정주영의 말에 버클리은행 측은 수긍할 수밖에 없었다.

버클리은행은 현대의 조선소 사업을 처음부터 재검토했다. 사업계획서를 확인하고 현지답사를 하면서 어느 것 하나 흠잡을 데가 없음을 인정했다.

그 후로도 수많은 어려움이 있었지만, 정주영은 인간이 할 수 있는 모든 일은 자신도 할 수 있다는 생각을 출발선으로 삼았다. 불가능하다는 의심, 회의, 좌절 등의 부정적 사고를 하지 않는다면 인간의 노력으로 이룰 수 없는 것이 없다고 확신했다.

세계 최고의 울산조선소는 '긍정적 사고'의 상징으로 우뚝 서 있다.

결단은 칼처럼 행동은 화살처럼

리더는 조직의 성공적인 운영을 위해 단호한 결단을 내려야 할 때가 있다. 이때 훌륭한 리더는 신속한 결단력을 보이며, 한번 내린 결정은 좀처럼 번복하지 않는다. 만약 결정을 바꿀 일이 생기면 매우 신중하게 생각해서 판단한다. 이에 반해 실패한 리더는 대부분 우유부단하며, 결정을 매우 빈번하게 번복한다. 결정을 바꿀 때도 매우 빠르고 신속하다.

기업가 정주영의 재능 중 하나가 바로 '뛰어난 결단력'이다. 백이면 백 모두 반대하는 울산조선소 건설을 전격적으로 결정하고, 황량한 바닷가에 소나무 몇 그루와 초가집 몇 채가 있는 백사장 사진 한 장만 들고 배를 팔러 다녔다. 건설 업계에서 20세기 최대의 역사로 불렸던 사우디 주베일 공사를 수주한 후, 철 구조물을 울산조선소에서 제작한 다음 바지선으로 1만 2,000킬로 해상 수송을 감행한 일 또한 뛰어난 결단력의 결과였다. 현대는 이 모든 것을 완벽하게 해냈다.

정주영의 단호한 결단력이 아니고서는 생각할 수 없는 담대하고 모험적인 일들이었다.

주베일의 해상 수송 작전을 시행하면서 정주영은 다음과 같이 말했다.

"기업이란 돈과 시간을 좇는 것이므로 즉각적인 결정이 필요하다. 따라서 다소 무리한 결정이라도 성공률에 대한 확신이 있다면 나는 주저 없이 행동할 것이다. 이런저런 핑계로 우물쭈물하다가는 결국 완전한 실패로 귀결될 뿐이다."

결단에는 '성공과 실패의 가능성'이 공존한다. 이때 정주영은 "열 가지를 해서 다섯이 잘 되고 셋이 본전이라면, 두 가지는 실패를 해도 좋다"고 여겼다.

결단의 공식으로 가장 잘 알려진 것은 콜린 파월 전 미국 국무장관의 '40~70의 룰The 40~70 rule'이다. 그는 "나는 P＝40~70을 자주 사용한다. P(probability)는 확률(성공 가능성)이며, 숫자 40~70은 의사 결정에 요구되는 정보의 퍼센트 양이다. 즉, 성공 확률이 40~70퍼센트라면 일을 추진하고, 그 미만이면 행동을 취하지 말라. 하지만 100퍼센트 확실한 정보를 갖게 될 때까지 기다릴 수만은 없다. 왜냐하면 그때는 너무 늦기 때문이다"라고 했다.

정주영은 자신의 결단 공식에 대해 다음과 같이 말했다.

"능력 있는 사람이라면 적중률을 더욱 높일 수 있고, 전력투구한다면 그만큼 좋은 결과를 기대할 수도 있다. 따라서 성공 확률이 40~60퍼센트라도 반드시 되게 하는 불굴의 노력만 있다면 100퍼센트 가능하다. 이때 행동해야 한다. 일이 저절로 풀릴 때까지 무작정 기다리지는 말라. 왜냐하면 그때는 너무 늦기 때문이다."

사우디 주베일 해상 운송 작전은 정주영이 자신의 결단을 어떻게 실천했는지 보여 주는 일화다.

사우디 주베일 해상 운송 작전

사우디아라비아의 주베일 산업항 공사는 20세기 문명의 집대성이자 매우 창조적인 작업이었다. 공사 금액만 3,500억 원에 콘크리트 소요량이 5톤 트럭으로 연 20만 대 분이었고, 철강재만도 1만 톤짜리 선박 12척 분량이었다.

주베일 공사에서 정주영의 가장 큰 고민은 이 모든 자재를 어떻게 조달하는가였다. 상식적으로는 현지에서 조달할 수밖에 없는 실정이었다. 하지만 그랬다가는 일단 비용이 많이 들고, 품질에 대한 확신도 없었다. 무엇보다 계약한 기간인 36개월 안에 공사를 끝낼 자신이 없었다.

정주영은 울산의 현대조선소와 긴밀한 협조하에 자재를 직접 조달하기로 마음먹고 참모들에게 말을 꺼냈다.

"공사에 필요한 철 구조물과 자재 모두 울산에서 제작해 해상으로 운송하도록 하겠습니다."

회의에 참여한 사람 모두 썩 내키지 않는 반응이었다. 재킷이라는 철 구조물 하나만 해도 가로 18미터, 세로 20미터, 높이 36미터에 무게가 550톤으로 웬만한 10층 빌딩과 맞먹는 어마어마한 크기였다. 그 무거운 걸 바지선으로 운반한다니, 그의 결정은 여러모로 무모해 보였다. 무엇보다 안전시고에 대한 우려가 컸다.

한 참모가 회장의 결정에 반대하며 말했다.

"안 됩니다. 빌딩만 한 철 구조물을 뗏목 같은 바지선으로 운반한다니 상식 밖의 결정입니다."

정주영은 반대를 각오하고 있었다. 그는 침착하게 대답했다.

"우리는 울산에서 초대형 운반선을 만들고, 그것을 미국·일본 등지에 수출도 하고 있지 않습니까? 그렇다면 대형 재킷도 블록도 해양을 통해 운송할 수 있다는 게 내 판단입니다."

"무엇보다 거쳐야 할 바닷길이 계산이 안 될 만큼 거칩니다. 세계 최대의 태풍권인 필리핀 해양이 있고, 몬순이 부는 인도양을 거쳐서 걸프만까지 와야 합니다. 제대로 된 배도 풍랑을 만나면 전복되는 판에, 그 무거운 자재를 어떻게 바지선으로 끌고 온다는 말입니까?"

"태풍을 만났을 경우에는 매뉴얼에 따라 대응하면 위험을 최소화할 수 있습니다. 그리고 만일의 사태를 대비해 안전에 대한 여러 가지 대책이 마련될 겁니다."

핵심 참모였던 김영덕 박사조차 이 작전에 대해 심한 우려를 나타냈다.

"저는 공학자입니다. 만약 이번 작전이 실패라도 하게 된다면 분명 우리는 선진국의 조롱거리가 되고 말 겁니다."

그는 입찰 경쟁에서 떨어진 한 경쟁사가 "현대가 무모한 객기를 부리다 사우디 앞바다에 침몰할 것이다"라던 것을 상기했다.

그러자 회장은 박사를 질책하며 말했다.

"나는 기업가입니다. 나는 시간과 돈을 좇는 사람이지, 공학자처럼 실패할 확률이나 다른 나라의 전망 따위는 계산에 넣지 않습니다."

정주영은 지금 우리는 갖은 고초를 당하며 해외 공사를 하고 있다는 사실 등을 들며 참모들을 설득했다.

"우리가 갈 수 있는 길은 이 길밖에 없습니다. 멀리 중동 땅까지 와서 고생만 하고 돌아갈 수는 없지 않습니까? 다소 무리가 있는 결정이라는 것은 나도 알고 있습니다. 그러나 성공에 대한 확신이 있다면 나는 주저 없이 이 방법을 실행할 겁니다."

참모들은 회장의 단호한 결단에 더는 반대만 하고 있을 순 없었다. 대신 해상보험에라도 가입할 것을 권했다.

정주영은 그것마저 거부했다.

"필요 없어요. 바지선이 빠지면 보험이 건져 줄 거야 뭐야. 제때 나오지도 않는 보험금, 조사니 측량이니 시간만 질질 끌 텐데……."

정주영은 보험 대신 만반의 대비책을 세우라고 지시했다. 해상 사고가 났을 경우 재킷이 바다에 가라앉지 않고 떠 있게 하는 공법도 개발하고, 태풍의 위치를 추적할 수 있는 컴퓨터 프로그램도 개발해 선박에 장착했다.

울산에서 주베일까지는 무려 1만 2,000킬로, 서울과 부산을 15번이나 왕복해야 하는 거리였다. 울산에서 출발해서 주베일항에 도착하기까지 무려 35일이나 걸렸다. 만약 큰 태풍이라도 만나서 바지선이 전복되거나 바다 충돌 사고를 겪게 되면 모든 계획은 치명적인 실패가 되고 말 것이다.

현대건설은 1만 마력짜리 예인선 3척, 2만 톤짜리 바지선 3척, 5만 톤짜리 대형 바지선 3척으로 한 달에 한 번씩 해상 수송 작전을 펼쳤다. 1차 물량이 무사히 도착했다는 전문을 받으니, 용기가 생겨 더 악조건이라도 견딜 만큼 열과 성을 다할 수 있었다.

천우신조라 할까, 하늘의 도움이 따랐는지 이 작전은 성공했다. 물론 사고가 전혀 없지는 않았다. 8차 수송 때 싱가포르 앞바다에서 1호 바지선이 대만 상선과 충돌해 재킷 하나가 구부러졌다. 또 한 번은 대만 앞바다에서 태풍으로 바지선 한 척을 잃어버렸는데, 대만 해안에 고스란히 떠밀려 가 있는 것을 다시 끌어왔다. 총 19항차 규모의 운송 작전치고는 둘 다 경미한 수준의 사고였다.

　　현대건설은 두 차례 사고 이외에는 아무 일 없이 안전하게 19항차 운송을 모두 마쳤다.

　　사우디의 발주처와 감독청에서는 현대건설의 담대한 해상 수송 작전을 지켜보며 놀라워했다. 그들을 더 놀라게 한 것은 수심이 30미터나 되는 곳에서 파도에 흔들리며 500톤짜리 재킷을 한계 오차 5센티 이내로, 그것도 꼭 20미터 간격으로 설치했다는 사실이었다.

　　정주영은 20세기 최대의 대역사라던 주베일 공사를 36개월의 공사 기간 내에 완벽하게 해냈다. 그의 담대한 추진력과 결단력이 없었다면 결코 불가능했을 것이다.

　　김영덕 박사는 정주영의 결단력에 대해 다음과 같이 말했다.

　　"주베일 공사는 회장님의 의지와 신념의 작품이라 할 만합니다. 예기치 않았던 사고나 공사에 차질이 왔을 때 밤을 지새우며 대책 회의를 했던 일, 모두의 반대에도 불구하고 보험 없이 19항차 해상 운송 작전을 강행한 일, 기술 자문이었던 브라운앤루트 사와의 관계를 과감히 청산하고 독자적으로 하기로 결단 내린 일, 엄청난 예산을 들여 해상 중장비를 울산에서 제작하고 파견한 일 등 수없이 다가왔던 위기의 순간과 고비마다 신속하고 대담한 결단력을 발휘해 우리를 놀라게 했지요. 그의 결단이 아니었다면 그 엄청난 일을 해낼 수 없었을 겁니다."

'결단코 실행하면 반드시 성공한다'는 사실을 보여 준 주베일 드라마
였다.

●

단호히 감행하면 귀신도 피한다

정주영이 하는 일이 성공할 때마다 사람들은 '정주영은 참 운이 좋은 사람'이라고 말하곤 했다. 그 역시 이 사실을 부정하거나 반박하지 않았다.

하지만 특별히 한 사람만 유달리 운이 좋을 리 없다. 진일과 마른일, 좋은 일과 나쁜 일, 행운과 불행은 누구에게나 똑같이 일어난다. 평생 좋은 일만 일어나는 사람은 절대 없다.

물론 사람마다 차이는 있다. '좋은 때'라고 해서 행운이 저절로 굴러드는 것이 아니고, '나쁜 때'라고 해서 반드시 불행이 닥치는 것은 아니다. 마음이 가난하고 게으른 사람은 좋은 때가 찾아와도 그것을 발로 차 버리지만, 부지런하고 성실한 사람은 그때를 놓치지 않고 성공의 기회로 활용한다. 나쁜 일이 덮쳐 올 때도 운 타령만 하는 사람은 불행할 수밖에 없지만, 죽을힘을 다해 극복하려는 사람에게는 불행도 비켜 가기 마련이다.

이처럼 인생이란 행운이든 불행이든 '자기 하기 나름'이다.

결단과 행동을 강조하는 '단이감행 귀신피지斷而敢行 鬼神避之(사마천 『사기』 중 「이사열전」에서 나온 고사성어)'라는 말이 있다. '무슨 일이든 과단성 있게 해 나가면 귀신마저 그 기백에 놀라 이를 피하게 된다'는 뜻 이다.

다음 일화는 정주영의 결단과 행동이 얼마나 빠르고 신속했는지를 보 여 준다.

단이감행의 인물

1985년은 대한민국 광복 40주년이 되는 해였다.

당시는 방송사 사정이 여의찮던 때라 특집 프로그램 같은 것을 기획하 기가 쉽지 않았다. 더구나 그해 여름 전국 곳곳에서 폭우 피해가 일어났 기에 정부는 이에 대처하느라 기념행사를 준비하기 어려웠다.

"남자 나이 40이면 자기 얼굴에 책임을 져야 하듯, 우리도 광복 40주 년이면 우리나라 얼굴에 책임을 져야 한다."

당시 KBS 박현태 사장은 공영방송에서 광복 40주년을 그냥 넘어갈 수는 없다고 생각했다. 그는 제작진에게 '광복 40주년 특집 프로그램'을 마련하라고 지시했다. 이렇게 해서 나온 기획안이 '기념행사' '불꽃놀이 축제' '레이저 빔 쇼' 등이었다.

문제는 4억 원의 제작비였다. 결국 방송사 자체 자금 및 광고 수입 등으로 해결하되, 일부는 외부 지원을 통해 마련하기로 했다.

박 사장은 오전 9시에 맞춰 평소 알고 지내던 정주영 회장에게 전화를 걸었다.

"정 회장님, 급히 부탁드릴 일이 있어 찾아뵙고 싶습니다."

"그럼 내 사무실로 오세요."

정주영은 단 몇 초만에 상담에 응했다.

정주영의 성격을 잘 알고 있던 박 사장은 속전속결의 자세로 임하는 것이 낫겠다 싶었다. 그는 현대그룹 회장 사무실에 들어가자마자 "저에게 2억 원만 주십시오"라고 결론부터 꺼냈다.

"KBS에서 광복 40주년을 맞아 특집 프로그램을 기획하고 있습니다. 제작비가 4억 원가량 드는데, 미리 책정된 예산이 없는 터라 부득이 협찬을 받고자 합니다. 여기저기 신세를 지는 것보다 정 회장님 한 분께 예산의 절반인 2억 원을 지원받고 싶습니다."

이야기를 가만히 듣던 정주영은 "그럼, 그렇게 합시다"라고 대답했다. 너무 빠른 결단에 의아해하는 그에게 정주영이 말했다.

"사실 내가 이런 지원은 잘 하지 않아요. 그런데 박 사장이 뜻을 갖고 하는 일이라면 그렇게 해야지요. 그러니 해 보도록 하세요."

"감사합니다. 바쁘실 텐데 이만 물러가겠습니다."

일이 의외로 쉽게 끝나자, 더 이상 그 자리에 있을 명분이 없어졌다. 박 사장이 인사를 마치고 회장실을 막 나가려는 순간, 정주영이 그를 불러 세웠다.

"박 사장, 돈 가지고 가야지요."

박 사장은 깜짝 놀랐다.

"아, 아닙니다. KBS에도 시재는 있으니 사후에 실무자끼리 절차를 밟도록 하겠습니다."

두 사람은 차 한 모금 입에 대지 않았으니, 지원 결정까지 5분도 채 걸리지 않은 셈이었다.

그 빠르고 신속한 결단에 박 사장은 혀를 내두르며 다음과 같이 전했다.

"그의 칼처럼 빠르고 신속한 결단은 타고난 건강과 넘치는 기에서 비롯되는 것이 아닐까 합니다. 남들이 하루 종일 고민하는 일을 그는 이처럼 판단이 서면 즉각 실행에 옮기니, 그야말로 단이감행의 호걸이라 하지 않을 수 없죠. 만약 그렇다면 운명의 신은 자진해서 그의 편을 들거나 그의 속전속결 결단에 굴복했던 것 같습니다."

●

시간이 곧 생명이다

경영의 3요소로 쓰리엠3M이라는 것이 있다. 머리티얼Material은 토지나 설비 같은 물적 자원이고, 맨Man은 흔히 노동과 지식이라고 하는 인적 자원을, 머니Money는 현금이나 주식 같은 자본을 의미한다.

여기에 또 하나 추가해야 할 것이 있다. 눈에는 보이지 않지만 어쩌면 가장 중요하다고 할 경영의 제4요소, 바로 시간Minute이다. 자본이든 노동이든 시간이 있어야 사용할 수 있고, 또 시간을 어떻게 활용하느냐에 따라 경영 성과가 사뭇 달라지기 때문이다.

따라서 우리는 경영의 제4요소인 시간의 경제·경영학적 의미를 주목할 필요가 있다. 그것은 시간 자원의 중요성을 인식하는 데 도움이 될 뿐만 아니라, 실제로 시간 자원을 배분할 때 판단의 기준이 되기 때문이다.

시간을 늘리는 방법에는 두 가지가 있다. 하나는 인간에게 주어진 시간 자체를 늘리는 것으로, 인간의 평균수명을 연장한다든가 혹은 인간의 생체리듬을 하루 24시간에서 30시간 정도로 늘리는 방법이다. 다른 하나는 주어진 시간을 최대한 활용해서 효율성을 높이는 방법이다.

그러나 첫 번째 방법은 의학 기술과 인체 공학의 발달 등이 선결되어야 하기 때문에 먼 미래에나 가능한 이야기고, 현재 최선의 방법은 철저한 시간 관리로 경영의 효율화를 달성하는 것이다.

정주영은 건설 현장에서 늘 '공기 단축'을 첫 번째 목표로 삼았다. 경부고속도로와 울산조선소 건설 등에서 알 수 있듯이 시간의 중요성을 강조하지 않은 적이 없었다.

"남들이 1년에 해내는 일을 우리는 9개월에 해낼 수 있어야 한다. 공기를 줄이면 그만큼 금리나 임금 부담을 줄일 수 있기 때문이다. 그러면 남들이 100억 원에 해내는 공사를 우리는 그보다 훨씬 싸게 할 수가 있다. 그것이 곧 우리의 경쟁력이자 성공 요인이었던 것이다."

여기서 정주영의 시간 철학이 나온다.

그에게 시간은 돈보다 더 중요한, 생명과도 같은 것이었다. 철저한 시간 관리를 통해 경영의 효율화를 달성해야 살아남을 수 있다고 했다. 물론 공사 기간만 단축하고 공사의 질이 부실하면 안 된다. 기간은 단축하되 공사 내용도 충실해야 한다. 그러려면 철저히 확인하고 독려해서 현장을 적당한 긴장 상태로 유지해야 했다.

정주영은 현장 방문에서 형식과 의전을 갖추는 법이 없었고, 언제고 불쑥 나타나 잘못된 점을 지적했다. 어떤 날은 매일, 어떤 날은 하루 두 번……. 아침에 다녀갔으니 내일 오겠지 하며 '적당히' 행동하다가 그가 또 현장에 방문한 것을 알고 혼비백산했다는 이야기는 유명하다.

단양 시멘트 공장 건설 당시 '현장의 호랑이'로 통했던 일화를 보면 정주영이 공사 기간 단축을 위해 얼마나 고삐를 쥐고 현장을 독려했는지 알 수 있다.

현장의 호랑이, 호랑이표 시멘트

1962년 단양 시멘트 공장 건설은 '현대건설의 3·1 운동'으로 불렸을 만큼 획기적인 사업이었다. 전량 수입에 의존했던 시멘트의 국산화의 길을 열었기 때문이다.

정주영은 착공에서 준공까지 24개월 동안 매주 일요일이면 어김없이 청량리역에서 중앙선 야간열차를 타고 현장으로 달려갔다.

하루는 동생 정세영과 함께 청량리역에서 야간열차를 타고 현장에 방문할 계획이었는데, 그만 깜박 잠이 들어 정차 시간에 내리지 못했다.

문득 잠에서 깬 정주영은 동생에게 말했다.

"야, 어서 뛰어내리자."

그러나 열차는 이미 제천역을 지나 삼곡역을 향해 출발하던 중이었다. 속력을 내기 시작한 열차에서 뛰어내리는 것은 몹시 위험한 일이었다.

"형님, 위험해요."

정세영이 이렇게 말했을 때, 그는 이미 달리는 열차에서 뛰어내린 후였다.

열차의 가속을 이기지 못한 그의 몸이 뒹구는 모습을 본 정세영은 경악했다. 다행히 부상은 없었고, 툭툭 털고 일어난 정주영은 "만약 여기서 내리지 못하면 내일 아침 차로 돌아가야 하는데, 그러면 할 일이 허사가 되기 때문에 뛰어내렸다"라며 껄껄 웃었다고 한다.

정주영은 새벽길을 30리(약 12킬로)나 걸었다. 마침내 공사 현장에 도착했을 때는 마침 아침 식사 시간이었다. 여느 때와는 달리 그가 현장에 모습을 보이지 않자, 직원들은 '오늘은 호랑이가 오지 않는구나' 하고 느긋한 마음으로 식사를 하고 있었다. 그런데 느닷없이 들이닥치자 모두 혼비백산해서 아침 식사를 멈추고 공사 현장으로 줄달음쳤다.

사원들 사이에서 정주영은 '현장의 호랑이'로 통했다. 현장에서 얼마나 으르렁거리고 다녔는지 "호랑이가 나타났다!"는 소리가 들리면 공사 현장은 그야말로 초비상이 걸렸다. 그가 현장을 떠나고 나면 "공습경보 해제!"를 외쳤을 정도였다.

"예열실 슬라브는 쳤는가?"

"밀실 바닥 콘크리트는 쳤는가?"

매주 일요일의 현장 방문으로도 모자라 새벽 4시마다 서울에서 전화를 했다.

한번은 담당자가 아닌 직원이 전화를 받아서 무심코 "잘 모르겠는데요"라고 대답했다.

"뭐 몰라? 너 누구야?"

정주영의 고함에 놀란 직원은 수화기를 버리고 밖으로 도망치려다가, 그만 너무 겁을 먹은 나머지 철제 캐비닛 문짝을 출입문으로 알고 열고 들어가려 했다고 한다.

회사에서든 현장에서든 누구든 그에게 잘못 걸렸다 하면 '이놈' '저놈' 상스러운 소리는 물론 심하면 발길질, 귀싸대기 등 불벼락을 맞아야 했다. 현대에 이런 일이 벌어졌다면 문제가 있는 사업주라고 기사화되었을 지도 모르겠다. 하지만 당시에는 누구도 문제라고 느끼지 못하고 관행처럼 받아들였다. 정주영 역시 그런 풍토 속에서 일을 배우고 사업을 일구었다.

"내일 아침까지 해 놓으시오."

정주영은 아무리 어려운 일도 결코 시간을 많이 주지 않았다. 시간이 많으면 오늘 할 일을 내일, 모레, 글피로 미루다가 발등의 불이 떨어져서야 후다닥 일을 끝마친다는 것이었다. 졸속 공사를 하다 보면 결과가 부실해지기 십상이다.

기업 운영은 현실이고, 행동으로 이루어진다. 매일매일 발전해야 한다. 오늘은 어제보다, 내일은 오늘보다 더 나아가야 한다. 정주영의 철저한 현장 독려는 바로 나날이 새로워지기 위한 채찍이었다.

단양 시멘트 공장은 예정보다 6개월 앞당긴 24개월 만에 완공되었다. 정주영과 단양 시멘트를 일컫는 '현장의 호랑이' '호랑이표 시멘트'는 이때 얻은 별명이다.

인생의 성패는 시간 관리에 달렸다

시간은 우리 모두에게 똑같이 주어지는 듯하지만 사람에 따라, 혹은 상황에 따라 줄어들기도 하고 늘어나기도 한다.

어떤 사람은 늘 일할 시간이 부족하다고 불평을 쏟아 내는 반면, 어떤 사람은 매일 아침 새롭게 쓸 수 있는 시간이 선물처럼 주어져서 기쁘다고 한다. 또 어떤 사람은 너무 행복해서 한 시간이 1분처럼 느껴진다고 하고, 어떤 사람은 하루하루가 지옥이라 1분이 한 시간처럼 더디게 간다고 말하기도 한다. 이처럼 시간은 사람에 따라, 상황에 따라 상대적인 의미를 지닌다.

사실 우리는 쓸 수 있는 시간보다 더 많은 시간을 가지고 있다. 그런데도 시간이 없다고 불평하는 이유는 뚜렷한 목적도 없이, 해야 할 일을 제대로 하지도 못한 채 인생을 허비하기 때문이다. 오히려 아무 생각 없이 하루하루 허송세월하는 사람이야말로 인생에 권태를 느껴서 더욱 피곤함을 느낀다. 그래서 프랑스의 철학자 라 브뤼에르는 "시간을 가장 쓸데 없이 보내는 자가 오히려 시간이 없다고 불평한다"고 하지 않았던가.

사람은 앉아서 쉬어야 하지만, 시간은 앉아서 쉬는 법이 없다. 사람이 넋 놓고 가만히 있는 동안에도 시간은 쉼 없이 흘러간다. 1초가 모여 1분이 되고, 1분이 모여 1시간, 24시간이 모여 하루가 된다. 하루가 쌓이면 1년이 가고, 10년, 100년, 1000년이 간다. 지나간 시간은 잡을 수도, 되돌릴 수도 없다.

'시간은 금과 같이 소중하다'라고 생각하는 사람과 '시간은 자고 나면 공짜로 생긴다'라고 생각하는 사람은 시간 관리에서 큰 차이가 날 수밖에 없다.

바로 여기서 인생의 성패가 좌우된다.

평생 많은 일을 하는 사람이 있는가 하면, 보통 사람의 몇십 혹은 몇백 분의 일도 일하지 않고 일생을 마치는 사람도 있다. 역사에 기록될 만한 큰 족적을 남긴 위인들은 단지 능력만으로 그것을 이룬 것이 아니다. 남보다 두 배, 세 배 더 오래 살아서 이룬 것도 아니다. 시간을 소중히 여기며 남보다 두 배, 세 배 더 열심히 노력해서 이루어 낸 것이다. 사람은 평생 시간을 어떻게 활용하는지에 따라 훌륭한 기업가가 될 수도 있고, 훌륭한 작가가 될 수도 있다. 시간 관리는 그만큼 중요하다.

시테크時tech란 한정된 시간을 효율적으로 사용하기 위한 시간 관리 기술을 말한다. 낭비하는 시간을 줄이고 가용시간을 늘리는 방법, 가용시간을 최대한 활용해 최대의 성과를 끌어내는 방법 등이다.

성공의 길잡이로 시테크 전략을 알려 주는 책은 꽤 많다. 이 책들이 공통으로 가르치는 내용을 정리하면 다음과 같다.

- 오늘 할 일을 내일로 미루지 말라
- 자투리 시간을 잘 활용하라
- 능률이 높을 때 가장 중요한 일을 하라
- 시간에 쫓기지 말고 매사에 여유롭게 임하라
- 자잘한 업무는 묶어서 한꺼번에 처리하라
- 창조적인 업무는 정신을 집중해서 하라
- 한번 손대기 시작한 일은 가능하면 끝을 보도록 하라

정주영식 시테크

정주영의 시테크 전략에서는 부지런함을 빼놓을 수 없다. 부지런함은 1년 동안 다른 사람의 5년, 10년에 해당하는 사고를 할 수 있는 토대가 되었다.

그의 인생에서 가장 큰 의미는 주어진 시간을 어떻게, 무슨 일로, 얼마큼 알차게 활용해서 어떤 발전과 성장을 이룰 것인지였다. 정주영은 언제나 남보다 빠르게 새로운 일을 계획하고 뛰어들었으며, 남들이 우물쭈물하는 시간에 벌써 행동으로 옮기는 실천파였다. 그는 자신이 심사숙고한 후 내린 결정이 잘못된 결과를 가져오더라도 실망하지 않았다. 그 때문에 후회하거나 스트레스받는 것은 무의미하게 여겼다. 오히려 그 시간에 새로운 일을 찾아 실천에 옮기는 것이 더 낫다고 생각했다.

"시간이 곧 생명이다"라고 말했던 정주영은 이미 시테크 전략을 실천

한 기업가였다.

한번은 싱가포르에서 아시아 기업인들과 만나 온종일 마라톤 회의를 거듭한 후 새벽 1시까지 어울렸는데, 그러고도 새벽 5시에 일어나 테니스를 즐겼다고 한다. 그의 지칠 줄 모르는 체력에 모두 놀라지 않을 수 없었다.

누군가 덕담으로 "회장님은 정말 일백 살까지 사실 분이라니까요"라고 하자, 정주영은 "일백 살이 뭐냐. 백이십 살, 이백 살까지 살 작정이다"라고 응수했다고 한다.

이 외에도 그의 시테크와 관련된 에피소드는 많다.

1992년 2월, 당시 환경처 장관이었던 권이혁은 환경 시설을 살펴보기 위해 포항제철을 방문했다가 서울로 돌아가려던 길에 정주영 일행과 마주쳤다. 그는 정몽준 의원 등 10여 명의 수행 인사들과 함께였다.

"아니, 정주영 회장님 아닙니까?"

권 장관은 반가운 마음에 다가가 악수를 청했다.

당시 정주영은 국민당 당수로, 3월 24일 실시하는 14대 총선에 대비해 전력을 기울이고 있었다. 그는 국민당 후보 지원 유세차 포항에 왔다가 다시 서울로 가는 길이라고 했다. 그날만 서울에서 네 번의 유세를 했고, 귀경 후 또 한 차례 야간 유세가 예정되어 있었다.

그 말에 놀란 권 장관이 물었다.

"아니, 연세가 있으신데, 유세 활동을 다섯 번이나 하고 또 하신다는 겁니까?"

"그래야지요. 이토록 중요한 일에 손을 놓고 있을 순 없잖아요."

"저는 포항에 한 번 갔다 오는 것도 피로해서 그날 하루 휴식을 취하곤

하는데, 그렇게 유세 활동을 하고도 피로하지 않으십니까?"

"천만의 말씀입니다. 정치가 이렇게 재미있을 줄은 미처 몰랐어요. 재미가 있으니 피곤할 까닭이 없지요."

이번에는 1993년 1월, 대선 직후 국민당 시절의 이야기다. 정주영은 당비 출처 문제로 검찰청의 조사를 받게 되었다. 그런데 출두 과정에서 과열 취재 경쟁이 벌어지면서 어떤 기자의 카메라에 이마를 부딪쳐 상당한 출혈이 발생했다.

서울중앙병원에서 급히 의사를 보냈지만, 그는 거절하고 밤 10시까지 조사를 마친 후 기다리던 국민당 의원들과 병원에 와서 치료를 했다.

그때 서울중앙병원의 민병철 원장은 정주영에게 수면제를 권하며 말했다.

"회장님, 신경 안정을 위해 수면제를 드시고 주무시는 게 좋을 것 같습니다."

"그런 건 필요 없어요. 수면제는 오히려 방해가 될 뿐이에요. 피곤하면 저절로 잠이 오니까요."

병원을 나온 정주영은 수행하던 국민당 의원들과 술을 한잔하고, 집으로 가는 차 안에서 잠들었다. 그날 밤에도 중간에 깨지 않고 잤다고 했다.

당시 민 원장은 하루 동안 어떻게 그렇게 많은 일을 할 수 있는지 물었다. 그러자 정주영은 그 비결을 다음과 같이 설명했다.

"어떤 일을 결정할 때는 무엇이 중요하고 시급한지를 먼저 가려야 해요. 그리고 급하고 큰일부터 전력을 다하면 작은 일들은 저절로 해결됩니다. 경영자는 무엇보다 수치에 밝아야 해요. 그래야 우선순위를 가려낼 수가 있거든요."

그의 말에 민 원장은 큰 이치를 깨달은 듯했다. 사람마다 가진 그릇의 크기가 다른데, 그의 그릇은 어느 정도인지 가늠하기조차 힘들었다고 한다.

민 원장은 그에게 아주 많은 것을 배웠다고 했다.

"만일 20~30년 전쯤, 좀 더 젊은 나이에 회장님을 모실 기회가 있었다면 내 인생도 지금과는 사뭇 달라져 있었을 거예요. 어쨌든 그분을 모시던 때는 내 인생에서 가장 활기차고 가장 보람찼던 해였으니까요. 회장님은 영웅이 없는 우리 시대의 진정한 영웅이었거든요."

●

부자가 되는 길은 등산과 같다

2000년대 초반, 대한민국에 로또 복권 열풍이 불어닥친 적이 있다. 직장인 서넛이 모이기만 하면 자연스레 로또가 화제에 오르고 선물이나 답례로도 인기였다. 골목 가게 곳곳에서 로또를 사거나 복권을 긁어 대는 사람을 어렵지 않게 볼 수 있었다. 1등 당첨자가 나왔다는 '로또 명당'으로 알려진 가게는 로또를 사려는 사람들로 인산인해를 이루었다.

신문과 방송에서도 로또 관련 소식은 항상 사람의 관심거리였다. 저마다 로또를 사는 이유도 다양해 "부모님께 효도하기 위해서"라거나 "그날 꿈자리가 좋아서" 혹은 "남이 하니까 나도 한다"는 등의 답변을 했다.

사람들은 대박의 꿈을 좇아 너도나도 로또를 샀다. 1등 당첨만 되면 세금을 떼도 수십억 원을 손아귀에 거머쥘 수 있으니 그야말로 대박이었다.

이러한 로또 열풍은 '행운'과 '대박'이라는 긍정적인 신호를 주기도 했지만, 한편으로는 로또를 사기 위해 전 재산을 날렸다든가 사기범으로 전락했다는 등의 사회문제를 일으키기도 했다.

다행히 이와 같은 시류는 일확천금보다 소확행(작지만 확실한 행복)을 추구하고, 벼락부자보다 자수성가한 사람들이 존경받는 사회 분위기가 형성되면서 점차 가라앉았다.

부자가 되기를 바라는 것은 예나 지금이나 사람의 공통된 심리다. 은행·증권·보험가에서는 이를 부추기며 주식이나 부동산 등에 투자를 권하거나 재테크에 관해 알려 주기도 하고, 서점에서는 부자가 되는 비결이 있기라도 한 듯 수많은 투자 및 재테크 서적이 독자를 유혹한다. 하지만 그 비결이 모두에게 다 들어맞는다고 볼 수도 없고, 또 그렇게 따라 한다고 해서 만사형통인 것도 아니다.

과연 부자가 되는 비결이 있기는 한 걸까? 우리나라 최고의 부자였던 정주영 회장은 어떻게 부자가 되었을까? 그는 '열심히 일하는 부유한 노동자'였을 뿐 스스로 부자라고 생각해 본 적이 없다고 했다.

그에 따르면 "그저 열심히 일했더니 부자가 되었더라"라는 것이다.

이 말은 어쩌면 진부한 이야기처럼 들릴 수도 있다. 그러나 이른바 자수성가한 사람 대부분은 근검이 몸에 배어 있다. 그러한 마음가짐으로 하루하루 생활을 개선하고, 이것이 기하급수적으로 축적되어 부자가 된 것이다.

정주영은 어느 초등학교 교실에서 아이들에게 부자가 되는 비결에 관해 이야기한 적이 있다. 일명 '부자학 강의'라 할 수 있는 이 수업은 여러 시사점을 던져 준다.

정주영의 부자학

1980년대 서울의 한 초등학교에서 어머니회 모임이 열리고 있었다. 이 날은 지역사회교육 운동의 하나로 현대그룹 정주영 회장을 초청해서 특강 겸 대화의 시간을 마련했다. 교실 3개를 터서 만든 작은 강당은 그를 보러 온 학부모와 아이들로 붐볐다.

앉을 사람은 앉고 설 사람은 서고 저마다 편안하게 자리를 잡고 정주영의 강연에 주목했다. 자녀 교육부터 사회문제까지 폭넓은 질문과 대답이 오가는 진지한 분위기였다가도, 그가 '허구한 날 집을 나가 부모님 속 무지하게 썩였던 가출 소년'이라든가 '서당 공부가 지루해 몰래 빠져나갔다가 회초리로 맞아야 했던 기억' 등을 가볍게 이야기할 때는 금세 웃음바다가 되었다.

강연이 거의 마무리될 즈음 사회자가 갑자기 "여러분, 정주영 할아버지께 여쭤보고 싶은 것이 있으면 해 보세요" 하는 것이었다.

사회자는 한 아이에게 마이크를 갖다 대며 "묻고 싶은 것이 없니?"라고 했다. 초등학교 3~4학년쯤 되었을까. 정주영 회장이 누구인지, 꼭 물어봐야 할 것이 무엇인지 깨닫기에는 너무 어려 보였다. 그러나 의외로 아이는 "정주영 할아버지는 어떻게 해서 그렇게 큰 부자가 되셨어요?"라고 물었다.

아마도 아이는 그가 우리나라에서 제일가는 부자라는 것을 알고 있는 듯했다.

이제 정주영에게 이목이 쏠렸다. 모두 그의 대답이 궁금했다. 상대는 어린아이고 질문이 너무 단순해서 설명하기가 쉽지만은 않았을 것이다.

정주영은 얼굴에 인자한 웃음을 가득 머금은 채 아이를 잠시 바라보다가 물었다.

"학생, 등산을 해 본 적이 있어요?"

"네, 가족들이랑 같이 종종 등산해요."

"그래요? 나도 종종 등산을 갑니다."

잠시 후 정주영은 여유 있게, 하지만 진중하게 모두를 향해 말했다.

"높은 산을 오를 때는 정상만 바라보며 올라가면 안 돼요. 산꼭대기를 자꾸 쳐다보면 '저 높은 데까지 어떻게 올라가나?' 하는 불안감이 앞서게 되지요. 그러면 등산하기가 더 힘들어져요. 그러나 한 발짝 한 발짝 꾸준히 올라가다 보면 어느새 산 정상에 오르게 되지요. 부자가 되는 건 바로 등산과 같습니다. 나도 처음부터 큰 부자가 되겠다는 생각을 한 적은 없었어요. 그냥 열심히 일하고 그때그때 최선을 다했지요. 그러다 보니 어느새 부자가 되어 있었지요. 학생도 부자가 되겠다고 생각하지만 말고, 매일매일 열심히 살아가길 바라요. 그러면 틀림없이 성공할 거예요."

●

집 짓는 거나 시 짓는 거나 같다

어느 유명 작가의 출판기념회에서 있었던 일이다.

평생 출판기념회가 뭔지 모르고 살았다는 작가에게 정주영이 '이번만이라도 출판기념회를 열어야 하지 않겠느냐'고 권유해 40년 만에 마련한 자리였다.

시인, 소설가, 수필가, 평론가, 기자들이 모인 자리에서 축하 연사로 정주영 회장이 나섰다.

"본인은 사회 사업가나 자선 사업가를 존경합니다. 그분들은 자기희생을 감수하고 이웃을 돕습니다. 어려움을 견디고 이웃을 사랑합니다. 자연히 머리가 숙어집니다. 문화 예술가는 아름다움을 창조합니다. 풍요로운 정서로 우리 인류의 마음을 훈훈하게 해 줍니다. 세상을 아름답게 창조하는 것은 기업가인 제가 아닌, 바로 여러분들입니다."

그의 축사에 모두 박수갈채를 보냈다.

"회장님, 좋은 자리 마련해 주셔서 고맙습니다."

"회장님, 건강하십시오."

다들 그의 만수무강을 기원하며 건배를 제의했다.

그때 한 신문기자가 정주영에게 말했다.

"회장님, 우리는 가난해서 뭘 하려고 해도 뜻을 이룰 수 없으니 도와주십시오."

뜻밖에도 화제가 '돈' 이야기로 흘러 버렸다. 모두 침묵하는 분위기였으나, 우리나라 최고의 부자인 정주영 회장 앞에서 꺼낼 만한 주제이기도 했다.

갑자기 분위기가 싸해질 찰나에 정주영 회장은 빙그레 웃으며 말했다.

"여러분, 저도 어릴 적에는 문인이 되겠다는 꿈이 있었지요. 다 부질없는 꿈이었고, 지금은 돈만 생각하는 기업가가 됐습니다. 선비는 자고로 청빈하다는데, 가끔은 돈이 필요할 때가 있지요. 이 자리에서 얼마나 필요한지 말씀해 보세요."

1960년대 무렵, 어느 가을이었다. 서울 화양동의 모윤숙 시인 집에서 열린 문인 모임에 초대받은 한 인사가 있었다. 시골스런 말투에 허름한 옷차림을 한 그를 보고 모두 시골에서 상경한 문인으로 여겼다. 그런데 주변의 말로는 그가 정주영이라는 유명한 기업가란다.

그 자리에는 이헌구, 김광섭, 이하윤, 이무영, 박진 등 문단의 대표적인 원로들이 함께하고 있었다. 문인들끼리 민족주의니 사회주의니 하는 허름한 이념 논쟁을 한다거나, 작가주의라든가 모더니즘이라든가 하는 문단의 담론을 서로 주장할 때도 정주영은 자못 진지하게 자리를 지켰다.

그는 기업가답지 않게 문인들과도 잘 어울려 놀았다. 노래를 부르게 되면 문인들에게도 한 곡씩 청해 듣고, 모윤숙의 시 「렌의 애가」를 즉석에서 낭독해 자리를 즐겁게 하기도 했다.

한 문인이 신기한 듯 그에게 물었다.

"그래 가지고 자동차는 언제 만들고 건설은 언제 하누?"

"집을 짓는 거나 시를 짓는 거나 다 똑같은 법이지요."

정주영은 대장부처럼 소탈하게 웃으면서 자신의 기업관과 문학관을 피력했다. 그와 이야기할 때면 사물을 보는 눈이 보통 사람의 시각과는 판이하다는 걸 알 수 있다. 굴절 없이 사물의 본질만 파악하는 듯하다. 그래서인지 자나 깨나 아이디어가 샘솟는다.

사람의 인생은 다 천태만상이다. 정주영처럼 가난에서 벗어나기 위해 기업가가 된 사람도 있고, 예술을 사랑해서 문인이 된 사람도 있고, 지식에 대한 열망으로 학자의 길을 걷는 사람도 있다.

기업가, 성직자, 예술인, 언론인 등 서로 다른 길을 가지만 만족하고 감사하며 살아가는 것이야말로 엄숙한 삶에 대한 선서 아니겠는가.

돈이 많은 사람의 것을 빼앗아 다른 사람에게 주고, 학식이 높은 사람의 책을 억지로 차지하는 식의 사고방식은 우리가 바라는 일이 아니다. 남의 것을 탐하지도 시기하지도 말고, 각자 자기 생활에 충실하면서 뜻을 펼쳐 보이는 것이 우리가 진정으로 바라는 삶이다.

1960~1970년대는 딱히 문화라고 일컬을 만한 것이 없었다. 경제 지상주의 논리가 거셌기 때문에, 예술을 공장에서 뿜어져 나오는 굴뚝 연기나 사람의 정신을 흐리게 하는 달콤한 마약으로 인식하기도 했다. 당시 예술을 한다고 하면, "그게 뭐냐? 돈 되는 일이기는 하냐?" "굶어 죽을

판에 무슨 배부른 투정이냐?"는 빈정거림이 쏟아졌다.

그중에서도 자유와 열망을 찾는 소수 지식인을 중심으로 문화·예술이 태동하고 있었다. 그들은 문화를 발전시켜야 한다는 일념으로 사재를 털어 뜻을 펼쳐 보였다. 그러다 보니 집까지 파는 경우도 허다했다.

그들 대부분은 집을 등진 채 떠돌아다녀야 할 운명이었다. 그러니 예술을 하겠다고 하는 사람은 그들 외엔 거의 없었고, 이에 관심을 갖고 도와주는 사람도 없었다. 모두가 나서서 말리는 판에, 오직 한 사람 정주영 회장만은 "해 보라. 뜻을 펼쳐 보라"고 했다.

정주영은 문화·예술인을 위한 지원금을 아끼지 않았다. 운전사가 딸린 자신의 지프차를 내주기도 했다. 포스터를 붙이고 기를 만들어 달고 전단을 뿌리며 시내를 누비기도 했다.

문화·예술인들의 눈물겨운 노력과 정주영의 보이지 않는 지원은 우리나라 현대 문화 발전에 밑바탕이 되었다.

정주영은 어려울 때 가장 든든한 후원자가 되었으며, 그의 후원으로 성장한 문화·예술인이 드디어 세계에 '대한민국'을 널리 알리게 되었을 때도 가장 큰 박수를 보냈다.

그는 한번 맺은 인연을 끝까지 지켜 나가는 의리의 사나이였다. 평생 문화·예술을 사랑했고, 유·무형의 지원을 아끼지 않았다.

정주영의 이런 행동은 "어릴 적에는 문인이 되겠다는 꿈이 있었다"는 말에서 알 수 있듯이, 문학에 대한 순수한 사랑에서 비롯되었다.

어렸을 때 그가 살던 마을에서 신문을 볼 수 있는 곳은 이장 댁 한군데뿐이었다. 『동아일보』에 연재되던 박화성의 소설 「백화」를 읽고 싶었던 어린 정주영은 학교에서 오는 길에 이장 댁 담 뒤에 숨었다. 그리고 다

읽은 신문이 동네에 나오자마자 소설을 찾아 읽고 집에 와 잠을 잤다고 했다. 굶주리고 헐벗었던 어린 시절에도 이토록 예술을 사랑한 소년이었다. 긴 세월이 지나고 사업가가 되었을 때 소년은 시인 모윤숙의 집을 찾았고, 박화성에게 해마다 새해 선물을 보냈다.

현대건설이 날로 뻗어 나가고 드디어 1960년대 우리나라 경제를 부흥시킨 계기가 된 사우디 주베일 공사가 성사되었다. 그 꿈의 공사 현장에 제일 먼저 초청받은 이들도 바로 문인들이었다. 문학을 사랑한 소년은 어느덧 최고의 기업가가 되어 영호남을 가로지르며 동서 화합을 위해 노력하고, 한국과 일본·중국·소련 사이의 친선 교류에도 앞장섰다.

정주영이 단지 돈만 많은 부자였다면 지금의 평가는 달라졌을 것이다. 진정한 부자란 그저 돈만 많은 사람이 아니다.

●

참된 식견은 고생 속에서 얻어진다

미국의 제33대 대통령 해리 S. 트루먼이 1955년에 출판한 회고록에는 다음과 같은 이야기가 있다.

나의 첫 번째 직업은 작은 건설회사의 감독관이었다. 그 임무는 현장에서 노동자들이 몇 시에 출근해서 몇 시에 퇴근했다는 것을 기록하고, 그 기록에 맞춰 임금을 계산하는 것이었다.

감독관으로서 한 달을 일한 다음, 회사에서 첫 월급을 받게 되었는데 그 액수가 처음 계약했을 때보다 적었다. 그래서 책임자에게 다짜고짜 물었다.

"나는 지금까지 한 번도 지각한 적 없이 열심히 일했습니다. 그런데 월급이 처음 계약한 액수보다 너무 적군요."

그러자 책임자는 전혀 이상한 것 없다면서 퉁명스럽게 말했다.

"자네가 열심히 일했다는 데는 동의하네. 그런데 자네는 노동자를 관리하는 책임자로서 임무를 소홀히 했잖은가."

그게 무슨 소린지 도통 영문을 몰라 어리둥절하던 나에게 책임자는 출근 기록표를 꺼내 들며 말했다.

"이것을 보게나. 자네는 10분 늦게 나온 노동자들을 제시간에 맞춰 출근한 것으로 기록하기도 했네. 그 때문에 그 시간에 해당하는 임금을 자네 월급에서 제했다네."

어처구니없는 답변에도 나는 어쩔 수 없이 책임자의 말에 따라야 했지만, 가슴속으로는 그게 불만이었다. 그런 식으로 계산한다면 어떤 사람은 5분·10분씩 더 일하고 갔는데, 그들은 정시에 퇴근한 것으로 기록했으니 그 사람들 임금은 나에게 보태 줘야 하지 않겠는가.

또 한번은 이런 일이 있었다. 내가 일하던 시절에는 노동자들의 임금을 토요일에 주급으로 주는 것이 보통이었다. 그러나 그 책임자는 노동자에게 임금을 지불할 때 사무실에서 지불하지 않고 항상 술집으로 데리고 가 그곳에서 지불하곤 했다.

이에 대해 의문을 품은 나는 책임자에게 "사무실에서 임금을 지급하면 편하고 좋을 텐데 왜 하필이면 술집에서 주느냐?"고 물었다. 그러자 그 책임자는 "노동자들은 돈이 생기면 그 이튿날은 일하러 나오지 않으니까 술을 먹여서 빨리 돈이 떨어지게 만들려고 술집에서 돈을 준다"고 대답했다.

나는 기가 막혔지만, 그렇다고 책임자에게 따지고 묻지 않았다. 이것이 그들이 노동자들을 달리는 말처럼 일하게 만드는 방식이었다.

훗날 트루먼은 다음과 같이 회고했다.

"젊은 시절의 나는 이처럼 가난과 고통, 불평등 속에서 세상일을 배워 나갔다. 당시 미국의 가장 밑바닥 계층, 안정된 직장 없이 하루살이처럼 떠도는 노동자 계층과 함께 일하며 그들이 일하는 방식, 생각하는 방식에 대해 배웠다. 비록 어렵고 힘든 경험이었지만 많은 것을 배울 수 있었고, 이것은 훗날 나의 발전에 많은 도움이 되었다."

참된 식견이란 어려운 처지에 있는 사람들의 생활을 직접 겪어 보고, 아주 힘든 일도 해 보고, 가장 고생스러운 현장도 경험해야 생기는 것이다.

정주영은 트루먼처럼 밑바닥부터 경험하며 참된 지식과 가치를 깨달았다. 때론 무모했지만, 혹독한 시련을 견디고 뛰어넘고 쳐부수면서 강인해졌다.

그는 다음과 같이 말했다.

"모든 것을 시행착오와 실패를 통해 깨닫고 세밀하게 파악하는 능력을 갖춘 다음 대범해져야 한다. 아무것도 모르면서 대범하기만 하다면, 그것은 멍청한 호랑이일 뿐이다."

언제나 무슨 일에나 최선의 노력을 쏟아부으면 성공한다는 교훈을 빈대에게 배웠다고 하면 과장일까. 그러나 이것은 사실이다.

정주영이 인천 부두에서 막노동할 때, 그곳 노동자 합숙소는 그야말로 빈대 지옥이었다. 밤일하러 나간 사람이 많을 때면 좀 넓게 자리를 잡아 자고, 비라도 오는 날이면 나가서 일할 수 없기 때문에 좁게 몸을 맞대고 자야 했다. 30여 평의 방에서 30~40명이 누워 잤는데, 그 모습은 흡사

생선을 한 줄로 꿰어 늘어놓은 것 같았다.

그런데 합숙소에는 빈대가 들끓었다. 어찌나 무는지 도무지 잠을 잘 수가 없을 지경이었다.

"어떻게 하면 빈대를 피해서 편하게 잠을 잘 수 있을까?"

하루는 모여서 머리를 짜내 가며 이 문제를 궁리했다. 그 결과, 가장 그럴듯한 방법으로 방 안에 큰 밥상을 들여놓고 그 위에 올라가서 자자는 의견이 나왔다. 그러나 그것도 잠시뿐이었다. 얼마 지나자, 빈대가 밥상 위까지 기어올라 무는 것이었다. 이번에는 밥상의 네 다리에 물을 담은 양재기를 하나씩 고여 놓고 다시 위에 올라가 잤다. 빈대가 올라오려다가 물속에 빠지면 밥상 위로 기어오르지 못할 것이라는 생각이었다.

하루 이틀은 편안히 잘 수 있었다. 그런데 이틀이 지나자 빈대가 다시 노동자들을 괴롭히기 시작했다. 상다리를 타고 기어오르다가 몽땅 양재기 물에 빠져 죽었어야 하는 빈대들이었다.

'도대체 빈대는 무슨 방법으로 계속 살아서 우리를 물어뜯나.'

노동자들은 궁금해서 불을 켜고 살펴보다가 다 같이 아연실색했다. 밥상 다리를 타고 올라가는 게 불가능해진 빈대들이 벽을 타고 천장으로 기어오르고 있었다. 천장으로 이어지는 새까만 행렬에서 툭 떨어지는 게 보였다. 정주영은 그때 느꼈던 소름 끼치는 놀라움을 잊을 수가 없었다.

그는 어렵다고 체념하거나 실망하거나 좌절하는 이들을 보면 '빈대만도 못한 사람'이라고 말하곤 했다. 빈대조차 물에 담긴 양재기라는 장애물을 뛰어넘으려 그토록 필사적으로 노력하는데, 사람은 그보다 더 열심히 노력해야 하는 것 아닌가. 정주영은 인간도 빈대처럼 무슨 일에든 절대 중도에서 포기하지 않고 죽을힘을 다해 노력하면 이루지 못할 일이 없다고 생각했다.

"장애물은 뛰어넘으라고 있는 것이지 걸려 엎어지라고 있는 것이 아니다. 어려운 일이 닥쳐도 열심히 생각하면, 빈대가 천장에서 사람의 배 위로 떨어지는 것처럼 길이 나온다."

정주영이 담담하게 전해 주는 '빈대 철학'은 가난과 고난의 역사, 그 중심에 선 자화상의 기록이기도 했다.

나는 신문 대학을 나왔소

정주영의 인생 역정을 살펴보면 어려서부터 두메산골에서 농사지으며 살았다는 이야기, 가난한 농촌 생활이 싫어 맨손으로 서울에 입성한 이야기, 그리고 불굴의 신념으로 한국 경제의 역사를 새로 썼던 신화적인 이야기 등을 접하게 된다.

그의 온갖 인생 역정은 가난 속에서 한국 경제의 중추적인 역할을 담당했던 1세대 경영자들의 이야기이자, 곧 한국 경제의 이야기이기도 하다. 또한 정주영이 만들어 낸 신화는 한반도를 넘어 세계를 깜짝 놀라게 했기에 곧 세계적인 이야기이기도 하다.

정주영의 인생 역정에서 또 하나 눈에 띄는 것은 강원도 통천의 촌마을에서 소학교를 나온 것이 학력의 전부라는 점이다. 소학교 시절에 배운 것이라고는 구구단과 천자문 정도였다. 대졸 이상의 고학력자가 넘쳐나는 요즘과 비교하면 얼핏 이해가 안 되겠지만, 이 또한 일제강점기에서 가난한 시절을 보냈던 세대들의 공통분모였다.

그에게는 학력에 관한 일화가 많다. 자랑할 만한 것이 아니라고 생각할 수도 있지만, 정주영은 이 소재를 밝고 유쾌하게 풀어 간다. 자신을 '신문 대학 졸업생'이라고 소개한 박 대통령과의 일화도 그중 하나다.

어느 날 박 대통령이 경부고속도로 건설에 관해 의논하기 위해 정주영을 청와대로 불렀다. 이런저런 이야기가 오가던 중, 박 대통령이 정주영에게 물었다.

"정 회장님은 소학교밖에 못 나왔으면서, 어떻게 명문 대학 출신 직원들을 그렇게 잘 가르칩니까?"

"내가 왜 소학교밖에 안 나왔습니까? 나도 대학을 나왔습니다."

정주영이 섭섭한 얼굴로 반문했다.

"네? 장관의 말로는 소학교밖에 나오지 못했다고 하던데요?"

소양강댐 건설 당시 건설부 장관이 '소학교밖에 못 나온 자'라고 한 것을 박 대통령은 기억하고 있었다.

정주영이 대뜸 대답했다.

"저는 신문 대학을 나왔습니다."

"신문 대학이라뇨?"

박 대통령이 호기심으로 되물었다. 그러자 정주영은 신난 듯 말했다.

"나는 소학교 시절부터 신문을 열심히 읽었습니다. 지금도 새벽 4시에 일어나 신문의 주요 기사, 사설 등은 물론이고 정치, 경제, 사회, 문화 관련 소식을 모두 다 읽습니다. 아마 나보다 신문을 열심히 읽는 사람은 없을 겁니다. 신문에는 대학교수부터 문필가, 철학가, 경제학자 등 유명 인사들의 글이 있지 않습니까? 그분들이 쓴 기사며 칼럼이며 논설까지 읽고 공부했으니 나도 신문 대학이라는 대학을 나온 셈이지요."

정주영은 계속 말을 이었다.

"명문 대학을 나온 직원들도 나의 인생 대학에는 못 미칩니다. 그들은 대학에서 지식을 배우지만, 현장의 경험을 배우지는 못하지요. 나는 그들에게 '살아 있는 지식'이 무엇인지를 보여 주기 위해 항상 앞장섭니다. 그들은 나의 간판을 보고 따르기보다는 나의 경험과 인생을 따르는 셈이지요."

그의 신통한 말에 엄격한 박 대통령마저도 신문 대학이니 인생 대학이니 하는 것을 너그럽게 인정할 수밖에 없었다. 정주영은 비록 소학교 출신이지만 인생의 지식이나 경험만큼은 따를 자가 없었던 것이다.

또한 뛰어난 순발력과 재치로 영국 옥스퍼드 출신의 석학을 감동하게 했다는 이야기는 언제 들어도 마음이 흐뭇해진다.

정주영이 울산조선소를 위해 영국으로 차관을 구하러 갔을 때의 이야기다.

세계 최고의 은행 중 하나였던 버클리은행은 보수성이 아주 강한 곳이기도 했다. 그들은 차관 신청서를 놓고 정보 분석과 현지답사, 이사회 검토 등을 거치는 동안 모든 막후 접촉이나 정치적 압력을 금기시하고 오직 사업 타당성만을 놓고 판단했다.

정주영 일행은 격조 높은 버클리은행의 중역 식당으로 초대되었다.

그 자리에는 영국의 내로라하는 경제, 금융 전문가가 자리를 함께하고 있었다. 그들은 정주영의 능력 외에도 표정 하나하나를 현미경 들여다보듯 관찰했다. 차관을 빌릴 수 있는지가 바로 그 자리에서 결정되기 때문에 그도 긴장할 수밖에 없었다.

버클리은행 측은 먼저 현대의 화력발전소, 비료 공장, 시멘트 공장 등을 조사한 결과 현대건설의 신용도는 최고 수준이었으며 직원과 기술자들을 재교육한다면 조선소 사업이 불가능하지만은 않다는 결론을 내렸다고 했다. 일단은 긍정적인 답변이었다. 그러나 이것만으로는 부족했다. 현대는 배를 만들어 본 경험이 전혀 없었다. 그들은 현대의 사업성에도 의심을 가지고 있었다.

　그러던 중 버클리은행의 부총재가 정주영에게 물었다.

　"실례지만 회장님의 전공은 무엇입니까?"

　순간 그를 보좌하는 현대그룹 참모들이 마른침을 삼키며 바짝 긴장하기 시작했다. 한마디로 조선업을 하겠다는 정주영의 전공이 경영학인지, 공학인지를 묻는 것이었다. 대학 문턱에도 가 보지 못한 그에게는 아찔한 순간이었다. 그러나 당황하지 않고 부총재에게 되물었다.

　"부총재, 그 사업계획서를 읽어 보셨소?"

　"네, 읽어 보았습니다만……."

　"바로 그 사업계획서가 내 전공이지요. 사실은 옥스퍼드대학교에 그 사업계획서를 가지고 가서 학위를 달라니까, 한번 척 들춰 보고는 두말 없이 학위를 주더군요. 그러니 나도 어제 경제학 박사 학위를 받은 것이죠. 그러니까 그 사업계획서가 내 학위 논문인 셈이지요. 아마 옥스퍼드대학 경제학 학위를 가진 사람도 이 사업계획서를 만들지 못할 겁니다. 그만큼 이 사업계획서는 완벽하니까요."

　순간적인 재치에 좌중은 웃음을 터트렸다. 이 옥스퍼드 유머는 분위기를 일시에 바꿔 놓았다.

　부총재가 껄껄 웃으며 말했다.

"당신의 전공은 유머 같소. 우리는 당신의 유쾌한 유머와 함께 이 사업 계획서를 100퍼센트 신뢰하는 바이니, 모쪼록 행운을 빌겠소."

문턱이 높다고 소문난 버클리은행으로부터 차관 신청이 받아들여지는 순간이었다.

어떤 지략도 정주영의 유쾌한 유머보다 더 뛰어날 수 없었다. 물론 부총재는 정주영이 소학교 출신이라는 것을 알고 있었다. 하지만 "소학교를 나왔지만 많은 경험과 지식을 가지고 있다"고 해 봐야 뻔한 답일 뿐이었다. 그래서 "그 사업계획서가 내 전공이오"라는 대답으로 학력에 대한 고정관념을 은근히 비켜 가면서도, 그들이 의심하는 조선소 사업에 강한 자신감을 내비친 것이다. 옥스퍼드대학 출신이라도 그의 재치와 자신감에는 감동할 수밖에 없었던 것이다.

정주영의 뛰어난 지략이 영국인을 감동하게 해 영국의 자본과 기술을 끌어들이는 데 일조했고, 급기야 세상을 감동하게 해 '울산조선소의 기적'을 창조한 것이 아니었을까.

이처럼 그의 용기와 자신감은 자신에 대한 믿음에서 우러나온다. 비록 대학은 나오지 못했지만, 누구보다 열심히 배우고 노력하며 살아온 것이 그의 인생철학을 만들었다.

현재 정주영을 '무식한 사람'이라고 비난하는 사람은 아무도 없다. 훌륭한 인생 대학을 나온 그가 대학 졸업장이 아쉬웠을 리 없다.

그는 사실 국내외의 내로라하는 명문 대학에서 명예박사 학위를 받았다. 명예공학박사, 명예경영학박사, 명예경제학박사, 명예정치학박사, 명예문학박사, 명예철학박사, 명예인문학박사 등 불가능을 가능으로 만든 초인적 능력으로 수많은 명예 학위를 받은 것이다.

대학을 나왔어도 정주영과 같은 업적을 이룰 수 있는 사람은 거의 없다. 그러니 그의 신문 대학과 인생 대학은 어떤 명문 대학보다도 값진 것이었으리라.

언젠가 그는 한 대학의 초청 강연에서 다음과 같이 말했다.

"학력이나 지위가 높다고 해서 훌륭한 사람이 아닙니다. 얼마나 올바른 생각을 가지고 사느냐, 그것이 중요합니다."

고정관념이 사람을 멍청이로 만든다

머리빗을 파는 회사의 사장이 판매 사원에게 절에 가서 빗을 팔아 오라고 했다.

첫 번째 판매 사원은 "빗질을 할 머리카락이 없는 스님들에게 대체 어떻게 빗을 팔라는 말이냐"라고 우선 불평했다. 실제로 그는 절에 가서 "스님, 반짝 머리가 아주 멋지십니다"라고 칭찬까지 하며 빗을 좀 사 달라고 간청해 보았으나 하나도 팔지 못했다. 그가 말하기를 '반짝 머리'라는 말에 화가 머리끝까지 난 스님이 빗자루로 때리며 내쫓으려 했다는 것이다. 결국 그는 문전 쫓겨나 되돌아와야 했다.

두 번째 판매 사원은 조금 달랐다. 그에게 빗은 단지 머리털을 빗는 도구가 아니었다. 다른 기능을 할 수도 있었다. 그는 절에 가서 "스님, 머리를 빗으로 눌러 주면 혈액순환에 아주 좋습니다"라고 설명했다. 그러자 스님은 크게 기뻐하며 빗을 사 주었다. 그는 이렇게 해서 머리빗 수십 개를 팔 수 있었다.

세 번째 판매 사원은 이보다 더 나아가 "절을 찾아온 신도들을 위해 빗을 비치해 놓으면 좋겠습니다"고 했다. 그러자 스님들은 '그도 그럴 것 같다'고 생각해 머리빗을 사 주었다. 그는 이렇게 해서 머리빗을 수백 개나 팔 수 있었다.

이 이야기에서 첫 번째 판매 사원은 보통 사람들처럼 '절=스님'이라는 고정관념에 빠져 빗을 하나도 팔지 못했다. 두 번째 판매 사원이 성공할 수 있었던 원인은 '인식의 확장'에서 비롯된다. 그는 '빗=머리털을 빗는 도구'라는 생각을 확대해서 '다른 것도 할 수 있는 도구'로 인식했다.

세 번째 판매 사원이 가장 성공할 수 있었던 원인은 '인식의 파괴'에서 비롯된다. 그는 절을 스님이 아니라 '신도'의 관점에서 파악했다.

이처럼 고정관념의 벽을 넘기 위해서는 상식적 인식 → 인식의 확장 → 인식의 파괴로 나아가야 한다.

사람은 대개 어느 정도 고정관념을 지녔다. 특정 분야의 전문가, 기술자일수록 자기 전문 분야에 전념한 나머지 전체적으로 문제를 파악하기보다 고정관념에 사로잡히는 경우가 많다. 평소 유능한 사람도 위기나 난관에 부딪히면 형편없이 무능한 사람으로 전락하기도 한다.

그런 상황을 무수히 보았던 정주영은 임직원들이 고정관념에 빠져 허둥대는 것을 볼 때마다 이 말을 즐겨 했다고 한다.

"고정관념이 사람을 멍청이로 만든다."

이어지는 일화는 그가 얼마나 전문가들의 결함을 바로잡는 최고의 컨설턴트였는지를 보여 준다.

남산의 포대를 옮겨라

1977년 2월, 정주영은 고사에 고사를 거듭했지만 결국 만장일치로 전경련 회장에 뽑혔다. 전경련이 그를 회장으로 추대한 배경에는 여러 이유가 있지만, 전경련의 오랜 숙원 사업이었던 전경련 빌딩을 완성할 만한 박력 있고 추진력 강한 재계의 지도자가 필요했던 것도 하나의 이유였다.

전경련회관은 한국 경제의 총본산이라는 상징을 갖는다. 2013년에 서울 여의도의 옛 회관 자리에 지상 50층 규모로 신축되었다. 이는 여의도에서 63빌딩, 서울국제금융센터IFC Seoul(55층)에 이은 세 번째 규모다.

당초 전경련회관은 1977년에 20층 규모로 설계되었다. 이는 전경련의 위상과도 관련 있었다. 당시에는 웬만한 대기업 빌딩도 10층 정도였기에 국내 최대 경제 단체인 전경련 빌딩은 20층쯤 되어야 한다는 판단이었다.

하지만 전경련은 여의도에 회관 부지를 마련하고도 빌딩 착공을 추진하지 못하고 있었다. 정주영이 회장으로 취임한 그해에 곧바로 착공에 들어가려 했으나, 건물의 신축 허가가 나지 않았다. 건물을 20층으로 지을 경우 남산 중턱에 있는 포대의 사계를 가린다는 이유에서였다.

서울의 상징이었던 남산의 포대는 항공 방위를 위한 중요 군사시설이었다. 지금은 포대 입구까지 완전히 개방했지만, 당시에는 일급 군사시설로 간주되어 관람 및 이용이 엄격히 제한되었다.

현대건설 직원들은 정부 및 군부대를 상대로 신축 허가를 얻기 위해 백방으로 노력했지만, 모두 '불가' 판정을 받았다. 어떤 상황에서도 국가

안보를 희생할 수 없다는 것이었다.

결국 지쳐 버린 담당자는 이 사실을 정주영에게 보고했다.

"회장님, 부지를 바꾸는 수밖에 없는 것 같습니다."

"왜 부지를 바꾸자는 거야?"

"회관을 20층으로 지을 경우, 건물이 포대의 사계를 가려 항공 방위에 방해된다고 합니다."

"이미 주변 여건에 맞춰 설계까지 해 놨는데, 이제 와서 부지를 바꾸라니 말이 되나?"

호랑이 회장의 호통에 담당자는 어쩔 줄 몰라 쩔쩔맬 수밖에 없었다.

"어쩔 수 없을 듯합니다. 군 당국의 주장이 워낙 강해서……."

정주영도 그의 수고를 알고 있던 터라 심하게 나무라지는 않았다. 그는 보고서를 검토한 다음 담당자에게 물었다.

"정녕 방법이 없다는 말인가?"

"부지를 변경하지 않으려면 건물을 10층 정도로 낮추는 것밖에 달리 도리가 없습니다."

"그렇게는 안 돼. 건물은 꼭 20층으로 지어야 해."

정주영은 단언했다. 결론은 부지를 변경하지 않으면서도 어떻게든 건물을 20층으로 한다는 것이었다. 그러기 위해서는 다른 방법을 모색해야 했다.

그러다 문득 새 건물의 부지 선정이나 설계에는 아무런 문제가 없다는 생각이 들었다. 문제는 남산의 포대인데, 저걸 어떻게 하면 될 일 아닌가. 정주영은 담당자에게 질문을 툭 던졌다.

"부지 변경이 어렵다면, 포대를 옮기는 건 어떻겠나?"

"네? 포대를 옮기다뇨?"

담당자는 영문을 몰라 되물었다.

"남산 위의 그 포대 말이야, 포대."

"포, 포대요?"

정주영은 재차 말했으나 담당자는 더욱 혼란스러워했다.

"아, 이 사람. 정말 한심한 사람이군. 머리는 이럴 때 쓰라고 있는 거야."

성미 급한 호랑이 회장은 담당자를 질책하며 말했다.

"생각해 보게. 남산 위의 그 포대를 옮기면 번거로운 설계 변경이니 부지 이전이니 할 필요가 없잖은가. 비용도 훨씬 절약될 테고. 더구나 감시를 하자면 포대는 높으면 높을수록 좋을 거야. 그러니 이거야말로 일석삼조가 아닌가. 다시 군 당국에 건의해 봐. 우리가 포대를 높은 곳에다가 더 멋지게 지어 주겠다고 말이야."

그제야 뜻을 알아차린 담당자는 호랑이 회장의 기막히고 대담한 발상에 탄성을 질렀다. 당시 군의 포대는 결코 건드려서는 안 되는 절대 권력의 상징 같은 것이었다. 어느 누가 군부대를 옮긴다는 발상을 할 수 있겠는가. 남산의 포대를 옮긴다는 것은 정주영 아니면 할 수 없는 과감한 인식의 파괴였다.

이후 군 당국과의 협상은 일사천리로 진행되었다. 포대를 남산 중턱에서 더 높은 위치로 옮겨 더 멋지게 지어 주니, 군 당국에서도 쌍수를 들어 환영했음은 물론이다.

이렇게 해서 전경련회관은 20층으로 지어졌다.

정주영이 전경련 회장을 맡았던 10년 동안 세상을 경탄케 한 일은 한두 번이 아니었다.

●

방법을 찾으면 길이 보인다

정주영은 '생각하는 불도저'로 불렸다. 이 별명은 그가 단순히 불도저처럼 밀어붙이기만 하는 것이 아니라, 누구보다 더 열심히 생각하고 계산하며 분석해서 일을 추진한다는 의미다.

그는 어떤 일도 결코 덮어놓고 덤벼든 적이 없다. 그런데도 그가 하는 일이 '무모하게' 보인 것은 남다른 모험심과 용기 때문이었을 것이다.

정주영의 학식은 학교에서 배운 지식이 아니다. 사업에 대한 직관력과 감각, 그리고 인생에 대한 깊은 통찰력에서 비롯된 것이었다. 고정관념은 대부분 학교에서 얻은 지식에서 나온다. 이것을 뛰어넘기 위해서는 정형에서 벗어나야 한다.

"고정관념의 노예가 되면 순간순간의 적응력이 뛰어날 수가 없습니다. 바로 교과서적인 사고방식이 문제입니다. 그것이 우리를 바보로 만듭니다. 고정관념의 벽을 넘어 문제를 슬기롭게 극복해 나가는 사람이야말로 뛰어난 인간입니다."

사실 정주영의 방식은 상식적으로 생각했을 때 황당하고 무지해 보이기도 한다.

싼값으로 경부고속도로를 건설하려 했던 일, 무자본·무경험으로 조선소 건설에 뛰어들었던 일, 엄청난 물량을 뗏목 같은 바지선에 싣고 울산에서 주베일까지 해양으로 수송한 일 등을 떠올리면 특히 그렇다. 이 때문에 잘못된 사람 취급받은 것이 한두 번이 아니었다.

그때마다 정주영은 "상식에 얽매여 고정관념에 갇힌 사람에게는 아무런 창의력도 기대할 수 없다"고 받아쳤다. 그가 믿었던 것은 하고자 하는 '굳센 의지'와 인간의 '무한한 잠재력' 및 '창의성'이었다.

조선소 독이 완성되기 전의 일이었다. 독이 미완성이었던 터라 대형 자동 이동 크레인 설치 역시 불가능했다. 따라서 대형 블록, 3만 마력 엔진, 부품 등을 운반하려면 기술자들의 창의력에 기대야 했다. 소조립품을 12미터 독 바닥으로 옮기는 일은 특수 트레일러를 동원해서 해결했으나, 선수 부분 조립이 끝난 제1호선을 제3독으로 운반하는 일이 난관이었다.

이 문제를 두고 현대건설 기술자들 사이에서 의견이 나뉘었다.

"조립품을 제3독으로 운반하려면 골리앗 크레인이 설치될 때까지 기다릴 수밖에 없습니다."

"골리앗 크레인이 들어와 설치하는 데는 최소 3개월이 필요합니다."

"그보다 크레인을 설치하기 전에는 배를 만드는 일을 당장 중단해야 합니다."

그야말로 난상을 거듭했다.

무슨 일이 있어도 선주와 약속한 기한은 지켜야 하는데, 긴박한 시기에 3개월을 허비하다니! 정주영은 기술자들이 책상 앞에 앉아 난상 토론이나 일삼는 것이 답답하고 멍청해 보였다. 그는 화를 참지 못했다.

"당장, 그만둬!"

정주영은 불같이 화내며 소리쳤다. 호랑이 회장이 화를 내자, 기술자들이 놀라 토론을 멈췄다. 정주영은 종이와 펜을 가져오게 했다. 그리고 도면에 직접 그림을 그려 가며 설명했다.

"이렇게 트레일러에 선수 블록을 싣고, 뒤에서 불도저로 당겨 속도를 감소하는 거야. 그러면 배가 경사진 언덕을 따라 천천히 내려가겠지? 경사로를 사고 없이 내려갈 수 있을 거야. 이렇게 하면 연구나 궁리도 필요 없는 간단한 일 아닌가? 가능해, 불가능해?"

"이론적으로는 가능합니다."

"가능하다면서 왜 3개월 동안 기다리자는 건가?"

기술자들은 꿀 먹은 벙어리처럼 대답하지 못했다.

"군소리 말고 당장 내 방식대로 시행해!"

그의 호통이 끝나기 무섭게 기술자들은 후다닥 밖으로 뛰쳐나갔다. 그리고 정주영이 가르쳐 준 방식을 즉각 실행했다.

이것은 너무나 간단한 방법이었다. 이 간단한 방법으로 골리앗 크레인 없이 아주 쉽게 제1호선의 운반을 마칠 수 있었다.

또 한번은 어떤 기술자가 배와 조선소를 동시에 만드는 일은 세계사에 유례가 없다며, 지금 당장 조선소를 먼저 만들어야 한다고 주장했다.

당시 선진국에서 울산조선소만 한 규모의 조선소를 짓는 데는 최소 3년이 걸렸다. 3년에 걸쳐 조선소를 짓고 다시 배를 만드는 데 2년이 걸리니, 최소 5년이 필요한 게 보통이었다.

그러나 정주영은 선박을 만드는 일과 조선소 건설을 동시에 진행했다. 게다가 이 모든 것을 2년 3개월 만에 해냈다. 만약 선진국과 똑같은 방법으로 조선소를 짓고, 그다음에 배를 만들었다면 참담한 실패를 맛봤을 것이다.

이처럼 정주영은 상식과 통념을 무시하고 자기 방식대로 성공했다.

"방법을 찾으면 길이 있게 마련입니다. 그런데 방법이 없다고 말하는 것은 방법을 찾으려는 생각을 안 했기 때문입니다."

●

가난은 나라도 구제하지 못한다

국내 한 연구 기관의 보고서에 따르면, 우리나라가 본격적인 대중 소비 시대로 진입한 시점은 1980년대 중반 이후부터라고 한다.

이에 따르면 "1980년대 초반까지만 해도 TV나 라디오 등을 제외한, 자동차나 세탁기 등의 내구재 보급률은 아주 보잘것없었다. 가계 소비지출에서 엥겔 지수가 차지하는 비율이 40퍼센트에 달하는, 소위 '풀칠 경제'의 수준을 벗어나지 못했다"라는 것이었다.

1980년대 중반 이후 3저 호황(저유가, 저달러, 저금리에 의한 수출 증가로 비롯된 국내 경제성장을 말한다)을 맞아 매년 8~10퍼센트의 높은 경제성장률을 보이며 근로자들의 소비수준이 크게 높아지면서 우리나라는 급격한 대중 소비 시대로 진입했다. 그러나 선진국과 달리 '건전한 소비 의식'을 갖추지 못한 소비지출의 급격한 증가는 큰 후유증을 남겼다. 1990년대 들어 '과소비' '사치 풍조' '황금만능주의' 등이 큰 사회문제로 대두되었다.

부유층의 외제 선호 및 사치 풍조가 중산층에 깊숙이 확산되었으며, 서민까지 분수에 넘치는 과소비 대열에 뛰어들었다. 당시 과소비와 사치 풍조가 어느 정도였나 하면, "그동안 피땀으로 일으켜 세운 한국 경제가 과소비와 사치로 무너진다"는 우려가 나올 정도였다. 과소비를 '한국적인 망국병'으로 진단하기도 했다.

이전까지만 해도 해외여행자가 연간 50만 명 정도였는데, 1988년 해외여행 규제 조치가 풀리면서 너도나도 외국으로 나갔다. 1988년에는 해외여행자 수가 75만 명에 달했고, 이듬해인 1989년에는 121만 명, 1990년에는 150만 명으로 3년 만에 300퍼센트가 넘는 증가율을 기록했다. 가히 폭발적인 상승률이었다. 고급 외제 승용차를 사려는 사람들이 한꺼번에 몰리면서 출고까지 2개월 이상 기다려야 하는 기현상이 나타나기도 했다.

과소비와 사치 풍조가 사회문제화 되자, 정주영은 현대백화점의 수입 상품 코너를 전부 없애는 동시에 국가 이익에 반하는 수입과 수출을 하지 말 것을 지시했다. 외국 사치품의 범람이 국민 경제의 혼란을 가져오고, 소비성향을 잘못 이끌어 간다는 판단이었다.

"외국 사치품의 범람은 일차적으로 기업의 책임입니다. 호황기에 경쟁력을 갖춰 외국 제품과 정면 승부를 하겠다는 생각을 해야지, 수입 제품 판매로 돈을 벌려는 안이한 생각을 해서는 안 됩니다."

정주영은 방송에 직접 등장해서 근검절약의 정신으로 우리나라 경제가 제2의 도약을 해야 할 것임을 역설했다.

이 시기에 '아시아의 네 마리 용'이라는 말이 있었다. 제국주의 식민지였다가 해방 후 급속도로 성장한 네 국가를 일컫는 말이었다.

아시아에는 '한국' '싱가포르' '대만' '홍콩'이라는 네 마리의 용이 있었다.

그중 싱가포르는 가장 작고 가장 머리가 나쁘고 가장 가난한 용이었다. 가진 것이라고는 숨 쉴 수 있는 '공기'뿐이었다. 먹는 물도 부족해 말레이시아에서 파이프로 물을 끌어와 정수한 다음 3분의 1은 자국에서 쓰고, 나머지는 말레이시아에 되팔아 물값을 갚았다. 이토록 찢어지게 가난했지만, 싱가포르 용은 아주 깨끗하고 검소했다.

싱가포르에 들어와서 공사하는 외국 기업들은 이렇게 말했다.

"세상에서 이렇게 깨끗한 용은 없다. 일만 잘해 주면 고마워하니 절로 일할 맛이 난다. 기업에 이보다 더 좋은 곳이 있겠는가?"

전 세계에서 이 소문을 듣고 싱가포르 용을 보러 몰려들었고, 과연 그 말이 헛소문이 아님을 확인했다.

세계적인 기업들이 앞다퉈 싱가포르로 들어왔다. 중국어와 영어를 공용어로 쓰고 외부 환경이나 내부 환경 모두 깨끗하니, 의사소통 문제도 없고 최고의 효율도 올릴 수 있었다. 나라가 번영하지 않을 수 없었다. 싱가포르는 세계에서 가장 잘사는 나라 중 하나가 되었다.

이에 반해 가장 크고 가장 똑똑하고 가장 눈부신 용이었던 한국은 좀살 만해지자 베짱이처럼 늘어질 궁리만 했다. 공장에 인력이 모자라 기계가 멈추는 일이 벌어졌다. 사람들은 궂고 힘든 일을 기피하고, 쉽게 돈벌 수 있는 일을 찾아다녔다.

젊은 대학생들에게 최고의 인기 직업은 창업·벤처 같은 도전적이고 혁신적인 일이 아니라 공무원이나 의사 같은 안정적인 직종이었다. 사회 고위층도 본업보다 불로소득不勞所得(노동의 대가 이외로 얻은 소득)과 투기에 더 열중했다. 급격한 경제 성장으로 노동의 가치가 무너지기 시작한 한국 용은 선진국의 문턱에서 점점 꿈과 희망을 잃어 갔다.

홍콩, 대만이라는 용이 주당 50시간을 일할 때, 한국 용은 46시간 일했다. 그것도 많다고 해서 정부는 근로기준법을 개정해 주당 44시간을 상한으로 정했다. 공장 곳곳에서 "일본의 법정 근로시간은 46시간이지만, 실제로는 50시간 이상 일한다. 열심히 일해도 모자랄 판에 노동시간을 줄이는 게 말이 되느냐"고 불만이 터져 나왔다. 그러나 한국 정부는 이에 동의하지 않고 오히려 노동시간을 줄일 것을 암시했다.

"미국의 주당 근로시간은 40시간이다. 우리도 선진국 수준에 맞춰 줄이는 쪽으로 가야 하지 않겠는가."

이때 한국의 1인당 GNP는 1만 달러(약 800만 원) 수준으로 3만 달러(약 2,400만 원)에 달하는 미국에 비할 바가 아니었다. 미국이 사상 유례 없는 호황을 누리는 사이, 한국 경제는 고비용·저효율 구조에 접어들었고 리더십의 공백으로 대외 신임도를 점점 잃어 갔다. 곳곳에서 경제 위기에 대한 우려의 목소리가 나왔지만, 정부는 "괜찮다" "문제없다"라는 대답만 반복했다.

이 소문은 곧 세계로 퍼졌다. 외국 기업 한둘이 문틈으로 빼꼼히 들여다보았다.

"그토록 열심히 일하던 한국 용이 최근에는 일하기 싫어하고 놀기만 좋아한다는 소문이 좀처럼 믿기지 않는다."

그러나 소문은 사실이었다.

한국 용은 승천이라도 한 것처럼 날뛰었다. 세계 각국은 "한국이 샴페인을 너무 일찍 터뜨렸다"고 경고했지만, 아랑곳하지 않았다.

사람들은 빚을 내서라도 해외여행을 가고, 외제 승용차를 몰고 다녔다. 결혼 예물로 고가의 다이아몬드나 외국산 시계가 오가기도 했다. 그렇게 오락과 낭비에 빠져드는 사이, 한국 경제는 안으로 점점 썩어 들어가 악취가 풍기기 시작했다.

한국 경제의 고질병은 1990년대 중·후반에 절정에 달했다.

한국 경제는 위기의 줄타기를 하고 있었다. 최악의 경제 위기에 대한 우려가 점차 현실화되고 있었다.

정주영은 조만간 위기가 올 것을 예상했다. 현장에 가면 근로자들에게 열심히 근검절약해야 한다고 강조했다.

"집도 없으면서 왜 TV를 사서 셋방으로 들고 다니느냐, 라디오 하나만 있으면 세상 돌아가는 사정은 다 알 수 있다. 집을 장만할 때까지는 라디오 하나로 견디도록 해라. 커피도 담배도 집 마련할 때까지는 참아라. 회사에서 작업복도 주고 수건에, 심지어 속옷까지 다 주니까 옷 사는 데 돈 쓰지 마라. 양복은 한 벌만 마련해서 처갓집 갈 때만 입어라. 그렇게 해서 집을 장만해야 한다."

열심히 일하고 정직하면 게으르고 낭비하는 사람보다 더 잘살 수 있다. 그러나 지난날의 풍조는 반대로 '버는 것보다 더 많이 쓰고, 분수에 맞게 살기보다 자기 욕구대로 산다'였다. 그래야 사람대접을 받는다는 것이었다.

돈을 함부로 쓰기 시작하면 끝이 없다. 돈을 빌려서라도 사야 만족감을 얻는다. 버는 대로 쓰는 것도 모자라 버는 이상을 쓰니, 언제나 빚이 있고 신용은 바닥이다. 신용이 없으면 신뢰를 얻을 수 없다. 그렇게 점점 찌그러진다.

좀 살 만하다 싶으면 올챙이 적 생각을 못하는 게 사람이다. 가난하고 천박한 시절은 빨리 잊는 것이 좋기도 하다. 그러나 올챙이 적 생각을 못하고 처음부터 잘났던 것처럼 호기를 부리는 것은 잘못이다.

정주영은 나라가 어려움에 빠졌을 때 다음을 강조했다.

"가난은 나라도 구제해 주지 못한다. 가난이란 자기 자신만이 구제할 수 있는 거다. 자기 자신이 가난을 벗기 위해 열심히 절약하면 누구나 다 부자가 될 수 있다. 그러니 어렵더라도 절약하면서 살아라."

경제가 조금 나아졌다고 해서 개개인의 삶도 함께 나아지는 것은 아니다. 삶과 복지에 대한 기대치가 높아질 수는 있지만, 이것이 가난에 대한 궁극적인 해결 방법은 아니다. 가난에서 벗어나기 위해서는 일차적으로 개개인이 낭비를 줄이고 절약해야 한다. 경제는 어렵고, 정치는 어지럽고, 사회마저 희망을 잃고 있는 판이다. 이런 때일수록 정주영의 경륜과 식견, 그리고 강한 추진력이 새삼 돋보이는 듯하다.

구두 한 켤레로 20년을 살다

정주영은 1915년 11월 25일에 출생해 2001년 3월 21일에 세상을 떠났다. 그는 거인과 같은 발걸음으로 한국 경제에 크나큰 족적을 남겼기에, 86세에 일생을 마친 것이 너무 짧았다는 진한 아쉬움이 남는다.

정주영이 떠난 후, 그가 살던 청운동 자택과 집무실이 처음으로 공개되었을 때 사람들은 다시 한번 진한 감동을 느꼈다.

그곳에는 한 켤레의 구두가 있었다. 타계 직전까지 신었다는 낡고 해진 구두다. 정주영은 이 구두 한 켤레를 20년 이상을 신고 다녔다. 1981년 서울 올림픽 유치를 위해 떠났던 바덴바덴에서부터 1991년 한·소 수교의 가교 역할을 한 모스크바 방문, 그리고 1997년 남북 교류에 새 장을 연 소 떼 방북까지 모두 이 구두를 신고 이루어 냈다.

얼마나 애착이 깊었을까. 가족들은 낡고 해진 구두 대신 새 구두를 선물하기도 했지만, 정주영은 아직도 멀쩡하다며 그 구두를 고집했다고 한다.

"가죽이 찢어지고 밑창이 떨어져도 그는 몇 번이고 이 구두를 고쳐서 신었습니다."

정주영을 잘 아는 사람들의 말이다.

한번은 전경련 회장 시절, 신봉식 부회장이 그의 낡은 구두를 보고는 무한한 호기심으로 "회장님, 구두가 많이 낡았습니다" 하고 말했다. 그러자 정주영은 "어디 시간이 있어야지" 하며 씩 웃기만 했다고 한다.

과거에는 구두를 살 때 발에 맞는 기성화를 찾는 일이 어려웠다. 구두 가게에 찾아가 맞춰 신어야 했다. 하지만 정주영은 오직 일에만 전념하기 위해 그 구두 한 켤레를 고집했던 것이다.

그의 검소한 생활은 서민들에게 큰 감명을 주었다. 30년 이상 살았던 청운동 자택 거실의 가구들만 해도 그렇다. 20년이 넘은 소파는 가죽이 해쳐서 허옇고, 칠이 벗겨진 의자와 탁자에는 수리한 자국이 여기저기 있었다. 1층 응접실에는 '청렴근'이 적힌 액자와 정주영이 직접 「풍교야 백」 시를 적어 둔 액자만이 걸려 있었다. 이 외에는 그 흔한 그림이나 장식품도 없었다.

TV도 요즘 흔히 볼 수 있는 대형이 아닌 17인치 소형이었다. 과연 이곳이 대한민국 최고 재벌의 거실인가 의아해질 정도였다고 한다. 그래서 도둑이 들어와도 "현대그룹 회장님의 집이 뭐 이따위야" 하고 푸념을 늘어놓고 그냥 가 버렸다고 한다.

정주영의 생활 역시 일반 서민과 다를 바가 없었다. 늘 입고 다니는 옷이며 구두를 비롯해, 필기구 등의 일상 용품도 문방구 같은 곳에서 흔히 볼 수 있는 것이었다. 하루 세끼 식사도 접대가 없는 이상 평범한 사람들과 큰 차이 없었다.

한국 최고의 대기업 회장이라면 양복, 신발, 시계, 만년필 등 모두 최고급으로 취할 수 있겠지만 그에게서는 사치와 허영이라는 것을 발견할 수 없었다.

정주영은 언론에서 개인소득 순위 1위다 어쩌다 하는 발표가 있을 때마다 가난한 사람들에게 죄책감을 느꼈다고 한다. 세간에서는 그 많은 돈을 다 어디에 쓸지 궁금했겠지만, 아마 그보다 더 돈을 멋지게 쓴 사람도 없을 것이다.

정주영 회장의 검약 정신은 금욕주의적 유교관과 가난한 시절의 경험을 통해 체득한 것이리라. 또한 그는 자신의 인생을 너무나도 아끼고 사랑해서 지나온 삶의 발자취를 버리고 싶지 않았을 것이다.

젊은 시절 정주영은 부둣가에서 짐을 나르고 건설 현장에서 돌을 날랐다. 그러나 수입이 형편없이 적었던 터라 최대한 모아서 저축해야 했다.

한번은 장작을 때서 아침밥을 지을 때였다. 타면 재가 되어 버리는 장작을 바라보며 아까운 돈이 재가 되어 날아간다고 생각했다. 아침에 밥하려고 장작을 때면 괜히 비워 둔 방만 데워지는 꼴이었다. 당시 장작 한 묶음이 10전이었으니, 이것만큼 큰 낭비가 없었다.

그는 장작을 아낄 궁리를 했다.

'옳지, 기막힌 방법이 있었군.'

저녁에 한 번 불을 지펴서 저녁밥을 지을 때 다음 날 아침도 떠 놓고 점심 도시락도 싸 놓으면 된다. 저녁에 하루 세끼 밥을 한꺼번에 하는 동시에 싸늘하고 차가운 방을 데워 잠을 잘 수도 있다. 이것이야말로 일석삼조였다!

정주영이 처음으로 안정된 직장에서 일하게 된 것은 쌀가게에서 배달을 할 때였다. 그는 이 직장에 다닐 때도 전차비 5전을 아끼기 위해 새벽에 일찍 일어나 1시간 반을 걸어 다녔다. 그리고 구두가 빨리 닳지 않게 하기 위해 징을 박아서 신었다. 양복도 춘추복을 한 벌 마련해서 겨울에는 안에 내의를 입고, 봄가을에는 내의를 벗고 입는 식으로 버텼다. 신문도 일터에 나가서 거기 배달되는 것을 보았지 집에서 구독한 적은 없었다.

그는 정미소에서 점심 한 끼를 얻어먹고 쌀 한 가마니 값을 월급으로 받았다. 돈을 받으면 반을 떼어서 저축했다. 당시에는 보너스라는 것이 없었지만 명절 때는 떡값이라는 것이 나왔다. 물론 그 떡값도 모두 저축했다.

근검절약해서 돈을 모으니 사글세가 전세가 되고, 나중에는 조그만 초가지만 자기 집을 장만할 수 있었다. 그리고 돈을 더 모아서 더 큰 집으로 옮기게 되었다.

정주영은 평생 커피와 담배는 거들떠보지도 않았다. "담배를 피운다고 배가 부른 것도 아닌데, 무엇 때문에 담배를 피우느냐" "그 돈이면 우동을 사 먹든 떡을 사 먹든 한 끼 배부르게 먹을 수 있는데, 무엇 하러 돈을 연기로 날리느냐"라고 했다. 커피도 마찬가지였다. 종일 고생해서 번 돈을 물 한 잔 먹는 데 쓰지 말라고 했다. 그의 말에 왠지 마음이 절로 숙연해진다.

우리는 충분히 윤택한 삶을 누릴 수 있는데도 여전히 잘못된 습관을 버리지 못한다. 이때 "월급의 반을 저축해라" "담배 피지 말아라"라는 등의 말은 한국 경제의 거장이 전하는 삶의 경구가 아니었을까 한다.

독선적이지만 소탈했던 왕회장

정주영은 1987년에 경영 일선에서 물러났다. 대기업 회장이 일선에서 물러나면 흔히 '명예회장'으로 불리지만, 그는 명예회장보다는 '왕회장'이라 불리는 일이 많았다. 그동안 한국 경제를 이끌어 온 강력한 카리스마에 이러한 별칭을 얻은 것이다.

정주영이 한국 경제의 '왕' 같은 존재였다는 데 이의를 달 사람은 없었다. 한국 경제의 왕 같은 존재인 그에게는 명예회장보다 왕회장이라는 칭호가 더 잘 어울렸다.

간혹 그를 '독선적인 기업가'라고 평하는 이들도 있다. 그러나 현대 같은 대기업을 독선적으로 이끌어서 잘되기는 거의 불가능하다. 왕회장은 독선적인 기업가라기보다는 강력한 리더십과 인간적인 지혜를 겸비한 기업가라 할 수 있다.

왕회장은 일반적인 회장님들과는 차원을 달리했던 기업의 총수였다.

그는 브리핑이나 두툼한 서류에 의존한다기보다 자신의 판단력을 믿고 사업 방향을 결정했다. 일선에서 야전 사령관처럼 현장을 진두지휘했다. 이때는 왕회장이라는 카리스마를 훌훌 벗어 버리고 한 명의 직원이 되어 일을 거들기도 했다. 아마도 일에 대한 신념과 집념이 그를 즉석 현장맨으로 만들었을 것이다.

회장과 비서진의 의견이 같을 수는 없다. 세상을 보는 눈과 사물을 보는 눈이 서로 다르듯, 정주영도 일 처리 방식을 놓고 비서진과 사사건건 충돌하는 일이 잦았다.

한번은 법률 고문이 어떤 안건에 대한 제안서를 제출했다. 그런데 왕회장으로부터 안 된다는 대답이 돌아왔다. 법률 고문은 회장실로 직접 찾아가 "회장님, 제 의견을 받아 주십시오"라고 간청했다.

"안 된다고 하지 않았나요?"

왕회장은 자기 결정을 번복하는 법이 없었다. 하지만 법률 고문 역시 한번 꺼낸 말은 끝까지 밀고 가는 성격이었으니, 모순도 이런 모순이 없었다. 법률 고문은 일단 후퇴했다가 얼마 지나서 다시 그 얘기를 꺼냈다. 그래도 안 되면 또 후퇴했다가 다시 제안서를 들고 갔다.

법률 고문의 집요함에 마음이 동한 왕회장은 물었다.

"정말 그렇게 자신 있다는 건가요?"

"네, 회장님. 믿고 맡겨만 주십시오. 반드시 책임지겠습니다."

"그토록 자신 있다고 하니, 원하는 대로 해 보도록 하세요."

이렇게 끈기를 보이면 대부분 믿고 맡겼다고 한다.

왕회장이 현대그룹 회장이었을 때, 그 앞에 불려 갈 일이 생기면 최측근인 비서관조차 호랑이 앞에 선 것처럼 몸을 떨었다고 했다. 어떤 업무

명령이 내려질까, 어떤 호통이 날아올까 하는 두려움에 누구도 함부로 말을 꺼내지 못했다.

어떤 임원은 "회장님께서 내 얘기는 듣지도 않고 야단만 친다"고 불평하기도 했다. 왕회장이 너무 독선적이라 직원들의 말을 좀처럼 듣지 않는다는 것이었다. 그 소문은 결국 정주영의 귀에도 들어갔다. 직선적인 업무 방식으로 회사를 운영하는 왕회장은 사내에 이런 소문이 나는 것을 꺼렸다.

"중요한 사안이 있으면 직접 와서 보고하면 될 일이지. 그러지 않고 공연히 소문을 퍼뜨리는 건 용기 없는 녀석들이나 하는 일이에요. 당장 나한테 와서 보고하라고 하세요."

정주영은 즉시 그 임원을 회장실로 불렀다. 그는 임원의 의견을 들은 후 수긍했고, 이후 그 임원은 승승장구했다고 한다.

화이부동이라고 할까. 정주영은 직원들의 의견이 서로 달라도 언제나 믿음과 신념으로 다가갔다. 아마도 그것이 정을 두텁게 하는 연결 고리로 작용했을 것이다.

다음은 한 간담회에서 있었던 일화다.

정주영은 전경련 회장이었던 10년 동안 만장일치가 아닌 표결로 처리된 안건이 한 차례도 없었음을 강조하며, "나는 모두 동의하지 않으면 일을 처리하지 않아요. 만장일치일 때만 일을 통과시키고 진행하지요"라고 했다.

당시 야당 국회의원이었던 S가 그의 말에 반박했다.

"회장님, 만장일치란 민주적인 듯하지만 실제로는 독재자들이 즐겨 쓰는 방법입니다. 100퍼센트 투표율에 100퍼센트 찬성표가 나오는 건 독재국가에서나 가능할 텐데, 그게 다 무슨 소용입니까? 결론을 미리 정해 놓고 그것을 정당화하기 위해 만장일치로 몰고 가는 것은 강요된 것과 다를 바 없지요."

분위기가 갑자기 썰렁해졌다. 어찌 보면 불쾌할 수도 있는 항변이었다. 그러나 왕회장은 빙그레 웃으며 재치 있게 받아들였다.

"내 만장일치 의견에 반대하는 친구가 한 명 있군."

그리고는 "내가 독선적인 면이 좀 있지요"라고 조용히 시인했다. 반론을 하거나 최소한 불쾌한 표정이라도 지을 줄 알았기에, 오히려 말을 꺼낸 S 의원이 더 깜짝 놀라며 미안해했다.

다수결의 원칙을 민주적 절차에 가장 근접한 방법이라고 한다. 이 원칙이 제대로 작동하려면 구성원의 토론과 비판을 허용하고 소수의 의견도 보장해야 한다. 그러나 그때 기업가들은 전두환 정권의 권력에 대항하기 위해 일치단결할 수밖에 없었다. 만장일치의 방법 외에는 도리가 없었던 것이다.

S 의원은 나중에야 정주영이 겉모습이나 속마음을 애써 꾸미거나 아부하는 것을 제일 싫어한다는 사실을 알게 되었다. S 의원에 따르면, 좀 듣기 싫더라도 부족한 점을 솔직하게 전하는 게 왕회장의 스타일이었다.

이후 S 의원은 왕회장을 존경하고 따랐다고 했다. 그는 왕회장에 대해 다음과 같이 이야기했다.

"나는 돈을 최고의 가치로 삼는 기업가들에게서 수많은 권모술수와 허세, 그리고 가식에 찬 모습을 많이 보아 왔습니다. 하지만 왕회장에게서는 그러한 모습을 찾아볼 수 없었죠. 특히 우리나라 최고의 기업 회장님이 자신의 부족함을 넉넉하게 인정하는 모습에서 나는 신선한 충격을 받았습니다."

왕회장은 선입견이 없는 소탈한 성격의 소유자였다. 대화할 때도 다양한 화제를 끌어와 듣는 이의 관심과 흥미를 유발했다. 그리고 재치 있는 유머, 진실한 마음과 뛰어난 인격이 담긴 말로 사람들을 사로잡았다.

왕회장과 함께한 자리에서는 드라마, 영화, 문학 등 다양한 주제가 오갔다. 그럴 때도 정주영은 기업 경영에 관한 이야기를 할 때와 마찬가지로 자기 견해를 열정적으로 이야기하며 대화를 주도했다.

이를테면, 어떤 작품 속 인물의 성격을 분석할 때도 경험담을 곁들여 이야기하면서 문학과 예술에 관한 자신의 견해와 식견을 설득력 있게 들려주었다. 그 이야기가 어찌나 흥미롭고 사실적인지 어느새 모두 귀를 기울이게 된다고 한다.

이처럼 상대방을 매혹하는 화술은 그 무엇보다 사물과 인생에 대한 깊은 통찰과 이해에서 비롯된 것이었다. 자기 삶에 대한 성찰과 관조가 깊은 사람만이 가능한 이야기다. 왕회장을 거인이라 칭할 수 있는 이유는 바로 여기에서 비롯된다.

위대한 연설가들은 공통적으로 '말이란 단순하면서도 평이해야 한다'고 가르친다. 진부한 표현, 과장된 문장, 전문용어의 사용, 유행어의 나열 같은 것으로는 결코 청중을 감동하게 할 수 없다. 청중과 같이 호흡하고 일체감을 느낄 수 있을 때만 감동적인 연설이 된다.

정주영의 연설은 '눌변의 열변'이었다. 그는 연설할 때도 현학이나 가식 없이 소박하고 꾸밈없는 직설적인 표현을 했다. 사안의 핵심에 대해 정중하게 논리를 펴다가도, 유머와 재치로 분위기를 자연스레 유도한다. 특히 일본의 기업가들은 세계적인 석학의 연설보다 왕회장의 연설을 더 좋아했다고 한다.

예를 들어, 정주영은 교육의 중요성을 다음과 같이 역설한다.

"좁쌀보다 작은 씨앗에 느티나무의 웅혼한 생명이 깃들어 있습니다. 놀라운 일입니다. 벌레 먹고 이지러져 못난 콩알도 밭에 뿌려 흙을 덮고 기다리면 싹이 터서 온전한 콩 나무가 됩니다. 이렇듯 인재를 키우는 일이란 이 세상 무엇보다 소중한 투자입니다."

씨앗, 벌레, 밭, 흙 등은 농부가 쓸법한 소박하고 향토적인 단어들이다. '웅혼한 생명' '온전한 콩 나무'와 같은 표현도 농사지으면서 깨달았던 이치를 인재 키우는 일에 비유한 것이다.

정주영은 평생 많은 친구를 가지려고 애썼다. 경제인은 물론이고 정치인, 문화·예술인, 학자, 연기자 등을 비롯해 심지어는 구멍가게 아주머니, 포장마차 주인까지도 친구로 삼고자 했다. 폭넓은 교류는 유머를 잃지 않게 하고, 편견에 사로잡히지 않게 하며, 인생을 따뜻한 시선으로 바라보게 하고, 공감대를 확장시킨다. 교류하는 사람의 정서를 흡수하면 사람이 흔히 빠지기 쉬운 사고의 경직을 막을 수 있다고 여겼다.

이렇듯 폭넓은 인간 교류에서 얻은 모든 것을 기업의 창의적 에너지로 활용했다. 그는 평소 지니고 있던 기업관에 대해 다음과 같이 말했다.

> 기업은 인간을 위한 인간의 단체다. 이기심이 없는 담담한 마음, 인간으로서의 도리와 가치를 아는 마음, 무엇이든 배우려는 학구적인 자세와 향상심…… 이러한 마음을 가지고 있는 집단이라야만 기업의 올바른 발전이 가능하다.

정주영의 기업가정신

결단은 칼처럼 행동은 화살처럼_전면 개정판

초판 1쇄 발행 2006년 3월 15일
초판 6쇄 발행 2007년 12월 12일
개정판 1쇄 발행 2013년 5월 25일
전면 개정판 1쇄 발행 2023년 9월 1일

지은이 권영욱

펴낸이 김연홍
펴낸곳 아라크네

출판등록 1999년 10월 12일 제2-2945호
주소 서울시 마포구 성미산로 187 아라크네빌딩 5층(연남동)
전화 02-334-3887   팩스 02-334-2068

ISBN 979-11-5774-744-3 03320